本书系中央高校基本科研业务费专项项目"民法总则基础理论研究——以潘德克顿法学为中心"（项目编号：106112017CDJXY080007）的阶段性成果。

重大法学文库

日本借地权法要义

The Principles of Japanese Leaseholds for Architecture

谢 潇 著

中国社会科学出版社

图书在版编目(CIP)数据

日本借地权法要义 / 谢潇著 . —北京：中国社会科学出版社，2018.6
（重大法学文库）
ISBN 978-7-5203-2293-5

Ⅰ.①日…　Ⅱ.①谢…　Ⅲ.①土地使用权–研究–日本　Ⅳ.①D931.323

中国版本图书馆 CIP 数据核字（2018）第 065190 号

出 版 人	赵剑英
责任编辑	梁剑琴
责任校对	沈丁晨
责任印制	李寡寡

出　　　版	中国社会科学出版社
社　　　址	北京鼓楼西大街甲 158 号
邮　　　编	100720
网　　　址	http：//www.csspw.cn
发 行 部	010-84083685
门 市 部	010-84029450
经　　　销	新华书店及其他书店

印刷装订	北京君升印刷有限公司
版　　次	2018 年 6 月第 1 版
印　　次	2018 年 6 月第 1 次印刷

开　　本	710×1000　1/16
印　　张	15.75
插　　页	2
字　　数	260 千字
定　　价	69.00 元

凡购买中国社会科学出版社图书，如有质量问题请与本社营销中心联系调换
电话：010-84083683

出 版 寄 语

　　《重大法学文库》是在重庆大学法学院恢复成立十周年之际隆重面世的，首批于 2012 年 6 月推出了 10 部著作，约请重庆大学出版社编辑发行。2015 年 6 月在追思纪念重庆大学法学院创建七十年时推出了第二批 12 部著作，约请法律出版社编辑发行。本次为第三批，推出了 20 本著作，约请中国社会科学出版社编辑发行。作为改革开放以来重庆大学法学教学及学科建设的亲历者，我应邀结合本丛书一、二批的作序感言，在此寄语表达对第三批丛书出版的祝贺和期许之意。

　　随着本套丛书的逐本翻开，蕴于文字中的法学研究思想花蕾徐徐展现在我们面前。它是近年来重庆大学法学学者治学的心血与奉献的累累成果之一。或许学界的评价会智者见智，但对我们而言，仍是辛勤劳作、潜心探求的学术结晶，依然值得珍视。

　　掩卷回眸，再次审视重大法学学科发展与水平提升的历程，油然而生的依然是"映日荷花别样红"的浓浓感怀。

　　1945 年抗日战争刚胜利之际，当时的国立重庆大学即成立了法学院。新中国成立之后的 1952 年院系调整期间，重庆大学法学院教师服从调配，成为创建西南政法学院的骨干师资力量。其后的 40 余年时间内，重庆大学法学专业和师资几乎为空白。

　　在 1976 年结束"文化大革命"并经过拨乱反正，国家进入了以经济建设为中心的改革开放新时期，我校于 1983 年在经济管理学科中首先开设了"经济法"课程，这成为我校法学学科的新发端。

　　1995 年，经学校筹备申请并获得教育部批准，重庆大学正式开设了经济法学本科专业并开始招生；1998 年教育部新颁布的专业目录将多个部门法学专业统一为"法学"本科专业名称至今。

1999 年我校即申报"环境与资源保护法学"硕士点，并于 2001 年获准设立并招生；这是我校历史上第一个可以培养硕士的法学学科。

值得特别强调的是，在校领导班子正确决策和法学界同仁大力支持下，经过校内法学专业教师们近三年的筹备，重庆大学于 2002 年 6 月 16 日恢复成立了法学院，并提出了立足校情求实开拓的近中期办院目标和发展规划。这为重庆大学法学学科奠定了坚实根基和发展土壤，具有我校法学学科建设的里程碑意义。

2005 年，我校适应国家经济社会发展与生态文明建设的需求，积极申报"环境资源与保护法学"博士学位授权点，成功获得国务院学位委员会批准。为此成就了如下第一：西部十二个省区市中当批次唯一申报成功的法学博士点；西部十二个省区市中第一个环境资源法博士学科；重庆大学博士学科中首次有了法学门类。

正是有以上的学术积淀和基础，随着重庆大学"985 工程"建设的推进，2010 年我校获准设立法学一级学科博士点，除已设立的环境与资源保护法学二级学科外，随即逐步开始在法学理论、宪法与行政法学、刑法学、民商法学、经济法学、国际法学、刑事诉讼法学、知识产权法学、法律史学等二级学科领域持续培养博士研究生。

抚今追昔，近二十年来，重庆大学法学学者心无旁骛地潜心教书育人，脚踏实地地钻研探索、团结互助、艰辛创业的桩桩场景和教学科研的累累硕果，仍然历历在目。它正孕育形成重大法学人的治学精神与求学风气，鼓舞和感召着一代又一代莘莘学子坚定地向前跋涉，去创造更多的闪光业绩。

眺望未来，重庆大学法学学者正在中国全面推进依法治国的时代使命召唤下，投身其中，锐意改革，持续创新，用智慧和汗水谱写努力创建一流法学学科、一流法学院的辉煌乐章，为培养高素质法律法学人才，建设社会主义法治国家继续踏实奋斗和奉献。

随着岁月流逝，本套丛书的幽幽书香会逐渐淡去，但是它承载的重庆大学法学学者的思想结晶会持续发光、完善和拓展开去，化作中国法学前进路上又一轮坚固的铺路石。

陈德敏

2017 年 4 月

目　　录

引　言

概念是有生产力的，它们自我配对，然后生产出新的概念。①

——［德］鲁道夫·冯·耶林

正是民法这样高度精粹、技术性的语言，才有可能抽离于各种社会的生活条件和世界观，放之四海而皆准。②

——苏永钦

法律概念应目的而生。③

——黄茂荣

法律期望的具体化首先是一个社会的记忆问题，然后逐渐成为一个限制那些作为未来处理案件之前提而必须保存的东西的问题。它最初依靠的是活着的人的记忆，依靠回忆，然后是依靠书面记载。④

——［德］尼古拉斯·卢曼

古罗马法学家杰尔苏曾谓，"法律乃善良及公平之艺术"⑤，从而将法学置于非科学的地位，法律之学不过以追求正义与公平为己任，勠力定纷

---

① Jhering, Geist des römischen Rechts auf den verschiedenen Stufen seiner Entwicklung, Breitkopf und Härtel, 1852, S. 29, 40. 转引自吴从周《概念法学、利益法学与价值法学：探索一部民法方法论的演变史》，中国法制出版社 2011 年版，第 39 页。

② 苏永钦：《走入新世纪的私法自治》，中国政法大学出版社 2002 年版，第 13 页。

③ 黄茂荣：《法学方法与现代民法》，法律出版社 2003 年版，第 65 页。

④ ［德］尼古拉斯·卢曼：《社会的法律》，郑伊倩译，人民出版社 2009 年版，第 60 页。

⑤ 拉丁原文为 "Jus est ars boni et aequi"，参见郑玉波《法谚》（一），法律出版社 2007 年版，第 1 页。

止争，以求和谐；法官断案也无甚高深莫测，无外乎查明案情，明晰个中道理，使原告与被告心悦诚服，自觉公正而已。不过，更让人肃然起敬的是另一些法学家们（尤其是 19 世纪中后期、20 世纪前期的德国民法学家们）的事业，他们对法律之学被排斥于科学殿堂之外心有不甘，因而奋力论证法学的科学性。萨维尼首先将法律事务区分为立法与法学，并进一步提出法律事务中的法学仅仅具有技术性，而无价值性，因此可以通过体系化的方法，① 构造出符合"民族精神"的法律，而究竟什么样的法律符合"民族精神"，则交由立法者去判断。② 其后继者普赫塔、温德沙伊德等法学家，为了进一步使法学科学化，创立并发展了概念法学，他们效仿《卡拉马佐夫兄弟》中宗教裁判官对待耶稣的态度，③ 将"民族精神"置于自己所创建的概念金字塔的顶端，④ 但又不去对其内容进行阐释与解读，转而对"民族精神"之下的由概念、规范等所组成的体系进行精致化的处理。正如耶林所言，"概念是有生产力的，它们自我配对，然后生产出新的概念"⑤，凭借无漏洞之教条结构的实现、经由建构而获致的法律体系、通过颠倒方法而得以进行演绎的概念群，⑥ 概

①　朱虎：《法律关系与私法体系——以萨维尼为中心的研究》，中国法制出版社 2010 年版，第 3—12 页。

②　［德］霍尔斯特·海因里希·雅克布斯：《十九世纪德国民法科学与立法》，法律出版社 2003 年版，第 39 页。

③　［俄］陀思妥耶夫斯基：《卡拉马佐夫兄弟》，人民文学出版社 1981 年版，第 193—201 页。

④　普赫塔有一段表现其核心法学思想的话："科学现在的任务在于，在体系性的关联上去认识法条，认识这些彼此互为条件且相互衍生的法条，以便能够从个别的系谱学（Genealogie）向上追溯至其原则，并且同样地可以从这个原则向下衍生至最外部的分支。在这样的工作上，法条被带进意识里并且从隐藏在民族精神中被发掘出来，所以法条不是从民族成员的直接确信及其行动中产生，法条也不是出现在立法者的格言里，法条一直是在作为科学演绎的产物上，才能看得到。"转引自吴从周《概念法学、利益法学与价值法学：探索一部民法方法论的演变史》，中国法制出版社 2011 年版，第 4 页。

⑤　Jhering, Geist des römischen Rechts auf den verschiedenen Stufen seiner Entwicklung, Breitkopf und Härtel, 1852, S. 29, 40. 转引自吴从周《概念法学、利益法学与价值法学：探索一部民法方法论的演变史》，中国法制出版社 2011 年版，第 39 页。

⑥　吴从周：《概念法学、利益法学与价值法学：探索一部民法方法论的演变史》，中国法制出版社 2011 年版，第 45—46 页。

念法学成功地将法学从非科学的泥沼中拯救出来，① 最大限度地排除了法学中的任意性因素，最终在一定程度上使法学得以科学化。概念法学，或者说科学化的法学，虽然历经利益法学与价值法学的批判，其仍具有强大的影响力。②

　　概念法学（及其前身学说汇纂法学）的经典之作是《德国民法典》，其提供给民法学诸如民法总则、法律行为制度、物权与债权的二元分立等可让法学家们皓首穷经的法律创新。③ 在《德国民法典》中，物权与债权的二元分立是其建构财产法的根基，在民法总论里，两者是绝对权与相对权对立图景的抽象展现。物权与债权的分立使德国民法建构出了区分"对一切人都发生效力"④ 的绝对权与"仅仅针对特定人……；只有特定的人才有义务作为或不作为"⑤ 的相对权，并且凭借概念法学式的演绎推理，推导出属于绝对权范畴的物权、人格权、人身亲属权、无体财产权（知识产权）、物权取得权、物权上的权利以及物权的期待权，以及属于相对权范畴的债权、所有的"请求权"、附有形成诉权的形成

---

　　① 德国民法学家鲁道夫·冯·耶林也曾喟叹："（法学）是什么样不确定的资产，竟然可因大笔一挥，或者因某个政治事件，就从我们这里加以剥夺。当拿破仑将《拿破仑法典》带到莱茵河左岸的时候，这事件对至当时为止的整体知识都产生了影响。同样，当德意志帝国、莱茵邦联、德意志邦联瓦解的时候，这些事件对与此对应的国家形式的科学也都产生了影响；甚至有一位极负盛名的帝国国家法学者，似乎因其整体知识架构之崩溃，而大受震撼，终至积忧成疾。这样一门必须战战兢兢驻守在边境界桩之内的科学，多么可悲；而当人们越过边界的时候，它便不再具有任何价值：它只是奥地利的、普鲁士的、巴伐利亚的法学！"参见［德］鲁道夫·冯·耶林《法学是一门科学吗？》，［德］奥科·贝伦茨编注，李君韬译，法律出版社2010年版，第45—46页。

　　② 海克所倡导的利益法学与耶林所倡导的目的法学均未彻底否定概念法学。海克主要批判了概念法学"先体系，后概念"方法，代之以"先概念，后体系"的归纳思维，但海克仍然承认概念梳理与体系建构对法学的积极意义（参见吴从周《概念法学、利益法学与价值法学：探索一部民法方法论的演变史》，中国法制出版社2011年版，第14—15页），而耶林的目的法学也是在概念法学的基础上，强调发现规范的目的价值而产生的，就概念法学的合理内核——概念与体系而言，耶林无论前期与后期均持肯定观点。

　　③ 当然严格来说，《德国民法典》的诸种创新也并非都具有"第一"的性质，如民法总则的设置，最早便由《萨克森民法典》所采纳。

　　④ 陈卫佐：《德国民法总论》，法律出版社2007年版，第50页。

　　⑤ 同上。

权和针对请求权的反对权（抗辩权）。① 借由物权与债权的分立，绝对权与相对权的区分得以完成。尽管理论上也承认"债权物权化"②的现象，但这种混合形态只是例外，绝对权（尤其是物权）与相对权（尤其是债权）之间区分的根本意义并不因此而改变，《德国民法典》第二编"物权法"和第三编"债务关系法"的分立便是以物权与债权的差异为基础的。③

　　作为典型的继受法国家，日本在编纂民法典的过程中分别受到法国与德国的双重影响，④ 例如《日本民法典》虽然采纳了《德国民法典》式的编制体例，并且将财产法原则上划分为物权法和债权法，区分物权与债权，⑤ 但另一方面却又继受了《法国民法典》式的登记对抗主义，⑥ 由此在其民法体系中出现了不具有对抗第三人效力的物权，并且为判例所承认。⑦ 由此可见，《日本民法典》并未如《德国民法典》那样将物权与债权彻底区隔。正因为如此，在日本民法中，"债权物权化"现象比德国民法更为丰富活跃。而规定在《借地法》与《借地借家法》中的借地权则是日本民法试图整合土地上物权与债权的一种尝试，同时也是日本民法中"债权物权化"现象的一大例证。此外，日本借地权概念的诞生具有浓厚的历史沿革及现实妥协色彩，包含较多的实务因素而较少有理论底蕴。不过借地权制度在日本实务中十分活跃，理论著作也可谓汗牛充栋，并且"如果将民法喻为私法的皇冠的话，那么借地权就是皇冠上的一颗耀眼的明珠"⑧，借由对借地权概念及其制度的研究，我们可以展开对日本借地权制度之历史、

---

　　① ［德］卡尔·拉伦茨：《德国民法通论》（上册），王晓晔等译，法律出版社2003年版，第300页。

　　② 如"买卖不破租赁"、预告登记等。参见［德］迪特尔·梅迪库斯《德国民法总论》，邵建东译，法律出版社2001年版，第60页。

　　③ ［德］迪特尔·梅迪库斯：《德国民法总论》，法律出版社2001年版，第60页；陈卫佐译注：《德国民法典》（第三版），法律出版社2010年版，第83、313页。

　　④ 渠涛：《最新日本民法》，法律出版社2006年版，第366—368、391—392页。

　　⑤ 同上书，第42、90页。

　　⑥ 松井宏兴『民法の世界2·物権法』（信山社，2002年）59頁。

　　⑦ 牧野英一ほか監修，八木胖編集『新判例体系·民法編·民法4』（新日本法規出版株式会社，昭和26年）一〇六ノ一五、一〇六ノ一六頁。

　　⑧ 沈宏峰：《日本借地权制度研究》，上海社会科学院出版社2011年版，第3页。

条文、判例、学说及惯例的探究，同时也可以反思一下理论与实务之间的关系，以及法学之科学性与非科学性等更为宏观的问题。须特别提示的是，日本 2017 年通过了《民法（债权关系）改正法》，[①] 但由于日本借地权制度植根于旧民法典体系，故而书中内容如无特别说明，则系以日本旧民法典条文为基准所展开的论述。

---

① 日本弁護士連合会『実務解説改正債権法』（弘文堂，2017 年）i 頁。

第一章

日本借地权的概念

　　所谓借地权，是指以建筑物的所有为目的之地上权或者土地租赁权。[①] 于法制史上而观之，借地权这一概念，首次出现于日本大正十年（1921 年）颁布的《借地法》中。[②] 借地权的特殊之处仅看其定义便可一目了然——借地权将大陆法系（尤其是德国法系）中属于物权体系的地上权与属于债权体系的土地租赁权进行了一体概括，从而使日本民法出现了作为物权的借地权与作为债权的借地权之分野与对立。[③] 因此，如欲释明借地权概念的内涵与外延，则首先应当考察日本民法中地上权与租赁权的概念构成及其内容。

第一节　日本民法上的地上权

　　地上权在传统大陆法系物权体系中算是相当年轻的一种物权。早期罗马法中并不存在地上权这一物权类型，[④] 地上权既没有规定在罗马"市民

---

　　① 鈴木禄弥：『借地法』青林書院 1984 年版，第 124 頁；野辺博：『借地借家法の法律相談』学陽書房 2011 年版，第 5 頁；稲本洋之助＝澤野順彦：『コンメタール借地借家法』日本評論社 2010 年版，第 3 頁；水本浩＝遠藤浩＝田山輝明：『基本法コンメンタール借地借家法』日本評論社 2009 年版，第 10 頁。

　　② 沈宏峰：《日本借地权制度研究》，社会科学院出版社 2011 年版，第 8 页。

　　③ 川島武宜編集：『注釈民法（7）物権（2）』有斐閣 1968 年版，第 408 頁。

　　④ 当然严格来说，罗马法并没有"物权"这一概念，罗马法学家存在对人之诉与对物之诉的区分（参见高富平《物权法专论》，北京大学出版社 2007 年版，第 1 页），这成为（转下页）

法"中，也未能获得古典学说的承认，其直至优士丁尼组织编纂《民法大全》时期，才取得合法性认可。[2] 地上权本身乃是为了克服罗马法上僵硬的土地物权制度，所应运而生之产物，具体而言，罗马法将土地上的一切事物均视为对土地的添附，[3] 进而认为，一切土地上之物均为土地的组成部分，故而依据罗马法，原则上土地与土地上的建筑物、构筑物甚至林木之所有权均应归属于一人。[4] 出于"弥补罗马法所有权概念违反经济原则"[5] 这一弊端，以便使非土地所有权人能够获得土地上建筑物等事物所有权之目的，优士丁尼法对古典罗马法进行了修正，承认了地上权这种通过交付特定的租金便可以享有在他

（接上页）后世注释法学家区分对人权与对物权的基础，并经德国法学家的努力，最终使物权和债权的区分得以成型［对人权与对物权的区分只是物权与债权区分的第一步，事实上早期对物权中包含了一些并不属于物权概念的一些内容，如继承；而后，德国民法学家古斯塔夫于 1789 年出版了《现代罗马法阶梯》，其在书中首次明确划分出了物权（Realrechete）与债权（Obigatio）］，并为萨维尼等民法学家所接受，进而直接影响了《德国民法典》确立物债二元划分的立法选择（参见杨代雄《民法总论专题》，清华大学出版社 2012 年版，第 5—18 页）；不过罗马法虽然未形成抽象的、总括性的物权概念，却对"物"这一概念进行分析与类型化，并在此基础上总结出一系列具体的物权类型，如所有权、役权、地上权、永佃权、用益权、典质权和抵押权。参见［意］彼得罗·彭梵得《罗马法教科书》，黄风译，中国政法大学出版社 2005 年版，第 141—145、148、190、203、204 页；周枏《罗马法原论》（上册），商务印书馆 1994 年版，第 321 页。

② ［意］彼得罗·彭梵得：《罗马法教科书》，黄风译，中国政法大学出版社 2005 年版，第 204 页。

③ 同上。

④ 如前述所引用的古罗马法学家盖尤斯的格言："我们将在租借地上建造的房屋称为'在他人土地上建造的房屋'，根据市民法和自然法，其所有权属于土地所有权人。"参见 D.43.18.2，转引自［意］桑德罗·斯齐巴尼选编《物与物权》，范怀俊、费安玲译，中国政法大学出版社 2009 年版，第 327 页。《德国民法典》也受到这一古典罗马法思想的影响，而将建筑物视为土地的重要部分，因此在《德国民法典》刚出台时，并没有十分完善的地上权规范体系，为了弥补这一缺憾，德国于 1919 年通过了《地上权条例》，转而以特别法的形式确认了地上权，并将《德国民法典》中第 1012—1017 条予以废除。参见［德］J.F.鲍尔、R.施迪尔纳《德国物权法》（上册），张双根译，法律出版社 2004 年版，第 647—654 页；川岛武宜编集『注释民法（7）物权（2）』有斐阁 1968 年版，第 406 页。

⑤ ［意］彼得罗·彭梵得：《罗马法教科书》，黄风译，中国政法大学出版社 2005 年版，第 202 页。

人土地上修建建筑物、构筑物并保有该建筑物、构筑物所有权的权利。① 而在主要通过继受罗马法而形成的大陆法系诸国中，地上权这一概念为各国民法典所普遍采纳。② 不过值得注意的是，较早产生的民法典，如《法国民法典》《德国民法典》以及《阿根廷民法典》中均未规定地上权。③ 此外，也有部分民法典并未采用地上权术语，而是另辟蹊径，择取了另外一套术语体系，例如《俄罗斯联邦民法典》就没有使用地上权概念，而是使用"土地永久使用权""土地限期使用权"等概念替代地上权，并在地上权基础上拓宽了其内涵和外延。④ 不过总的来说，就采纳地上权的大陆法系各国而言，地上权概念差别并不大，各国普遍认为，所谓地上权，系"以在——受负担——土地地面上或地面下，拥有建筑物为内容之可转让并可继承的权利"⑤。

---

① 优士丁尼《学说汇纂》中借乌尔比安等法学家之口，在 D.43.18 一节中承认地上权具有对抗土地所有权的效力，地上权人可以保有土地上建筑物、构筑物的所有权，并且可以将地上权让渡给他人，条件为地上权人向土地所有权人给付特定的租金。参见［意］桑德罗·斯齐巴尼选编《物与物权》，范怀俊、费安玲，中国政法大学出版社 2009 年版，第 327—333 页。

② 在大陆法系国家民法典中，《意大利民法典》在第 952—956 条规定了地上权（参见费安玲等译《意大利民法典》，中国政法大学出版社 2004 年版，第 235 页）；《葡萄牙民法典》在第 1524—1542 条规定了地上权（参见唐晓晴等译《葡萄牙民法典》，北京大学出版社 2009 年版，第 262—265 页）；《荷兰民法典》在其第五编"物权"之第 101—105 条规定了地上权（参见王卫国主译《荷兰民法典》，中国政法大学出版社 2006 年版，第 138—139 页）；《巴西民法典》在第 1369—1377 条规定了地上权（参见齐敏译《巴西新民法典》，中国法制出版社 2009 年版，第 209—210 页）；《韩国民法典》在第 279—290 条规定了地上权（参见金玉珍译《韩国民法典·朝鲜民法》，北京大学出版社 2009 年版，第 44—46 页）。此外，在中国法制史上，"大清民律草案""中华民国民法""伪满洲国民法"均规定了地上权（参见杨立新主编《中国百年民法典汇编》，中国法制出版社 2011 年版，第 168、480、551 页），不过清朝、中华民国、韩国乃至"伪满洲国"在民法典中规定地上权明显是受《日本民法典》的影响。

③ 当然，《德国民法典》原第 1012—1017 条也规定了地上权，只是德国出台《地上权条例》这一特别法之后废除了原条文而已。参见王泽鉴《民法物权》，北京大学出版社 2009 年版，第 280 页。

④ 参见黄道秀译《俄罗斯联邦民法典》，北京大学出版社 2007 年版，第 129—135 页。

⑤ ［德］J.F. 鲍尔、R. 施迪尔纳：《德国物权法》（上册），张双根译，法律出版社 2004 年版，第 648 页。

较之于罗马法与非受日本影响的大陆法系国家民法而言，日本民法上的地上权具有自身的特点。就定义而言，日本民法认为，所谓地上权，乃"以建造住宅、隧道、沟渠、桥梁或者种植树木为目的而使用他人土地之物权"①。兹就日本民法上地上权的主要内容而为论述。

一　地上权的法律性质

（一）地上权是他人土地上之权利

1. 地上权是限制作为全面支配权的所有权，从而实现对土地单方面支配的权利

在他物权体系中，地上权属于效力较为强大的一种，其在存续期间内能对所有权产生全面限制，地上权人有权在地上权有效期间内对土地及其附着物为占有、使用、收益，而所有权人对此须负容忍义务。②

2. 能于他人一宗土地之上或者一宗土地之一部分上成立地上权

地上权通常以一宗土地之全部为标的。③ 不过，作为地上权标的之土地，能否是一宗土地之一部分，在日本早期判例中存有肯定立场，④与一宗土地之一部分可以进行交易一样，实体法上并不存在否定以相同方式设立地上权的规范。不过为了赋予地上权对抗力，则除在分割土地的基础上再进行登记以外，别无他法。⑤ 事实上，如此一来地上权的标的也就由土地之一部分而转变为另外一宗土地了。也正因为如此，在实行登记生效主义的大陆法系国家和地区（如德国、中国台湾地区），地上权的客体原则上不能为土地之一部分，因为以土地之一部分为标的之地上权无法获得确定的不动产登记，也不能发生相应的物权效力。当然，在奉行登记生效主义的中国台湾地区，地上权设定的范围无须为一宗土地的全部，就一宗土地之特定部分也可设定地上权，不过须在申请

---

① "地上権は、家屋を築造し、トンネル・溝渠・架橋などを建設し、植林をするなどの目的で、他人の土地を使用する物権である。"我妻栄『新訂物権法』（岩波書店，1983 年）338 頁。

② 我妻栄『新訂物権法』（岩波書店，1983 年）344 頁。

③ 川島武宜編集『注釈民法（7）物権（2）』（有斐閣，1968 年）416 頁。

④ 我妻栄『新訂物権法』（岩波書店，1983 年）344 頁。

⑤ 同上。

设定登记时指明特定部分之位置；① 而德国则为地上权设置了独立的地上权登记簿，② 纵使地上权是以一宗土地之一部分为标的而设立，但一经登记在地上权登记簿，则该土地之一部分也在一定程度上转变为一宗土地。而在奉行登记对抗主义的日本，地上权得自他人一宗土地之一部分设定，并且地上权的标的范围并不需要公权力（登记机关）的认可即可生效（在当事人之间生效），这一点有别于德意志法系国家和地区的做法。

3. 土地利用的立体化：能否在建筑物上及土地之上层或者下层设定地上权

日本民法学家我妻荣认为在他人建筑物上加盖建筑物之情形，可以将该加盖建筑物以下楼层视为土地之一部分而为加盖建筑物所有人设定地上权。③ 我国台湾地区民法学家谢在全亦认为，基于今日社会都市土地利用已经趋向于立体化，故而在他人建筑物上以建筑为目的而使用他人建筑者，应有承认得设定一类似于地上权之权利的必要。④ 台湾地区民法学家姚瑞光则认为，今日社会，都市土地之利用趋于向空中发展，建筑物之各层得为独立的交易标的，异其所有人，因此在他人建筑物上（主要是屋顶）以修建建筑物并保有建筑物所有权为目的者，诚有必要设定一种类似于地上权之权利。⑤ 笔者以为，谢、姚之见解更为恰当，因为地上权之概念实难包容以使用他人建筑物为目的而在他人建筑物上修建建筑物等之权利，倘若采我妻说，则事实上与日本所固有的建筑物与土地相区分的法律原则相违背，有顾此失彼，捉襟见肘之虞。⑥ 故而在地上权之外，另立建筑物上之筑造权更为可取。

---

① 参见王泽鉴《民法物权》，北京大学出版社 2009 年版，第 281 页；谢在全《民法物权论》（中册），中国政法大学出版社 2011 年版，第 429 页。

② ［德］J. F. 鲍尔、R. 施迪尔纳：《德国物权法》（上册），张双根译，法律出版社 2004 年版，第 648 页。

③ 我妻荣『新訂物権法』（岩波書店，1983 年）345 頁。

④ 谢在全：《民法物权论》（中册），中国政法大学出版社 2011 年版，第 428 页。

⑤ 姚瑞光：《民法物权论》，中国政法大学出版社 2011 年版，第 99—100 页。

⑥ 我国台湾地区亦采日本立法例将土地与建筑物区分为两类独立不动产，但与日本的房地分离主义存在不同。参见谢在全《民法物权论》（上册），中国政法大学出版社 2011 年版，第 173 页。

《日本民法典》在 1966 年第 93 号法律追加第 269 条之二,规定"地下或空间,因定上下范围及工作物,可以以之作为地上权的标的"①,学理上将这种在地下与空中设定的地上权称为区分地上权。② 区分地上权适应了土地利用立体化的现代趋势,在立法、判例与学理上均获得了支持,从而使日本地上权较之于传统意义上的地上权而言,适用范围更为宽广。从比较法的角度来看,我国台湾地区在 2010 年修正其民法典时也增订了区分地上权的内容。③

(二) 地上权乃是以工作物或者竹木之所有为目的之权利

日本民法上的地上权与其他大陆法系国家和地区的地上权一致,均以在他人土地上建造建筑物和其他构筑物并保有建筑物及其他构筑物之所有权为主要目的,而建筑物及其他构筑物在学理上称工作物,包括建筑物、桥梁、沟渠、池塘、铜像、纪念碑、地窖、隧道以及其他地上与地下之一切设备。④

而由于日本在传统上将林木视为独立的不动产(日本将建筑物和构筑物也视为与土地相分离的独立不动产)⑤,因此特别将林木的种植作为设定地上权的一大目的予以规定。不过,水稻、桑树、蔬菜、果树等农业用工作物则系属永佃权的标的,适用农地法,不属于地上权的客体。⑥

(三) 地上权是依工作物或者竹木之所有的目的使用土地本体的权利

地上权的作用范围具有一定的灵活性,如在所有工作物的必要范围内,地上权效力所及的土地既包括为工作物或者竹木所占用之地(敷地),也包括周围的为地上权之目的计而应纳入地上权效力范围的空地。此外,地上权具有较强的独立性,一方面可以在没有工作物或者竹木的土地上设立地上权,另一方面,即使工作物和竹木已然灭失,地上权也不消

---

① 王书江译:《日本民法典》,中国法制出版社 2000 年版,第 49 页。

② 稻本洋之助『民法Ⅱ(物権)』(青林書院新社,1983 年)347 頁。

③ "台湾地区民法典"于 2010 年 2 月 3 日修正时将"区分地上权"作为法律用语写进了民法典,不过姚瑞光认为,"区分地上权"并非法律名词且容易产生误解,此种修正并无实益。参见姚瑞光《民法物权论》,中国政法大学出版社 2011 年版,第 99 页。

④ 我妻栄『新訂物権法』(岩波書店,1983 年)345 頁。

⑤ 川島武宜編集『注釈民法(7)物権(2)』(有斐閣,1968 年)426 頁。

⑥ 我妻栄『新訂物権法』(岩波書店,1983 年)345、346 頁。

灭。我妻荣认为，德国、奥地利瑞士等国的地上权乃是以附着在他人土地之上，以所有与土地相异的其他工作物作为其本体；但是"在日本，建筑物或者山林是与土地相分离而独立存在的，故而民法将地上权的本体置于土地的使用之上。这一点是日本民法之地上权具有的一大特性"①。日本民法上将建筑物等与土地截然区隔的做法也引致了日后借地权上的一系列法律问题，后将对此展开详述。

(四) 地上权具有继承性与转让性

地上权在日本民法上是一种具有强大效力的物权，其在各方面均十分接近所有权，具有继承性与转让性。② 这与属于债权的租赁权（尤其是在让与性方面）形成了鲜明的对比。

(五) 获得地上权原则上需要对价

地上权通常需要支付定期地租，但是并不以缴付地租为必要；因此，地租并非地上权的必需要素，也存在地上权人无偿获得地上权的情形。③

二　地上权的取得

日本民法上的地上权的取得方式分为意定取得、法定取得与推定取得。

(一) 地上权的意定取得

所谓地上权的意定取得，即当事人通过土地所有权人或者地上权人的意思表示而取得地上权的取得方式。根据《日本民法典》第176条之规定，原则上地上权等物权的设定与移转仅需当事人的意思表示即可实现，因此通常当事人之间仅以契约的方式达成意思表示的一致即可使地上权等物权发生变动，物权变动原则上自买卖契约生效时发生，④ 不过当事人也可以通过遗嘱实现意定取得地上权。⑤ 在地上权的意定取得上，日本自法

---

① "わが国では、建物および山林は、土地と独立の存在を有するものと考えられてきたので、民法は、地上権の本体を土地の使用に置いた。この点に、わが民法の地上権の一特質が存在する。"我妻栄『新訂物権法』（岩波書店，1983年）346頁。

② 我妻栄『新訂物権法』（岩波書店，1983年）346頁。

③ 同上。

④ 石外克喜『契約法』（法律文化社，1991年）152頁。

⑤ 我妻栄『新訂物権法』（岩波書店，1983年）346頁。

国继受了物权变动的意思主义，① 即地上权的取得仅以当事人的意思表示为已足，并不要求特定的形式（如交付、登记），同时亦采法国式的登记对抗主义，② 认为地上权未经登记则不得对抗第三人（包括善意第三人与恶意第三人，由此而引出了极为复杂的理论及实务问题③）。此外，有关使地上权等物权发生变动的意思表示究竟是物权意思还是债权意思，日本民法学界存在巨大争议。④

（二）地上权之法定取得

所谓地上权的法定取得，是指当事人依法律的直接规定而取得地上权，而不问当事人是否具有设立或者移转地上权的物权变动意思。在日本民法上地上权法定取得的方式有二：一曰取得时效，二曰法定地上权。兹分述如下。

1. 地上权之取得时效

地上权之取得时效属于所有权以外的财产权之取得时效，⑤ 根据《日本民法典》第 162 条、第 163 条的规定，地上权之取得时效基于占有人主观心态善意与否，分为两种：倘若占有人以拥有地上权之意思而占有土地，其占有开始时为善意且无过失时，则于十年间平稳且公然实现占有并使用土地的，取得地上权；倘若不问占有主观心态善意与否，则即使占有人以拥有地上权之意思而占有土地，其占有开始时知道或者应当知道自己

---

① 七戸克彦「不動産物権変動における意思主義の本質」慶應義塾大学大学院法学研究科論文集二十四号（昭和六十一年）122 頁。

② 七戸克彦「不動産物権変動における対抗要件主義の構造」私法五十三号（1991 年）239 頁。

③ 松尾弘「所有権譲渡の意思主義と第三者の善意・悪意」一橋論叢第 110 巻第 1 号（1993 年）159—175 頁。

④ 有学者认为，《日本民法典》第 176 条所规定的"意思表示"应属物权变动的意思表示，并且由此引出日本民法上存在与债权行为相分离的独立的物权行为之理论，当然，日本民法上的物权行为具有观念性，其并不像德国民法上的物权行为那样具有公示外观（参见［日］近江幸治《民法讲义Ⅱ・物权法》，王茵译，北京大学出版社 2006 年版，第 33—42 页）。不过也有学者认为所有权的移转不过是买卖契约债务履行行为的效果，没有必要赋予其以物权行为的法律意义，因为这样做并无实益［参见我妻栄『新訂物権法』（岩波書店，1983 年）54、55 頁］。甚至有学者认为所谓的物权行为仅是一种学者拟制［参见広中俊雄『物権法』（青林書院，1985 年）50頁］。

⑤ 幾代通『民法総則』（青林書院，1984 年）499 頁。

无合法之地上权权原，即占有人为恶意，则于二十年间，平稳且公然占有并使用土地的，亦可取得地上权。[①]

2. 法定地上权

所谓法定地上权，是指在建筑物或者土地上单独设定抵押权，而抵押权效力不及于土地或者建筑物，当抵押权实现之际，出现建筑物所有权人与土地所有权人不一致的情形时，为了赋予建筑物所有权人以适当的土地使用权原，以法律直接规定的方式当然赋予建筑物所有权人的地上权。[②]根据其定义，法定地上权的发生有两种情形：其一，土地与附着于土地之上的建筑物的所有权人仅以土地为抵押的，当抵押权实现之时，抵押物买受人取得土地所有权，同时根据《日本民法典》第 388 条，原土地所有权人因其对建筑物的所有权而取得法定地上权；其二，土地与附着于土地之上的建筑物所有权人仅以建筑物为抵押，则当抵押权人行使抵押权后，抵押建筑物买受人取得建筑物所有权，根据《日本民法典》第 388 条，抵押物买受人凭自己对附着于土地之上的建筑物的所有权而取得法定地上权。

法定地上权是日本民法上的一大特色，其得以产生的根本缘由在于日本实行彻底的房地分离主义，即建筑物、构筑物等与土地是相互独立的关系，[③] 建筑物等可以单独抵押。在建筑物或者土地单独抵押的情形下，则

---

① 《日本民法典》第 162 条规定："二十年间，以所有的意思平稳且公然占有他人之物者，取的其所有权。十年间，以所有的意思平稳且公然占有他人之物者，其占有开始之时为善意且无过失时，取的所有权。"第 163 条规定："对所有权以外的财产权，以为自己而为的意思平稳且公然行使者，依照前条的区别，在二十年或十年之后，取得其权利。"参见渠涛《最新日本民法》，法律出版社 2006 年版，第 38 页。

② 《日本民法典》第 388 条规定："土地及土地上存在的建筑物属于同一人所有，而只以其土地或建筑物设定抵押权，又因抵押权实行致使所有权人不同时，视为已经就该建筑物设定了地上权。此时地租根据当事人的请求由法院确定。"参见渠涛《最新日本民法》，法律出版社 2006 年版，第 81 页。

③ 我妻荣认为建筑物与土地是相互独立的关系，而石垣、沟渠等土地定着物则一般随土地权利的变动而变动，不应视为独立的不动产，林木则介于两者之间参见我妻荣《我妻荣民法讲义Ⅰ·新订民法总则》，于敏译，中国法制出版社 2008 年版，第 200 页。幾代通进一步解释道，以不动产登记簿是否能作登记为标准，建筑物、依立木法而得作登记的林木得为独立的不动产，而土地的其他定着物，则须在考虑土地与之的物理结合强弱、交易观念上的独立性强弱等因素综合考虑。参见幾代通『民法総則』（青林書院，1984 年）163—165 頁。

因此最终会出现建筑物所有权与土地所有权归属于不同主体的情形，立法者为了使建筑物所有权不至于失却正当之土地利用权原而设定了法定地上权制度，以避免由此所产生的不便，以及弥补由土地所有权人无法为自己在土地上设立地上权的制度悖论所带来的逻辑上之土地利用权原的真空缺陷。①

（三）地上权的推定取得

日本作为典型的继受法国家，其在继受大陆法系之前便已经存在各种具有封建性质的借地关系，如德川时期的"地借"关系等。② 在日本明治三十一年（1898 年）施行其新民法典之后，立法者希望以地上权来统摄日本现存的各种复杂的借地关系，于是又于明治三十三年（1890 年）出台了《地上权法》（『地上権ニ関スル法律』），该法规定，以《地上权法》出台日期，即明治三十三年 3 月 27 日为界限，不论使用土地的时间点发生在民法典实施之前抑或实施之后，均以在他人土地上所有工作物或者竹木为目的而使用土地的人的权利推定为地上权。③ 不过在进行推定的时候，应当考虑借地人地位有无让与性、期间的长短、土地所有权人有无修补土地的义务等因素与情势。④

三 地上权的存续期间（不涉及《借地法》与《借地借家法》）

《日本民法典》并没有对地上权的存续期间作出明晰的规定，地上权存续期间原则上属于当事人之间意思自治的范畴，即采存续期间自由原则。⑤ 根据《日本民法典》第 268 条第 1 款的规定，在地上权设定行为中未确定地上权之存续期间的，如未有特别规定，地上权人可以一直保有地上权，并可随时放弃其权利，只是在放弃地上权之际，如地上权之取得属

---

① 我妻栄『新訂物権法』（岩波書店，1983 年）350 頁；上河内千香子「法定地上権制度に関する立法論の検討（一）」琉大法学 72 号（2004 年）109—133 頁；上河内千香子「法定地上権制度に関する立法論の検討（二・完）」琉大法学 73 号（2004 年）145—165 頁。

② 鈴木禄弥『借地法』（青林書院，1984 年）4 頁。

③ 参见沈宏峰《日本借地权制度研究》，上海社会科学院出版社 2011 年版，第 7—8 页；我妻栄『新訂物権法』（岩波書店，1983 年）349 頁。

④ 我妻栄『新訂物権法』（岩波書店，1983 年）349 頁。

⑤ 稲本洋之助『民法Ⅱ（物権）』（青林書院新社，1983 年）347 頁。

于地租支付的对价，则地上权人须在放弃地上权一年以前通知土地所有权人，或者支付尚未到期的一年份地租。①

从《日本民法典》第 268 条第 1 款的规定来看，地上权的效力是非常强大的，只要地上权人愿意支付地租，则几乎可以永久保有地上权而对土地为占有、使用和收益，此时，附有地上权的土地所有权实际上已经虚化为地租收取权，而地上权事实上已经无限接近土地所有权，这样显然对土地所有权人不利，只会让土地所有权人尽量避免设立地上权。立法者为了保障土地所有权人的合理权益，鼓励土地所有权人设立地上权，因此在《日本民法典》第 268 条第 2 款规定，地上权人没有依第 268 条第 1 款规定放弃其权利时，法院应根据当事人的请求，在二十年以上五十年以下的范围内，从工作物或竹木的种类、状况及其他设定地上权当时的情况等方面考虑，确定地上权的存续期间，以救济土地所有权人。②

四　地上权的效力

（一）地上权人的土地使用权

地上权人，得依其地上权而对土地为使用、收益，但限于以对土地上工作物与竹木之所有的目的。在设定地上权的具体内容时，可以对工作物与竹木的种类进行限制，例如约定地上权设立目的在于"所有木制建筑物""所有坚固建筑物""所有煤气储罐""所有杉树"等；同时倘若无区分地上权之特定约定，应认为地上权效力及于土地的上下。③ 地上权人享有租赁权，其可以将土地租给第三人，并收取地租。在这一点上地上权与租赁权不同，因为地上权人作为他物权人，在其地上权存续期间拥有优先于土地所有权人的法律地位，地上权人将土地出租给第三人原则上不受土地所有权人的限制，而租赁权人转租土地的，则根据《日本民法典》第 612 条的规定，须取得出租人的同意，否则租赁权人可能招致出租人解除租赁契约的不利益。④ 土地所有权人当然对地上权人负有不得妨碍其正当使用收益土地的不作为义务，⑤ 不过土地所有权人并不负有使土地处于

① 渠涛：《最新日本民法》，法律出版社 2006 年版，第 58—59 页。
② 同上书，第 59 页。
③ 我妻栄『新訂物権法』（岩波書店，1983 年）358 頁。
④ 渠涛：《最新日本民法》，法律出版社 2006 年版，第 133 页。
⑤ 我妻栄『新訂物権法』（岩波書店，1983 年）361 頁。

适宜地上权人使用之状态的作为义务,① 这也是地上权与租赁权的区别之一。② 此外，为了实现对以土地上之工作物、竹木所有为目的的对土地的使用、收益，地上权人也可依据《日本民法典》第 267 条，准用相邻关系的规定。③

地上权作为物权，理所当然如所有权那样，包含占有权与物上请求权的内容。当然，一旦设立地上权，土地所有权人丧失直接占有，所有权转变为不具有占有的权利。④ 而地上权的物上请求权也与所有权一样一共有三种形态：第一，丧失占有场合下的返还请求权；第二，使用权被侵害场合下的妨害除去请求权；第三，有妨害之虞场合下的妨害预防请求权。⑤

（二）地上权的对抗力

地上权作为不动产物权的一种，以登记为其对抗要件。⑥ 根据《日本民法典》第 177 条的规定，地上权人一旦做了地上权登记，则当然获得对第三人的对抗力；当然土地所有人负有协助登记的义务，地上权人相应地对土地所有权人享有登记请求权。⑦ 因此倘若土地所有权人拒绝履行其协助义务，则地上权人可以请求其履行义务，或者径行向法院诉请其协助，并基于法院判决，可以单独为登记。⑧

在民法典之外，地上权也可依一些民事特别法而获得对抗力。如根据《建筑物保护法》（『建物保護ニ関スル法律』）第 1 条的规定，以建筑物所有为目的的地上权，地上权人因对土地上建筑物进行了登记而使其地上权获得对抗第三人的效力；⑨ 在《罹灾都市借地借家法》中也规定在该政令实施五年内，对在该地区取得地上权的第三人而言，其即使无已登记的

① 我妻栄『新訂物権法』（岩波書店，1983 年）361 頁。

② 《日本民法典》第 606 条规定出租人对于租赁物的使用及收益负有必要的修缮义务，而在地上权的相关规定中，无类似条款。参见渠涛《最新日本民法》，法律出版社 2006 年版，第 132、58—59 页。

③ 我妻栄『新訂物権法』（岩波書店，1983 年）361 頁。

④ 同上。

⑤ 同上书，第 362 页。

⑥ 稲本洋之助『民法Ⅱ（物権）』（青林書院新社，1983 年）352 頁。

⑦ 同上。

⑧ 日本《不动产登记法》第 27 条规定："因判决或继承而实行登记时，可以只由登记权利人申请。"参见王书江译《日本民法典》，中国法制出版社 2000 年版，第 215 页。

⑨ 沈宏峰：《日本借地权制度研究》，上海社会科学院出版社 2011 年版，第 170—171 页。

建筑物，也未为地上权登记，也可以地上权进行对抗。①

　　不过，究竟何为对抗力，登记对抗如何实现，在日本民法上是极富争议的问题，如日本学者七户克彦便认为，所谓对抗力其实是不完整的公信力，可以称为公信力的一部分。② 我妻荣对对抗力并未下定义，转而对对抗问题进行了细致入微的分析，并且总体上采不完全物权变动说，认为未经登记的不动产物权变动无法产生完全的物权变动效力，且在二重买卖中，二度让与人在第二次出卖中亦非完全的无权利人，③ 因此在我妻荣处，所谓对抗力应当理解为物权对第三人的排他效力。而围绕登记对抗如何实现的问题，日本民法学家们提出了债权的效果说、相对的无效说、不完全物权变动说、第三人主张说、法定证据说、公信力说诸种学说理论，④ 但仍然未能作出明晰的对抗力性质及其相关问题的解释。

（三）地上权人投入资本之回收

1. 地上权的处分：让渡性与担保性

地上权作为一种用益物权，在让渡方面原则上同所有权一样，并无特别限制，地上权人得依据《日本民法典》第 176 条的规定径行将自己的地上权让与他人，当然，地上权的让与未经登记亦不得对抗第三人。有疑问的在于，倘若土地所有权人与地上权人存有禁止地上权让与的特约时，则该地上权让与之效力若何呢？我妻荣认为此时应认为该特别约定仅仅于土地所有权人与地上权人之间产生债权效力，因而不能对抗第三人，此时应认定地上权人与他人所进行的地上权让与为有效。⑤ 不过倘若进一步追问，该第三人明知土地所有权人与地上权人之间存在此种特别约定，仍然与地上权人进行地上权交易，则应当如何认定地上权让与的效力呢？《日本民法典》在登记对抗力的规定方面并未将第三人明定为善意第三人，不过笔者认为，考虑到土地所有权人的特殊利益，如土地所有权人除了现在的地上权人以外，并不愿意为任何人设定地上权；地上权人本身便是从土地所有权人处无偿取得地上权的，而土地所有权人之所以愿意为其设定地

---

① 鈴木禄弥『借地法』（青林書院，1984 年）286 頁。

② 七戸克彦「公示の原則と登記の効力－ドイツにおける不動産物権変動と登記」THINK 会報第 95 号（1999 年），42 頁。

③ 我妻栄『新訂物権法』（岩波書店，1983 年）149 頁。

④ 松井宏興『民法の世界 2・物権法』（信山社，2002 年）59—61 頁。

⑤ 我妻栄『新訂物権法』（岩波書店，1983 年）369 頁。

上权，乃是因为亲情、报恩等具有特定人身属性的、非营利的缘故等。此时若仍然认定地上权让与有效，则会较大损害土地所有权人的利益，因此原则上应认为第三人知道土地所有权人与地上权人之间有禁止让与特约的，地上权让与应归于无效。日本判例也曾作出过地上权让与不得对抗善意第三人的裁判。① 在地上权的让渡方面，原则上地上权人可以将附着于土地之上的建筑物等其他工作物、竹木等与地上权相分离单独让与地上权，也可以将之一并转让。在单独让与抑或一并让与意思不明时，通常应解释为地上权随建筑物等一并转让，即地上权是附随于建筑物等土地附着物的一项权利；② 这与德国法上建筑物附随于地上权的原则恰好相反。③

　　根据《日本民法典》第 369 条的规定，④ 地上权得为抵押权的标的，地上权人可以将地上权作为抵押物抵押予他人，从而以此为对价获得融资，以回收在地上权获取上所付出的资本。

　　2. 地上权消灭之际的地上物撤去权与地上物买取请求权

　　当事人之间约定的或者经由法院裁判的地上权存续期间届满时，虽然地上权人在土地所有权人所有土地上进行使用收益的正当权原已然灭失，但通常地上权人仍然享有附着于土地之上的建筑物、构筑物和竹木等不动产的所有权。为了解决地上权消灭之后，附着于土地之上的工作物及竹木的归属及利用问题，《日本民法典》第 269 条第 1 款规定："地上权人，在其权利消灭时，因恢复土地原状，可以撤去其工作物及竹木。但土地所有人提出以时价购买的通知时，地上权人没有正当理由不能拒绝。"据此于地上权消灭之际，地上权人自得撤走自己拥有所有权的工作物及竹木。不过通常倘若附着于土地之上的不动产属于坚固建筑物之列，如混凝土结构的房屋等，则地上权人通常难以将其撤走。并且，此时，因地上权人已经不复拥有地上权，其附着于土地之上的建筑物失却正当之土地利用权原，则土地所有权人甚至得依物上请求权而请求地上权人移去工作物与竹

---

① 我妻栄『新訂物権法』（岩波書店，1983 年）369 頁。

② 同上。

③ 德国民法上建筑物通常均以土地的重要部分角色出现，并无独立性，即使建筑物是建立在地上权的基础之上，也只能认为建筑物是地上权的重要部分，类似于土地所有权吸收建筑物所有权。

④ 渠涛：《最新日本民法》，法律出版社 2006 年版，第 77 页。

木，以排除土地所有权人使用土地的障碍。① 因此通常地上权人反而会希望土地所有权人行使地上物买取请求权，以便能通过土地所有权人对地上物的购买而回收资金。不过既然地上物买取请求权归属于土地所有权人，则基于此等权利上的优势，土地所有权人通常并不会以时价购买原地上权人的工作物及竹木，从而使地上权人蒙受不利益。《日本民法典》第269条第2款规定："如有与前项规定不同的习惯时，从其习惯。"从而以承认习惯之法律效力而缓和了该弊端，但总体上土地所有权人不仅于社会经济意义上占据优势，且在法律上之权利配置方面亦处于优先地位，因此仅就民法典的规定而言，地上权人处于不利境地，难于有效回收其投入土地之上的资本。②

（四）地租支付义务

地租并非地上权的要素，地上权得以无偿的方式设立。③ 倘若地上权乃是以有偿方式设立的，则地上权人对土地所有权人负有定期给付地租的义务，在法律适用上，根据《日本民法典》第266条的规定，准用《日本民法典》第274—276条有关永佃权的规定，同时以不悖反地上权的性质为限，准用租赁的相关规定。④ 在地租设定的具体形式上，实务中较为灵活，地上权人既可以权利金的形式一次性将地租支付完毕，也可选择定期支付地租，还可以两者并用，在给付一定权利金之后，仍然定期给付一定数量的地租。⑤

---

① 《日本民法典》并没有规定物上请求权制度，仅规定了"占有恢复之诉""占有保持之诉"和"占有保全"之诉；不过学理上承认物上请求权，并认为物上请求权包括所有物返还请求权、所有物妨害排除请求权与所有物妨害排除请求权。参见我妻荣『新訂物権法』（岩波书店，1983年）21、22頁。

② 我妻荣还认为，地上权人享有自《日本民法典》第608条规定之承租人费用偿还请求权类推而得之的费用偿还请求权，不过其也认为除根据特别约定而由土地所有权人负担修理义务的情形之外，地上权人不享有费用偿还请求权参见我妻荣『新訂物権法』（岩波书店，1983年）385頁。稻本洋之助的民法物权著作与铃木禄弥执笔的注释民法地上权章节均未提及地上权人的费用偿还请求权。

③ 川島武宜編集『注釈民法（7）物権（2）』（有斐閣，1968年）421頁。

④ 渠涛：《最新日本民法》，法律出版社2006年版，第58页。

⑤ 川島武宜編集『注釈民法（7）物権（2）』（有斐閣，1968年）421頁。

五　地上权的消灭

所谓地上权消灭，是指地上权因法定事由而终止，地上权人丧失地上权之法律事实。从地上权消灭的事由来看，地上权消灭分为相对消灭与绝对消灭，所谓相对消灭是指地上权本身并未消灭，只是地上权人发生了变更，在地上权相对消灭的情形下，土地所有权人仍然负有地上权负担，只是其义务的服务对象发生了变化而已，在此所谓的地上权的消灭其实意指地上权的让渡与地上权因取得时效而为他人所取得。而所谓地上权的绝对消灭，是指基于法定事由，地上权人丧失地上权，土地所有权人免除地上权负担，并重回对土地为使用、收益的完满支配状态。地上权的绝对消灭事由分述如下。

第一，因土地灭失而消灭。在作为地上权标的的土地灭失之际，土地所有权人自身之土地所有权即告消灭，而地上权作为他物权，在他人之物灭失之时，自然也随之消灭。

第二，因地上权存续期间届满而消灭。在当事人之间对地上权的存续期间有特别约定的情形下，地上权自然因存续期间届满而当然消灭；此外，在当事人之间对地上权存续期间未约定或者约定不明时，土地所有权人也得依《日本民法典》第268条第2款请求法院在斟酌工作物与竹木种类等情势的基础之上，于二十年以上、五十年以下的范围内确定地上权的存续期间；该由法院裁判确定的存续期间届满，则地上权即告消灭。

第三，因消灭时效届满而消灭。在日本民法上，消灭时效制度奉行实体权利消灭主义，[①] 即一旦消灭时效届满，不唯实体权利之请求权消灭，乃至权利本体也随时效之强大效力而"魂归冥土"。《日本民法典》第167条第2款规定："债权或所有权以外的财产权，因二十年不行使而消灭。"[②] 因此倘若地上权人在长达二十年的时间内未行使地上权（当然前提是地上权本身的存续期间超过二十年，否则地上权会直接因其存续期间届满而消灭），则地上权因其消灭时效届满而消灭，土地所有权人免除地上权负担。

第四，因不履行地租支付义务而消灭。在地上权之获取为有偿的情形下，若地上权人连续两年以上怠于支付地租，则土地所有权人可援用《日

①　李求轶：《消灭时效的历史与展开》，中国法制出版社2008年版，第55页。
②　渠涛：《最新日本民法》，法律出版社2006年版，第39页。

本民法典》第 276 条之永佃权的规定,① 而请求消灭地上权。

第五,因抛弃而消灭。地上权人也可依意思自治的原理而抛弃地上权,不过此时地上权并不适用先占原则,地上权人抛弃地上权之际,土地所有权人即免除地上权负担,并重获对土地进行占有、使用和收益的权能。

第六,因特别约定事由而消灭。地上权人与土地所有权人还可以约定地上权消灭的特定事由,当该特定事由发生之际,地上权即告消灭。

第二节　日本民法上的租赁权

租赁权是大陆法系中普遍存在的一项民事权利,几乎所有大陆法系国家民法典均承继罗马法传统而将租赁权及租赁契约规定在了其有关债权债务的篇章。② 于罗马法而言,租赁契约属于四大合意契约之一,③ 系指"一方

---

① 参见《日本民法典》第 266 条、第 276 条;渠涛《最新日本民法》,法律出版社 2006 年版,第 58、60 页。

② 如《法国民法典》在其第三卷 "取得财产的各种方法" 之第八编 "租赁契约" 中详尽规定了租赁契约的总则、物的租赁、雇工与劳务雇佣、牧畜租养的内容 (参见罗结珍译《法国民法典》,北京大学出版社 2010 年版,第 404—420 页);《德国民法典》在其第二编 "债务关系法" 之第八章 "各种债务关系" 中规定了使用租赁合同、用益租赁合同 (参见陈卫佐译注《德国民法典》(第三版),法律出版社 2010 年版,第 185—216 页);《意大利民法典》在其第四编 "债" 之第三章 "各类契约" 中规定了租赁契约 (参见费安玲等译《意大利民法典》,中国政法大学出版社 2004 年版,第 381—390 页);《阿根廷民法典》在其第二卷 "民事关系中的对人权" 之第三篇 "产生于合同的债" 中规定了租赁 (参见徐涤宇译注《最新阿根廷民法典》,法律出版社 2007 年版,第 342—370 页);《葡萄牙民法典》在其第二卷 "债法" 之第二编 "各种合同" 中规定了租赁 (参见唐晓晴等译《葡萄牙民法典》,北京大学出版社 2009 年版,第 175—179 页);《韩国民法典》在其第 618—654 条规定了租赁 (参见金玉珍译《韩国民法典·朝鲜民法》,北京大学出版社 2009 年版,第 96—101 页);《巴西民法典》在其分则第一编第六题 "各种类型合同" 中规定了租赁 (参见齐敏译《巴西新民法典》,中国法制出版社 2009 年版,第 81—83 页);《俄罗斯联邦民法典》在其第四编 "债的种类" 之第三十四章 "租赁" 中规定了租赁 (参见黄道秀译《俄罗斯联邦民法典》,北京大学出版社 2007 年版,第 229—244 页)。

③ 罗马法上的合意契约包括买卖、租赁、合伙与委托。当然有些无名契约在性质上也可归于合意契约之列,只是没有为法典所类型化。参见 [意] 彼得罗·彭梵得《罗马法教科书》,黄风译,中国政法大学出版社 2005 年版,第 288 页;[古罗马] 优士丁尼《法学阶梯》(第二版),徐国栋译,中国政法大学出版社 2005 年版,第 379 页。

当事人向另一方当事人允诺在接受一笔报酬之后使后者暂时享用某物，或者向其提供一系列的服务（oprae）或特定的劳作（opus）"①，早期租赁采与买卖相似的规则（在罗马法上租赁与买卖有时不易辨别②），类型上大致可分为物的租赁、雇佣租赁和承揽租赁。因此罗马法上的租赁内涵比近现代意义上的租赁内涵更为丰富，大致包括近现代大陆法系各国民法典所类型化之租赁契约、雇佣契约与承揽契约。③ 近现代意义上之租赁，乃径由罗马法之物件租赁而得之，是谓"当事人约定，一方以物租与他方使用收益，他方支付租金之契约"④。日本民法上的租赁，通常以汉字写作"赁借贷"，是支付对价而使用收益他人物品的契约，其标的物范围较广，从土地、建筑物到生产机器、器具，家庭用品乃至随身首饰，不一而足。⑤ 兹就租赁权之要义分述如下。

一　租赁权的社会功能

倘若我们意欲使用某物，通常情形下径行将之购买即可（即取得该物所有权），这一点在价格相对便宜的日用品、书籍等物品方面表现得十分明显。不过，也存在只需要短期的，暂时使用某物的场合，如参加某一庄重场合，理应着适当礼服，奈何资力不足以购买之且亦无必要购买（须着礼服的场合较少），则不以所有之意思而购买，只是从他人处以支付一定金钱为对价，取得对礼服的暂时使用权，即可满足需求。《日本民法典》在使用权上区分物权的使用权与债权的使用权，前者主要在土地上成立，权利人须在法律定型化的范围内对物加以使用，而对于作为债权之使用权的租赁权而言，日本民法未对其标的物作限制，当事人得就其意欲实现之物的利用关系而自由约定之。⑥ 诚如法国 19 世纪民法学家多玛所言，契约具有维持市民社会自然运行所生之秩序的功能，人们可以基于契约的灵活

①　[意] 彼得罗·彭梵得：《罗马法教科书》，黄风译，中国政法大学出版社 2005 年版，第 288 页。

②　丘汉平：《罗马法》，中国方正出版社 2004 年版，第 340 页。

③　周枏：《罗马法原论》（上册），商务印书馆 1994 年版，第 772 页。

④　邱聪智：《新订债法各论》（上），中国人民大学出版社 2006 年版，第 221 页。

⑤　[日] 我妻荣：《我妻荣民法讲义·债权各论》（中卷一），徐进、李又又译，中国法制出版社 2008 年版，第 158 页。

⑥　石外克喜『契約法』（法律文化社，1991 年）211 頁。

性获得自己所意欲获得之各不相同的结果。① 租赁作为契约的一种，能够使租赁权人在一定期限内获得对他人之物的使用与收益的权利，而又不至于付出购买该物的对价，从而使租赁权人能以较小代价契合自身动机，实现既定目标，于宏观层面上则有利于活跃市场经济，促进社会经济的发展。

二　租赁权的法律性质

（一）租赁权的标的是物

《日本民法典》第 601 条规定，"租赁，因当事人一方约定以某物供相对人使用及收益、相对人约定对之支付租金，并且在契约终止之时将租赁权予以返还，而发生效力"②，可知承租人之租赁权直接指向出租人之租赁物，租赁权的标的是物。作为租赁权标的之物包括不动产与动产，日本民法并未对租赁物种类进行限制。此外，我妻荣认为，也可以订立对企业与权利进行收益及支付对价的契约，这在德国民法被称为用益租赁。③ 我妻荣认为日本法上也可作类似解释，不过鉴于《日本民法典》将租赁权的标的限定在物上，则将以企业这种集合物与权利为标的之租赁视为类似于租赁的无名契约比较妥当。④

（二）租赁权是承租人享有的对租赁物使用收益的债权

租赁权的内容为承租人对出租人出租之物享有租赁契约约定范围内的使用、收益权利，出租人负有容忍承租人对租赁物使用、收益的义务。日本学理上认为租赁权虽然具有对物使用、收益的内容，但是由于承租人之使用、收益权能只能对出租人主张，且租赁被置于典型契约之名下，应当将租赁权解释为债权，即使享有租赁权之承租人受

---

① Jean Domat, *Civil Law in Its Natural Order*, translated by William Strahan, Boston: Charles C. Little and James Brown, 1850, p. 159.

② 该规定系日本《民法（债权关系）改正法》最新版本。商事法务（编集）『民法（债权关系）改正法新旧对照条文』（商事法务，2017 年）162 页。

③ ［德］迪特尔·梅迪库斯：《德国债法分论》，杜景林、卢谌译，法律出版社 2007 年版，第 217 页。

④ ［日］我妻荣：《我妻荣民法讲义·债权各论》（中卷一），徐进、李又又译，中国法制出版社 2008 年版，第 185 页。

占有诉权的保护，也不能因此断定租赁权为物权。① 因此在日本理论与实务中，均视租赁权为债权，不过也承认"债权物权化"的现象，即为加强承租人的地位，而例外地承认租赁权对抗第三人的效力。

（三）租赁权是承租人以支付租金为对价而获取的权利

承租人从出租人处获得租赁权须支付一定对价，即所谓"租金"②，因此租赁权之获取是有偿的，这样租赁契约便与使用借贷区隔开来。③ 不过所谓的租金并不一定限于金钱，在农地租赁的场合，以收获物及其他作物为租金的情形也较多；但日本战后已经在农地改革中将佃租明定为现金交纳制，因此以实物为佃租的现象已经不存在了。④ 不过在其他场合，以租赁物的孳息和当事人之间所约定的其他实物作为租金，只要不悖于公序良俗，便应解释为合法。

三 租赁权的取得

租赁权的取得在日本民法上分为意定取得与法定取得。

（一）意定取得

所谓租赁权的意定取得，是指承租人与出租人以订立租赁契约的方式，承租人以向出租人支付租金为对价，从出租人处取得对租赁物为使用、收益的权利，即租赁权。租赁契约在日本民法上属于双务、有偿、诺成契约，且并不以书面等要式为必要，仅依当事人双方意思表示一致即可成立。⑤

此外，根据《日本民法典》第556、559条的规定，⑥ 租赁得准用买

---

① ［日］我妻荣：《我妻荣民法讲义·债权各论》（中卷一），徐进、李又又译，中国法制出版社 2008 年版，第 185 页。

② 参见《日本民法典》第 601 条。商事法务（编集）『民法（債権関係）改正法新旧対照条文』（商事法务，2017 年）162 頁。

③ 根据《日本民法典》第 593 条的规定，使用借贷应属无偿契约。商事法务（编集）『民法（債権関係）改正法新旧対照条文』（商事法务，2017 年）160 頁。

④ ［日］我妻荣：《我妻荣民法讲义·债权各论》（中卷一），徐进、李又又译，中国法制出版社 2008 年版，第 187 页。

⑤ 石外克喜『契約法』（法律文化社，1991 年）211 頁。

⑥ 商事法务（编集）『民法（債権関係）改正法新旧対照条文』（商事法务，2017 年）151 頁。

卖一方的规定而以预约的方式成立,① 即租赁一方做出租赁预约之后, 相对人表示出完成租赁的意思时起, 租赁预约生效。

(二) 法定取得

所谓租赁权的法定取得, 是指当事人基于法律的直接规定而径行取得租赁权。日本民法上租赁权法定取得之事由主要为取得时效。虽然《日本民法典》第 163 条明确规定所有权以外的财产权适用取得时效, 不过因租赁权属于并非支配权的债权, 是否可以适用取得时效存在争议。② 日本最高裁判所认为, 就土地租赁权而言, 土地的继续使用、收益乃外在事实, 该事实为以租赁意思为基础之客观表现,③ 据此, 对土地以租赁权的意思为占有、使用和收益的人也可以基于取得时效而取得租赁权。不过如何设定所谓 "租赁意思的客观表示" 的基准是较为困难的, 在具体事例中通常将外在的缔约行为或者租赁权的让与、转租行为以及租金的继续支付等作为重要因素予以考虑。④ 但是, 倘若所有权人事先已经明确表示了拒绝租赁的意思, 则即使用益事实得以持续, 并且届满取得时效期间, 也不能认为相对人可因取得时效而获得租赁权。⑤

四　租赁权的效力

(一) 当事人之权利义务

1. 出租人的义务⑥

(1) 容忍承租人对租赁物为用益的义务。根据《日本民法典》第 601

---

① 石外克喜『契約法』(法律文化社, 1991 年) 219 頁。

② 同上。

③ 最判昭 43・10・8 民集 22 卷 10 号 2145 頁。

④ 石外克喜『契約法』(法律文化社, 1991 年) 219 頁。

⑤ 同上。

⑥ 石外克喜认为出租人在不动产租赁, 尤其是标的为区分所有的大厦和公寓之作为专有所有权的一部时, 出租人 (大厦或者公寓所有权人) 对承租人负有安全照顾义务「安全配慮義務」, 即使没有特别缔结管理契约, 也应当对全体承租人负有管理义务; 不过倘若因失火造成承租人所租住的房屋中动产之毁损灭失的, 如果对此未有特定安全管理契约予以特别约定的, 则承租人对其动产之损失无损害赔偿请求权 [参见石外克喜『契約法』(法律文化社, 1991) 224 頁]。不过我妻荣之讲义并未将此安全照顾义务作为出租人所应承担之一般义务 (参见 [日] 我妻荣《我妻荣民法讲义・债权各论》(中卷一), 徐进、李又又译, 中国法制出版社 2008 年版, 第 209—214 頁), 此处采我妻体系。

条之规定，出租人负有容忍承租人以租赁契约为限度对租赁物进行使用和收益的义务，承租人有权请求出租人向自己交付租赁物，并且一旦出租人将租赁物交付给承租人，则不能妨害承租人对租赁物的合理利用。[①] 不过，倘若出租人不履行上述义务，则承租人得请求出租人交付标的物，并可向出租人主张损害赔偿；[②] 即使承租人不履行义务是因第三人妨害的缘故，承租人仍旧对出租人享有损害赔偿请求权。[③] 此外，出租人将标的物以租赁的意思交付给第三人，构成二重租赁，从而使承租人的租赁权消灭时，出租人须对承租人负因履行不能而产生的损害赔偿义务。[④]

（2）瑕疵担保责任。瑕疵担保责任，系指出卖人就买卖标的之权利或者物之瑕疵应负之法律责任，其在新《日本民法典》体系中系属债务不履行责任，[⑤] 包括权利瑕疵担保责任与物之瑕疵担保责任。[⑥]《日本民法典》第561、570条规定了权利瑕疵担保责任与物之瑕疵担保责任，[⑦] 同时在第559条规定其他有偿契约得准用不悖于其性质的买卖一节的规定，则通常在租赁契约中，出租人须负与出卖人同样的瑕疵担保责任，[⑧] 如以他人之物而为租赁而自己并无出租权限的（《日本民法典》第560条）[⑨]、因标的物上存在先取特权或者抵押权、因权利人行使权力而致承租人丧失租赁权的（《日本民法典》第570条）[⑩]，等等，则出租人自应承担相应的权利瑕疵担保责任与物之瑕疵担保责任。

（3）修缮义务。出租人还须为承租人对租赁物之使用收益负必要的修缮义务（参见《日本民法典》第606条）[⑪]。问题在于，出租人的修缮

①　石外克喜『契約法』（法律文化社，1991 年）221 頁。

②　最判昭 32・1・22 民集 11 卷 1 号 34 頁；最判昭 43・10・8 民集 17 卷 1 号 77 頁。

③　大判昭 5・7・26 民集 9 卷 704 頁。

④　大判昭 10・4・13 民集 14 卷 556 頁；最判昭 37・7・20 民集 16 卷 8 号 1583 頁。

⑤　在最新的日本民法修正案中，瑕疵担保责任已经基本被归入债务不履行责任之中。山野目章夫『新しい債権法を読みとく』（商事法務，2017 年）185、186 頁。

⑥　林诚二：《民法债编各论》（上），中国人民大学出版社 2007 年版，第 85 页。

⑦　渠涛：《最新日本民法》，法律出版社 2006 年版，第 124—125 页。

⑧　石外克喜『契約法』（法律文化社，1991 年）222 頁。

⑨　商事法務（編集）『民法（債権関係）改正法新旧対照条文』（商事法務，2017 年）152 頁。

⑩　同上书，第 155 页。

⑪　同上书，第 164 页。

义务于何种场合才发生呢？日本判例认为，在判断出租人以不履行修缮义务对抗承租人不支付租赁是否正当的前提下，倘若出租人不履行修缮义务非谓正当，则以出租人不履行修缮义务是否构成承租人对租赁物使用收益之"明显障碍"「著しい支障」为基准，判断出租人是否应负修缮义务。① 不过，倘若出租人履行修缮义务所支出的费用已经几乎等同于新造租赁物所支出的费用时，则日本多数说认为此时并不发生修缮义务，② 日本判例也持类似态度，如最高裁判所曾判定，结合租赁契约剩余有效期之考量，因对涉案标的物之腐朽破损严重的租赁房屋进行大修缮所费甚靡，则此时应承认出租人的解约权并免除其修缮义务。③ 由此亦可推知，在租赁契约之下，出租人所负的修缮义务产生的基准时间，应被限定为租赁物之毁损及状态变更有碍于承租人租赁目的实现之时，倘若租赁物的毁损程度甚为轻微或者状态变更无碍于承租人租赁目的之实现，则此时出租人并不负有修缮义务。

出租人的修缮义务得以特别约定减轻或者免除，④ 此当属当事人意思自治的范畴。

（4）费用偿还义务。根据《日本民法典》第608条的规定，⑤ 承租人在租赁物上支出了本属于出租人负担的必要费用、已经对租赁物支出了有益费用时，承租人得请求出租人偿还，出租人负有偿还此等费用的义务。所谓必要费用，是指为使租赁物维持现状、保存租赁物以及使租赁物恢复原状所支付的费用，⑥ 例如把榻榻米的席面换成新的之费用、修补屋顶的费用、横木更换工程费用等。⑦ 所谓有益费用是指承租人为改良租赁物所支出的费用，⑧ 但并不以支出到租赁物本身为必要，⑨ 如对租赁物之从物

---

① 最判昭38・11・28民集17卷11号1477頁。
② 石外克喜『契約法』（法律文化社，1991年）222頁。
③ 最判昭35・4・26民集14卷6号1091頁。
④ 石外克喜『契約法』（法律文化社，1991年）222頁。
⑤ 商事法務（編集）『民法（債権関係）改正法新旧対照条文』（商事法務，2017年）165頁。
⑥ 石外克喜『契約法』（法律文化社，1991年）223頁。
⑦ 同上。
⑧ 同上。
⑨ ［日］我妻荣：《我妻荣民法讲义・债权各论》（中卷一），徐进、李又又译，中国法制出版社2008年版，第212页。

等改良而致租赁物本身价值增加的，则也应算作对租赁物支出的有益费用。承租人请求出租人返还有益费用准用《日本民法典》第196条之规定，① 以使租赁物价值增加的部分尚存者为限，请求出租人偿还，② 并且应许以适当的偿还期限。③ 必要费用与有益费用之偿还费用均可依特约而免除。④

在权利行使方面，承租人所享有的费用偿还请求权应当自向出租人返还标的物之时起一年内行使，⑤ 同时有关必要费用返还之债权的十年消灭时效也以出租人接受租赁物之返还为基准时开始计算。⑥ 此外，承租人还可以为主张费用偿还请求权而将租赁物进行留置，以担保费用偿还请求权的实现。当然，留置期间所产生的利用利益，应以租金为标准作为不当得利返还给出租人。⑦

2. 承租人的义务

租赁契约乃双务契约，因此出租人之主要义务所对应的也就是承租人之主要权利，由此可知承租人的主要权利包括对租赁物的使用收益权、瑕疵担保请求权、修缮请求权和费用偿还请求权；故可径行就承租人义务择其要义分述如下。

（1）与物之利用有关的义务。承租人依自己所享有的租赁权而得对租赁物为使用收益，使用收益的范围通常由租赁契约明确规定，若租赁契约未明确约定之时，则须依标的物的性质确定对标的物使用、收益的用法，⑧ 而以不符合标的物性质之方法对其进行使用收益的，则构成债务不履行。⑨ 此外，承租人在租赁契约到期之前，应以善良管理人之注意保管

---

① 参见渠涛《最新日本民法》，法律出版社2006年版，第46页。

② 川岛武宜编集『注釈民法（7）物権（2）』（有斐閣，1968年）172—173頁。

③ 同上书，第169页。

④ 石外克喜『契約法』（法律文化社，1991）223頁。

⑤ 商事法務（編集）『民法（債権関係）改正法新旧対照条文』（商事法務，2017年）162頁。

⑥ 石外克喜『契約法』（法律文化社，1991年）223頁。

⑦ 同上书，第223—224页。

⑧ 准用使用借贷之规定，参见《日本民法典》第594条、第616条。商事法務（編集）『民法（債権関係）改正法新旧対照条文』（商事法務，2017年）160、166頁。

⑨ 石外克喜『契約法』（法律文化社，1991年）224頁。

标的物,① 有第三人对租赁物主张所有权等权利时,承租人负有通知出租人的义务。

(2) 租金支付义务。作为对租赁物使用收益的对价,租金的支付属于租赁的本质要素之一。② 租金不限于金钱,但农地法上有特别规定的,从其规定。③ 同时,根据《日本民法典》第 611 条的规定,若租赁物的一部分因不可归责于承租人的事由而灭失时,承租人可以在租赁物灭失部分范围内请求减少租金。④ 不过实务上,承租人与出租人通常也于租赁契约订立时即将租金增减事宜须经当事人协商之条款作了约定,因此判例认为,在有此约定的情形下,出租人未经协议即请求增加租金的意思表示应属无效。⑤ 不过在日本下级法院中也存在反对前述观点的判决存在。⑥ 在日本,租赁契约租金之增加问题历来纷争不断,与租金类似的所谓敷金、权利金、保证金以及更新费等也在实务中 (尤其是不动产实务中) 大量涌现,⑦ 故而防范纷争之未然,寻求简易迅速解决租金等类似问题的途径一直是日本理论与实务的一大目标。而就租金的支付期间而言,倘若无特别约定,则动产、建筑物或者宅基地于每月末,其他土地于每年末须支付租金,若涉及佃租的支付且遇收获季节迟滞的情形,则须在收获季节到来后毫不迟疑地支付租金。⑧

(3) 标的物返还义务。承租人必须在租赁契约终了之际,将租赁物返还给出租人,同时承租人有为使标的物恢复原状而除去附着于租赁物上

---

① 参见《日本民法典》第 400 条;渠涛《最新日本民法》,法律出版社 2006 年版,第 90 页。

② 石外克喜『契約法』(法律文化社,1991 年) 225 页。

③ 即前述所言及之实物佃租的废止。参见 [日] 我妻荣《我妻荣民法讲义·债权各论》(中卷一),徐进、李又又译,中国法制出版社 2008 年版,第 187、231 页。

④ 商事法务 (编集)『民法 (債権関係) 改正法新旧対照条文』(商事法务,2017 年) 165 页。

⑤ 最判昭 56·4·20 民集 35 卷 3 号 656 页。

⑥ 石外克喜『契約法』(法律文化社,1991 年) 226 页。

⑦ 石外克喜『契約法』(法律文化社,1991 年) 226、227 页。

⑧ 参见《日本民法典》第 614 条;渠涛《最新日本民法》,法律出版社 2006 年版,第 135 页。

之物的权利或者义务,① 不过倘若附着物作为租赁物之一部分而在社会经济意义上不可分离时，则此时对承租人并不发生除去之权利或者义务，而是随之发生承租人的费用偿还请求权问题；倘若分离非谓不可能，但在社会经济意义上附着物乃是租赁物的一部分（这种意识可能不十分强烈），则此时承租人可以选择主张除去权抑或费用偿还请求权；倘若租赁物附着物容易被分离，则此时承租人享有附着物之所有权，必须除去该附着于租赁物上之物。②

(二) 租赁权之让渡与租赁物之转租

1. 让渡·转租之限制

承租人倘若能对租赁物为自由利用，尤其是能自由让渡自身的租赁权或者自由选择次承租人为转租，则势必损害出租人之利益，因此《日本民法典》第 612 条规定，承租人让与租赁权或者将租赁物转租，必须得到出租人的承诺，倘若承租人未经出租人承诺即让与租赁权或者将租赁物转租的，出租人享有解除租赁契约的权利。③ 在日本法制史上，一度承认承租人享有自由地让与租赁权与将租赁物转租的权利：由法国人博瓦索钠德（ボアソナード）主持起草的日本旧民法典草案将租赁权定性为物权,④ 则在此前提之下，作为物权的租赁权自然具有自由让与以及自由设定负担的性质。不过，旧民法典遭到了以穗积重远与富井政章为首的法学家的反对，最终未能施行,⑤ 随后出台的日本新民法典将租赁权定性为债权，在租赁权的让渡与租赁物转租的问题上，转而采取限制主义，即不承认承租人有让渡租赁权与将租赁物转租的自由，承租人让渡租赁权与将租赁物转租须经出租人同意。日本民法修正案理由书中提及对租赁权让渡与租赁物转租采限制主义的理由有二：其一，让渡·转租自由是旧民法典将租赁权规定为物权的衍生物，而新民法典将租赁权规定为债权，自然作为债权的

---

① 参见《日本民法典》第 616 条、第 598 条，渠涛《最新日本民法》，法律出版社 2006 年版，第 130、134 页；石外克喜『契約法』（法律文化社，1991 年）229 頁。

② 石外克喜『契約法』（法律文化社，1991 年）229 頁。

③ 《日本民法典》第 612 条规定："承租人非经出租人承诺，不得将承租权让与或将租赁物转租。承租人违反前项的规定，让第三人对租赁物使用或收益时，出租人可以解除契约。"（参见渠涛《最新日本民法》，法律出版社 2006 年版，第 133 页）

④ 広中俊雄＝星野英一编『民法典の百年Ⅲ』（有斐閣，1998 年）397—402 頁。

⑤ 渠涛：《最新日本民法》，法律出版社 2006 年版，第 370—372 页。

租赁权不应具有让渡·转租自由之性质；其二，让渡·转租自由与日本习惯不符，因此不宜予以承认。① 这一观念在最新的民法修正案中仍然得以维持，《日本民法典》最终对租赁权的让渡与租赁物的转租持限制态度。②

2. 擅自让渡与背信行为论

根据《日本民法典》第 612 条之规定，承租人倘若未经出租人同意，擅自向他人让渡租赁权或者将租赁物转租他人，则出租人享有解除租赁契约的权利，民法典的主张通常被理解为当然解除主义，即一旦承租人未得出租人同意而让渡租赁权或者将租赁物转租的，出租人得无限制地、当然行使解约权。日本第二次世界大战前的判例支持这种解释。③ 不过日本于二战后以"信赖关系理论"为基础发展出背信行为论，④ 认为擅自让渡·转租的承租人如不具有构成背信行为的特定事实，出租人不具有租赁契约解除权。⑤ 判例方面运用该理论，在诸如现实之利用者仅仅于法律形式上发生变更并随之发生租赁权让渡（如个体经营者转变为公司经营)⑥、与承租人共同居住之妻子为租赁权受让人、⑦ 土地承租人将土地租赁权及土地租赁权赠与与之共同居住的孙子等情形之下，⑧ 认定租赁名义人之改弦更张并未使租赁物的利用状态发生变化，因此于此等场合之下，契约解除权应受到限制。⑨ 不过学说理论方面，对所谓"信赖关系"应当在广义上理解为"人与人之间的信赖关系"还是限制解释为"物的、物质的经济之信赖关系"，存在较大争议，⑩ 持广义说的学者认为，战后判例所体现出的射程范围足够远，因此对"信赖关系"应作开放性解释。广义说体现了学说变迁之大势，并在判例中（如承租人擅自将地处安静住宅区之租

① 広中俊雄＝星野英一編『民法典の百年Ⅲ』（有斐閣，1998 年）401 頁。

② 在民法修正案中，《日本民法典》维持了第 612 条的原貌。商事法務（編集）『民法（債権関係）改正法新旧対照条文』（商事法務，2017 年）166 頁。

③ 石外克喜『契約法』（法律文化社，1991 年）233 頁。

④ 広中俊雄＝星野英一編『民法典の百年Ⅲ』（有斐閣，1998 年）419、420 頁。

⑤ 最判昭 28・9・25 民集 7 巻 9 号 979 頁。

⑥ 最判昭 39・11・19 民集 18 巻 9 号 1000 頁。

⑦ 最判昭 39・6・30 民集 18 巻 5 号 991 頁。

⑧ 最判昭 40・9・21 民集 19 巻 6 号 1550 頁。

⑨ 石外克喜『契約法』（法律文化社，1991 年）232 頁。

⑩ 広中俊雄＝星野英一編『民法典の百年Ⅲ』（有斐閣，1998 年）425、426 頁。

赁房屋转租给美国军人之情妇，最高裁判所认定承租人转租行为为背信之举① 有所体现。②

3. 解除权之时效消灭

承租人为擅自转租·让渡之行为之后，出租人长期不行使契约解除权的事例也非谓少见，于此等场合，出租人以"默示承诺"或者"解除权行使之滥用"等事由，主张解除权因消灭时效而消灭的事例十分普遍。不过解除权消灭时效的起算点究竟为何，多有分歧。如擅自转租基准时说认为，自擅自转租事实发生之时起，解约权因擅自转租事实的继续而不断产生，故出租人得于任意时点行使解除权;③ 也有判例认为在擅自转租事例中，应以转租人实际对租赁物为使用收益之时起，起算解约权之消灭时效。④ 不过，倘若在解除权消灭之后，出租人以租赁物所有人身份向擅自受让租赁权人或者次承租人基于所有权而主张所有物返还请求权时，其主张应获得支持，⑤ 不过在出租人对租赁物主张物上请求权之际，擅自受让租赁权人或者次承租人得以取得时效对抗其请求权。⑥

（三）租赁权的对外效力

1. 对抗力

租赁权本身乃是一种得对债务人（出租人）主张的债权（行为请求权），原则上不能对抗第三人，此在罗马法上被称作"买卖击破租赁"的原则，⑦ 其缘故在于罗马法一直将租赁视为一种类似于买卖的契约，⑧ 在处理租赁物出卖的问题上采取了类似于一物二卖的处理方式。不过日本民法上之债权一方面具有对内效力，其指向债务人；另一方面也具有对外效力，其指向债务人以外的第三人，通常体现在债权人行使代位权与撤销权

---

① 最判昭 33·1·4 民集 12 卷 1 号 41 頁。

② 広中俊雄＝星野英一编『民法典の百年Ⅲ』（有斐閣，1998 年）426 頁。

③ 大阪高判昭 58·1·26 判時 1076 号 68 頁。

④ 最判昭 62·10·8 民集 41 卷 7 号 1445 頁。

⑤ 同上。

⑥ 石外克喜『契約法』（法律文化社，1991 年）234 頁。

⑦ 同上书，第 236 頁。

⑧ ［古罗马］优士丁尼：《法学阶梯》（第二版），徐国栋译，中国政法大学出版社 2005 年版，第 387 頁。

以及债权人对第三人侵害债权主张损害赔偿之情形中。① 而在不动产租赁的场合，为了增强不动产承租人脆弱的法律地位，实现租赁秩序之安定，《日本民法典》第 605 条规定，不动产租赁一经登记，对之后取得不动产物权的人也发生效力，② 从而赋予不动产租赁权以较为特殊的对外效力，即对抗力。不动产租赁权之对抗力是日本民法上"债权物权化"现象的典型表现，其使在民法体系中被置于债权地位之租赁权拥有了对抗第三人的效力，同时，为了在承租人与第三者利益之间实现平衡，即一方面要增强承租人的法律地位，另一方面也要尽量避免让第三人遭受不测之交易灾难，《日本民法典》明确将不动产租赁之登记作为不动产租赁权产生对抗力的要件。但是，登记以共同申请为原则，③ 租赁权的登记以出租人之协力为必要，倘若无特别约定，则出租人并不负有协助承租人为不动产租赁登记的义务，从而只能期待出租人乃属"好撒玛利亚人"④ 之列，愿意协助承租人为不动产租赁登记，这样一来承租人显然处于相当不利的地位。也正因为如此，在民法典之后，日本才以一系列的特别法对承租人的不利地位予以补救。⑤

2. 妨害排除请求权

妨害排除请求权在日本民法学上通常属于物上请求权之列，通常为物权（及其他支配权）所固有，而原则上不认为作为债权的租赁权具有妨害排除效力。不过承租人自得依据租赁契约向作为债务人的出租人请求其排除因第三人原因所造成的妨害，且在特定场合下，承租人作为债权人为了保全其租赁权且为出租人的利益而代位行使出租人的物上请求权，学说判例也多持支持态度。⑥ 此外，因承租人通常对租赁物实现了占有，所以在承租人对租赁物之占有受到侵害时也可依《日本民法典》第 197 条提

---

① 淡路剛久『債権総論』（有斐閣，2002 年）48、49 頁。

② 参见《日本民法典》第 605 条；渠涛《最新日本民法》，法律出版社 2006 年版，第 132 页。

③ 参见《不动产登记法》第 25 条；王书江译《日本民法典》，中国法制出版社 2000 年版，第 215 页。

④ "好撒玛利亚人"是《圣经·路伽福音》中的一个典故，意指善良的、乐于助人的人参见徐国栋《人性论与市民法》，法律出版社 2006 年版，第 103—105 页。

⑤ 石外克喜『契約法』（法律文化社，1991 年）237 頁。

⑥ 同上。

起占有之诉。① 不过总体而言，在民法改正法出台之前，基于租赁权自身而提出妨害排除请求的主张未获得承认，对租赁权妨害之救济未臻至完善。②

就实务上判例的态度而言，最高裁判所认为对抗力是租赁权具有妨害排除请求效力的根基，③ 如在二重租赁的场合，拥有对抗力的租赁权会因被赋予了物权效力而被认定为具有优先效力，因此相对于未获得对抗力的租赁权之承租人而言，其针对获得对抗力的租赁权之承租人而提出的租赁权妨害排除请求不能得到支持，反之，获得对抗力的租赁权之承租人的妨害排除请求能够获得支持，④ 同理获得对抗力的租赁权之承租人向对租赁权之占有无权限者主张妨害排除请求的，亦得获致支持。⑤ 不过对于没有对抗力的租赁权而言，除非有十分特别的情势存在，通常不会认为租赁权具有妨害排除效力。⑥

不过，须注意的是，由于学说与实务均认为，有必要赋予租赁权，尤其是不动产租赁权妨害排除请求权，故而有鉴于此，在最新的《民法（债权关系）改正法》中，修正案新设第605条之4，承认不动产租赁权在因《借地借家法》之规定而取得对抗力的情况下，可以一般性地获得针对第三人的妨害排除效力。⑦ 职是之故，不动产租赁权，已经具备了一般意义上的妨害排除效力。⑧

（四）租赁权的存续与消灭

1. 租赁权的存续期间（不涉及《借地法》与《借地借家法》）

日本民法上之租赁分为短期租赁与一般租赁。所谓短期租赁，是指处分的行为能力受到限制或者没有处分权限的人所为的租赁，根据《日本民法典》第602条的规定，短期租赁依标的物的不同而设定了不同的租赁期

---

① 参见渠涛《最新日本民法》，法律出版社2006年版，第46页。

② 石外克喜『契約法』（法律文化社，1991年）237頁。

③ 同上。

④ 最判昭28·12·18民集7卷12号1515頁。

⑤ 最判昭30·4·5民集9卷4号431頁。

⑥ 最判昭29·7·20民集8卷7号1408頁。

⑦ 日本弁護士連合会『実務解説改正債権法』（弘文堂，2017年）434頁。

⑧ 商事法務（編集）『民法（債権関係）改正法新旧対照条文』（商事法務，2017年）164頁。

间：以树木的种植与采伐为目的的山林租赁，其租赁期间为 10 年；其他形式之土地租赁的租赁期间为 5 年；建筑物租赁的租赁期间为 3 年；动产租赁的租赁期间为 6 个月。① 而一般租赁则相对应的是指有完全行为能力及对租赁物有处分权限的人所为的租赁。一般租赁未有具体而细致的期间上的限制，只是由《日本民法典》第 604 条设定了租赁权存续的最长 50 年期间，当事人倘若以契约方式约定超出 50 年的租赁权的，则超过 50 年的约定无效，其所约定的租赁权存续期间仍为 50 年。② 当然，租赁权最长期间为 50 年并不意味着承租人只能利用出租人之物 50 年，如当事人双方在 50 年租赁权期满之后，仍有意愿为租赁的，其可以契约更新的方式延续租赁权的存续期间，不过更新的期间自更新时起，仍不能超过 50 年。更新可以默示的方式为之。③。此外，根据《日本民法典》第 619 条之规定，租赁期间届满后，承租人对租赁物继续使用或者收益，而出租人明知此事却未提出异议时，推定出租人以相同的租赁条件继续租赁。不过从第 619 条第 1 款之 "此时，各当事人可以依据第 617 条规定提出解约"④ 的规定可知，此种租赁更新的推定将新租赁权推定为存续期间不定的租赁权。

2. 租赁权的消灭

所谓租赁权的消灭，是指租赁权因某种法定事由或者约定事由而归于消灭的法律事实，理论上可以将租赁权的消灭分为绝对消灭和相对消灭。所谓租赁权的相对消灭乃是指租赁权相对于承租人消灭了，其本身仍旧存在，只是为新承租人所有，所以租赁权的相对消灭事由主要为租赁权的让渡。而所谓租赁权的绝对消灭则意指租赁权绝对性地消灭且未为任何人所继受取得。兹就租赁权绝对消灭事由分述如下。

（1）租赁物灭失。租赁权乃是以对租赁物的使用收益为目的的债权，租赁物一旦灭失，租赁权无所依附，亦随之消灭。

（2）因租赁期间届满而消灭。租赁权在其法定期间或者约定期间届满之际，自然消灭，自无疑义。

---

① 参见渠涛《最新日本民法》，法律出版社 2006 年版，第 131 页。

② 原本《日本民法典》所规定之租赁最长期限为 20 年，在最新的修正中改变为 50 年。商事法務（编集）『民法（債権関係）改正法新旧対照条文』（商事法務，2017 年）163 頁。

③ 石外克喜『契約法』（法律文化社，1991 年）241 頁。

④ 渠涛：《最新日本民法》，法律出版社 2006 年版，第 134—135 页。

（3）因消灭时效届满而消灭。租赁权作为债权，根据《日本民法典》第166条之规定，在租赁权人知道可以行使债权时，5年内不行使的，租赁权消灭；在租赁权能够被行使之日起10年内未行使的，该租赁权消灭。①

（4）因第三人依取得时效取得租赁物权利而消灭。在第三人因取得时效而获得租赁物的所有权及地上权等他物权时，倘若该租赁不属于已经登记的不动产租赁，则租赁权应告消灭；倘若有第三人以拥有租赁权的意思而占有租赁物，并且届满取得时效的，由于对租赁物的占有具有唯一性与排他性，则原承租人的租赁权消灭，不过第三人所取得的租赁权与原承租人的租赁权没有任何关联，其在法解释上应理解为第三人从出租人处取得了一个未定期间的租赁权。

（5）因擅自让渡租赁权或者将租赁转租而致出租人行使解约权而消灭。在承租人擅自让渡租赁权或者擅自将租赁物转租他人的情形下，出租人有权解除租赁契约，租赁权随租赁契约的解除而消灭。

（6）因抛弃而消灭。承租人也可依意思自治的原理而抛弃租赁权，不过此时租赁权并不适用先占原则，承租人抛弃租赁权之际，出租人即免除租赁权负担，并重获对租赁物进行占有、使用和收益的权能。

（7）因特别约定事由而消灭。承租人与出租人还可以约定租赁权消灭的特定事由，当该特定事由发生之际，租赁权即告消灭。

第三节　日本民法上的借地权

由前述可知，所谓借地权即指以建筑物的所有为目的之地上权或者土地租赁权。② 那么，从表面上看，借地权可以被理解为以建筑物所有为目的之地上权和以建筑物所有为目的且以土地为标的物的租赁权，在此前提

---

① 商事法务（编著）『民法（債権関係）改正法新旧対照条文』（商事法务，2017年）36頁。

② 此处须予以特别说明的是，由于该部分关于日本借地权之缘起的分析，系以《民法（债权关系）改正法》出台前的日本法律背景为前提展开的，故而该部分有关租赁权之分析，也以《民法（债权关系）改正法》出台前的《日本民法典》为基准，例如，该部分所提及的租赁权期间在债法改正之前最长仅为20年，这也是借地权创设的一大要因，不过在最新的《民法（债权关系）改正法》中，租赁权的最长期间，则已经提升为50年，特此说明。

之下，结合第一节与第二节有关日本民法上地上权与租赁权的介绍，似乎可以认为借地权乃是一项综合了物权因素与债权因素的集合性权利，作为物权的借地权与作为债权的借地权分别适用不同的规则，两者并行不悖，只是因标的物与目的上的同一性而偶然被归纳到一部法律之中。不过，一旦深入探究下去便会发现，借地权是一种既不同于民法典上地上权，又不同于民法典上租赁权的新型权利，其不能以物权抑或债权之名义一言以蔽之。借地权的概念建构植根于地上权与土地租赁权的区分与融合之中，并在理论方面经历了由租赁权物权论到租赁权物权化思潮，再到租赁权多样化理论的变迁，借地权概念是在理论与实务的双重力量推动下形成的。

一 地上权与土地租赁权的区分与融合

借由前述所论及之日本民法上地上权与租赁权的内容，可知日本在编纂其民法典时，赋予了地上权与租赁权（尤其是土地租赁权）完全不同的性格：第一，就对抗力而言，地上权以登记为对抗要件，未经登记不得对抗第三人，但土地所有人负有登记协助义务；而租赁权本身无对抗力，虽然民法典第 605 条明定不动产租赁一经登记即可产生对抗第三人的效力，但倘若无事前约定，土地所有权人却并不负有登记协助义务，承租人只能期待土地所有权人乃"好撒玛利亚人"，会为了承租人的利益而主动行善。第二，就存续期间而言，地上权的存续期间较为自由，根据契约得自由约定，而在无约定时，由裁判所确定为 20 年以上 50 年以下；而租赁权最长期间不过 20 年。① 第三，就投入资本的回收而言，地上权人享有撤去权，同时土地所有权人享有买取权，同时地上权具有可让与性，其可与附着于土地之上的建筑物移去让渡或者设定担保；而租赁权人享有费用偿还请求权与撤去权，其可以请求出租人返还租赁物支付的必要费用与有益费用并有权撤去对租赁物的添附，但租赁权原则上不得让与，租赁物原则上也不得转租，且租赁权终止时，承租人于租赁土地上所筑造之建筑物只能折合为木材价格而向出租人实行费用偿还请求权。第四，就当事人的权利义务而言，作为地上权相对人的土地所有权人通常负有容忍使用收益的消极义务，而出租人则除此消极义务之外，还负有将租赁物置于适于承租

---

① 但是在《民法（债权关系）改正法》中，则已经延长为 50 年。商事法务（编集）『民法（债権関系）改正法新旧対照条文』（商事法务，2017 年）163 頁。

人使用收益状态之义务；此外，地上权相对人不得因地上权对价一次不支付即采取申告程序，而出租人则可因租金一次不支付而采取告知程序。①两者简明区别可参看表1-1。

表1-1　　　　　　　　　　地上权与租赁权之比较

权利类型 比较事项	地上权	租赁权
对抗力	有对抗力，以登记为对抗力发生之要件，同时土地所有权人负有登记协助义务	原则上无对抗力，但倘若不动产租赁做了登记，亦可产生对抗第三人之效力，只是出租人并不负有登记协助义务
存续期间	地上权的存续期间原则上依契约可自由约定，如有约定其期间可近乎永久；倘若无存续期间之约定，经当事人申请，裁判所可在20年以上50年以下确定地上权之存续期间	租赁权的存续期间最长不得超过20年②
投入资本的回收	地上权人享有撤去权，得于地上权消灭时撤去附着于土地上之物，土地所有权人享有买取权，得请求以时价购买土地上附着之物 地上权具有可让渡性，地上权人得自由让与地上权	租赁权人享有费用偿还请求权与撤去权，其可以请求出租人返还租赁物支付的必要费用与有益费用并有权撤去对租赁物的添附（前提是可以分离） 租赁权未经出租人承诺不得让与及将租赁物转租
积极义务之有无	如无特别约定，土地所有权人仅有容忍地上权人对土地使用收益的义务，并无其他积极义务	出租人负有将租赁物置于适于承租人使用收益状态之积极义务

学理上，地上权与土地租赁权可径行区分为物权之借地权与债权之借地权，③仅就《建筑物保护法》《借地法》《借地借家法》等特别法出台前的规范体系而言，地上权相对于土地租赁权的确存在诸多优势。

第一，在对抗力方面，地上权作为一种效力十分强大的物权，一经登记即可对抗一切第三人，且对于地上权相对人来说，协助地上权人完成地上权登记是其负有的当然义务，④即使作为地上权相对人之土地所有权人不履行登记协助义务，地上权人也可凭借裁判所裁判，依《不动产登记法》第27条单独申请地上权登记，从而获得地上权对抗第三人的效力。而土地租赁权通常不具有对抗力，在租赁契约关系中，出租人自始至终均

---

① 我妻栄『新訂物権法』（岩波書店，1983年）341—343頁。

② 注意与《民法（债权关系）改正法》中的新规定相区别。

③ 川島武宜編集『注釈民法（7）物権（2）』（有斐閣，1968年）408頁。

④ 我妻栄『新訂物権法』（岩波書店，1983年）362頁。

处于较为强势的法律地位。尽管民法典规定不动产租赁也可通过登记从而获得对抗力，但是因不动产租赁权仅为债权，所以出租人并不负有须协助不动产（土地）租赁人作租赁登记的义务，[①] 故而承租人无法像地上权人那样依自己的单方意志使土地租赁权具有对抗力。在物权与债权二元划分体系下，土地租赁权作为立法政策选择之下的典型债权，通常仅具有相对效力，只能对出租人发生作用，土地承租人如若要对第三人侵害其对土地使用收益之行为主张妨害排除的，在该土地租赁不具有对抗力的情形下，土地承租人还需要通过向出租人主张妨害排除，再由出租人以土地所有权人身份主张排除第三人对土地承租人的妨害，予以间接实现。[②] 与地上权人得以物上请求权之妨害排除请求权，凭自己地上权人之身份即可直接向第三人主张妨害排除相比，土地承租人显然处于相对弱势的地位。

　　第二，在资本回收方面，地上权作为一种效力强大的物权，具有自由让与性，土地所有权人原则上不能对地上权人处分地上权有任何异议，地上权人得依自己意思，自由地将地上权让渡给第三人。而土地租赁权则不然，在土地租赁权让与和土地转租问题上，作为出租人的土地所有权人享有终极裁决权，承租人将土地租赁权让与第三人抑或将土地转租第三人，必须获得土地所有权人的同意承诺，否则将招致土地所有权人解除租赁契约之不利益。由此可以看出，土地租赁权具有较为浓厚的人身属性，未经出租人这一利益攸关方之同意，土地租赁权主体无法变更，甚至可以认为，土地租赁权只是不完整的，具有属人性的财产权。嗣后借地权立法运动中所谓"借地权财产化"的口号正是土地租赁权早期所具有的非完整财产属性的最佳印证。[③] 然而，土地租赁权人为获取土地租赁权事实上也如同地上权人那样付出了对价，其对价有时甚至高于地上权（如在东京等大都市为获得土地租赁权，因地价高昂，地租也随之高企），但土地租赁权让与方面的限制使土地租赁人无法像地上权人那样能够较为便利地回收资本，土地租赁权人时刻面临着因土地所有权人的阻挠而无法将其权益最大化的风险。

　　第三，在存续期间方面，地上权可依据当事人之间的意思自治而约定

---

①　[日] 我妻荣：《我妻荣民法讲义·债权各论》（中卷一），徐进、李又又译，中国法制出版社 2008 年版，第 189 页。

②　石外克喜『契約法』（法律文化社，1991 年）237 頁。

③　鈴木禄弥『借地法』（青林書院，1984 年）111 頁。

较长期间，甚至约定永久期间也不为法律所禁止，即使设定地上权时并未约定地上权的存续期间，但当事人请求裁判所确定地上权存续期间时，裁判所也须在 20 年至 50 年的范围内确定地上权的期间。由此可见，地上权属于拥有较长稳定期间的权利。而土地租赁权最长期间不过 20 年，且土地租赁权人随时可能因其擅自让与·转租行为而导致出租人解除租赁契约，进而丧失土地租赁权，因此与地上权相比，土地租赁权不仅存续期间较短，且欠缺稳定性，对于以建筑物所有为目的之当事人而言，选择地上权的法权模式，而非土地租赁权，应是理性之举。

第四，在标的物利用方面，地上权人享有比土地租赁权人更广泛的使用收益权利，地上权人可以为自身利益而对土地及其上下空间进行改造与利用，唯有在地上权消灭时，方负有恢复土地原状之义务。而土地租赁权受制于租赁契约与民法典的相关规定，通常在对土地利用的深度与广度方面不及地上权。

自历史沿革的角度而观之，地上权对土地租赁权的优势与其说是物权与债权本质的使然，不如说是立法者刻意选择的一种政策调试。日本立法者在借地领域区分地上权与土地租赁权，乃意在满足市民社会成员不同层次的需求：倘若当事人仅意欲短期使用土地，例如，在土地上修筑短期建筑物的，则以土地租赁权的形式实现其对土地的使用收益，此时因期间较短，权利人对土地租赁权的可让与性与对抗力要求均不会太高，所谓地上权对土地租赁权的优势对当事人而言也并无太大意义；而倘若当事人欲长期使用土地，例如，在土地上修筑房屋世代居住的，则宜以地上权的方式使用土地，从而实现对土地长期而稳定的使用与收益。不过立法者的设想常常与现实存在脱节之处。诚然，地上权的确具有多种优势，但这种优势仅仅是针对地上权人，而非土地所有权人的，对于土地所有权人来说，地上权的负担过于沉重。因此，在实务中，土地所有权人常常以契约方式规避地上权，其经常与意欲使用收益土地的人在本宜设立地上权的场合（尤其是以建筑物所有为目的之情形）规避地上权，[①] 转而与其订立土地租赁契约，以达到使自身利益最大化的目的。而意欲使用收益土地者在土地所有权人面前通常为弱者，其在经济实力、社会资源方面均处于劣势，无法

---

① ［日］山田卓生：《借地借家立法与立法学》，《法律时报》第 53 卷第 14 号，第 115 页，转引自沈宏峰《日本借地权制度研究》，上海社会科学院出版社 2011 年版，第 8 页。

获得与土地所有权人平等的协商地位，因而常常屈居于土地所有权人的优势之下而无法获得地上权——尽管其常常意欲长期而稳定地使用收益土地。职是之故，有日本民法学者甚至指出，就以建筑物所有为目的之借地而言，地上权事实上已经消亡了，其仅仅还存活在竹木利用领域，而实质意义上的借地权仅仅体现为土地租赁权。[①] 有关地上权在建筑物所有领域消亡的观点虽有夸大之嫌，不过，随着《借地法》与《借地借家法》的出台，原本在民法典中被分别归属在物权体系与债权体系的地上权与土地租赁权，逐渐在"借地权"的统一名义之下适用相同的规则，从而逐渐在建筑物所有领域走向融合，而借地权本身既不是地上权与土地租赁权的简单相加，也不是两者的简单综合，乃是在地上权于建筑物所有领域逐渐走向没落，土地租赁权逐渐成为借地关系中主要权利形式的背景下，[②] 通过加强土地租赁权效力，进而将地上权纳入与土地租赁权统一的规则体系，而最终形成的带有浓厚物权属性却又存在债权残余的一种复杂土地权利。借地权体现了日本民法中地上权与土地租赁权于建筑物所有领域逐渐融合的趋势。

二 借地权名义下土地租赁权性质的理论变迁

借地权概念的建构具有浓厚的实用主义色彩。事实上，通过有关借地权的民事特别立法，立法者将地上权中属于物权属性的长期期限、稳定性与自由让与性有限度地赋予了土地租赁权，例如，《借地借家法》第 3 条明确规定，借地权的存续期间为 30 年，不过倘若借地契约中明确约定借地权存续期间超过 30 年的，以约定的期间为准，[③] 这意味着以建筑物所有为目的的土地租赁权突破了民法典所规定的 20 年期间限制，具有了长期性。同时，《借地法》第 6 条规定，借地权人在借地权消灭

---

① 如日本学者小柳春一郎就曾言，"伴随着借地法的制定，民法也作了修正，以建筑物所有为目的的地上权被废止。其结果，就是民法上的地上权的有关规定被限制在以竹木所有为目的"（参见［日］小柳春一郎《昭和 41 年借地法·借家法改正的再研究——对战后社会变迁的适应》，《独协法学》第 64 号，第 50 页，转引自沈宏峰《日本借地权制度研究》，上海社会科学院出版社 2011 年版，第 8 页）。

② 因在日本实务上的借地权通常为土地租赁权，地上权十分稀少，故在本书中倘若无特别说明，则借地权均指借地权名义下的土地租赁权。

③ 稲本洋之助＝澤野順彦『コンメタール借地借家法』（日本評論社，2010 年）12 頁。

后继续使用土地的，土地所有权人没有立即表示异议的，视为以原契约的相同条件再次设定借地权，[1] 从而使土地租赁权拥有了一定稳定性。此外，《借地法》第 9 条之 2 还规定，借地权人将以租赁为目的之土地上所修筑的建筑物让渡给第三人的，在该第三人取得借地权对出租人并无不利的情况下，即使出租人不同意承租人让渡租赁权或者将租赁物转租的，裁判所也可以依借地权人的申请而给予替代承诺，[2] 而一旦获得裁判所的替代承诺，借地权（此即指借地关系建立在土地租赁权基础之上的借地权）人能够不经出租人承诺而自由让与租赁权或者将租赁物转租，从而使土地租赁权也具备了一定程度上的自由让与性。由此可见，土地租赁权相对于其他债权而言，物权化性格十分明显，甚至可以认为，土地租赁权乃是以借地权的名义在一定程度上转变为准物权乃至准所有权。[3] 而土地租赁权效力强化的理论根据，首先便来自租赁权物权论。

（一）租赁权物权论

租赁权物权论在 19 世纪末 20 世纪初滥觞于欧洲大陆法系国家，如日本普阿索纳德民法典草案起草者，法国法学家博瓦索纳德便积极支持租赁权是物权的理论，并力排众议，坚持在日本旧民法典草案中将租赁权规定为物权。[4] 博瓦索纳德认为，租赁权具有对抗力，而依罗马法传统将租赁权置于债权之列则无法将其对抗力明确化，同时，为使租赁权得以真正财产权化，必须使租赁权得以为抵押，且应赋予租赁权人上诉权，因而将租赁权定性为物权才能实现以上目标，[5] 不过即使是在法国，博瓦索纳德所信奉的租赁权物权论也属于相对少数，[6] 且遭到了日本法学家的强烈反对

---

① 水本浩＝遠藤浩＝田山輝明『基本法コンメンタール借地借家法』（日本評論社，2009年）184 頁。

② 同上书，第 211 页。

③ 参见沈宏峰《日本借地权制度研究》，上海社会科学院出版社 2011 年版，第 5 页。

④ 広中俊雄＝星野英一編『民法典の百年Ⅲ』（有斐閣，1998 年）399 頁。

⑤ 参见［日］星野英一《日本民法典以及日本民法学说中的普阿索纳德遗产》，收录于《加藤一郎古稀纪念·现代社会与民法学的趋势》（下卷）第 50 页以下，转引自渠涛《最新日本民法》，法律出版社 2006 年版，第 367—368 页。

⑥ 参见［日］星野英一《日本民法典以及日本民法学说中的普阿索纳德遗产》，收录于《加藤一郎古稀纪念·现代社会与民法学的趋势》（下卷）第 50 页以下，转引自渠涛《最新日本民法》，法律出版社 2006 年版，第 368 页。

（主要理由在于租赁权定性为物权与日本习俗不符），因而在旧民法典草案延期施行之后，新民法典草案遂将租赁权复规定为债权。

不过租赁权物权论也并未随新民法典的施行而偃旗息鼓，在 20 世纪二三十年代，租赁权物权论仍具有一定的影响力。如 1932 年冈川健二以书评方式详细介绍了德国法学家 George A. Löning 之著作《作为物权的借地权》，① 详细阐述了其租赁权物权论思想，并在一定程度上持支持态度，认为该思想将对日本未来立法产生巨大影响。② 在 George A. Löning 看来，物权与债权二分法原则上并无瑕疵，其以"利益探究法"为理论根据，认为债权与物权在利益实现上目标并不相同——债权的根本目标是变更利益，申言之，债权的旨趣在于使利益相关人之间利益的归属发生相应的变更；而物权的根本目标是保有利益，即以排除外在侵害为前提的对物支配利益。③ 在对物权与债权作上述利益追求方面的不同区分基础上，George A. Löning 首先承认租赁权本身包含着相异的两大利益追求，即变更利益之追求与保有利益之追求。随后，George A. Löning 批评了当时欧洲各国立法例均将租赁权纳入债权体系的做法，认为此举虽然满足了租赁权变更利益的要求，却严重压抑了租赁权保有利益的性格，而租赁权保有利益之性格乃租赁权的本质属性，欧洲各国立法例将原本应作为手段之租赁权变更利益追求作为租赁权的本质属性予以规定，实属本末倒置。实际上，变更利益之追求只能规定为附属于租赁权保有利益追求的效力，而不能规定为租赁权的根本效力。George A. Löning 郑重指出，租赁权的根本性格在于对物的持续性使用及对物的排他性使用，从而将"继续""绝对性"与"使用者的保存义务"提炼为认定某一权利是否主要以保有利益为追求，④ 倘若该权利符合"继续""绝对性"与"使用者的保存义务"三大构成要件，则应将该权利认定为物权。最终，George A. Löning 认为，租赁权，尤其是土地租赁权因具备三大构成要件而应当认定为物权。日本学者平野义太郎则在历史沿革考证的基础上，作出了"租赁权是否具有物权性格之问题乃

---

① 冈川健二「ゲオル・ア・レーニング「物権としての借地権」」法政研究第 2 卷 2 号（1932 年）191—222 頁。

② 同上。

③ 同上书，第 193 页。

④ 同上书，第 195 页。

是罗马法与日耳曼法存在对立之搏击战场"① 之论断，并从解读"买卖不破租赁"法理的角度，认为租赁权即使不是纯粹物权，也至少具有物权性。② 此外，日本民法学者冈村也接连在《法学志林》上发表《民法第177 条的所谓第三人的意义及债权的不可侵性排他性》与《民法第177 条的所谓第三人的意义及债权的排他性再论、附租赁权物权论》，在借鉴德国学说的基础之上阐述日本民法上租赁权应为物权的观点。③

租赁权物权论也对日本立法产生了直接影响，日本立法者鉴于地上权在建筑物所有领域被大量规避的事实，为维护作为弱者的土地承租人的利益，不断通过特别法强化以借地权名义设立之土地租赁权的效力，这一过程，不仅是土地所有权向土地用益权让步的历史，④ 而且是借地权名义下的土地租赁权财产权化乃至所有权化，⑤ 以及土地所有权虚无化的历史。⑥ 在此历程中，借地权名义下的土地租赁权坚定地朝着物权乃至所有权的方向发展，其中所蕴含的浓厚租赁权物权论色彩是不言而喻的。

（二）租赁权物权化思潮

在早期大陆法系各国编纂民法典时，租赁权通常根据罗马法传统被归于债权之列，与租赁权债权性质相契合的是，租赁关系被解释为一种继续性债务关系。⑦ 据此，这种继续性债务关系被进一步描述为由承租人向出租人按约定给付租金，出租人向承租人交付租赁物并在租赁契约有效期间内容忍承租人对租赁权使用收益这两组义务互为对价之形态。⑧ 在这一理论框架中，承租人对租赁物为使用收益被解释为承租人对出租人享有的请求出租人容忍自己对租赁物使用收益的债权，因此原则不认为承租人对租赁物的占有、使用与收益是物权，而只是针对出租人之物权而享有的请求

---

① 平野義太郎『民法に於けるローマ思想とゲルマン思想』（有斐閣，昭和27 年）364 頁。

② 同上书，第369—373 页。

③ 参见［日］我妻荣《我妻荣民法讲义·债权各论》（中卷一），徐进、李又又译，中国法制出版社2008 年版，第189 页注释1。

④ 沈宏峰：《日本借地权制度研究》，上海社会科学院出版社2011 年版，第7 页。

⑤ 鈴木禄弥『借地法』（青林書院，1984 年）111 頁。

⑥ 沈宏峰：《日本借地权制度研究》，上海社会科学院出版社2011 年版，第7 页。

⑦ ［德］迪特尔·梅迪库斯：《德国债法分论》，杜景林、卢谌译，法律出版社2007 年版，第179 页。

⑧ 邱聪智：《新订债法各论》（上），中国人民大学出版社2006 年版，第226 页。

出租人履行其容忍义务的债权。

将租赁权设计为债权的制度选择本身并无太大瑕疵，况且在民法典编纂时代，租赁所要达到的目标通常为对物的短期使用收益，与物权相比而言，租赁具有期间短、设立自由、对价支出相对较少等优势，故而立法者根据租赁的特点认为将之设计为债权更为适宜，至于当事人倘若意欲实现对物之长期而稳定的占有使用收益，则当事人可选择其他物权方法来实现自己的目的，而并非一定要采取租赁形式。不过因在私法领域各国均奉行意思自治原则，在形式平等的民法旗帜下，决定对物使用收益之法律形式的通常为当事人中经济实力、社会地位等居于优势地位的一方，在原本宜以不动产物权形式予以规范的长期居住、营业、农耕等领域，物之所有权人为免负效力强大的物权负担，故而利用自己的优势不与相对人订立物权契约，而是以租赁的方式将自己之物交由相对人使用，但是"大部分的居住、营业、农耕等不是利用自己的不动产，而是在他人的不动产上进行时，租赁权的脆弱可能会阻挠社会生活的安定、进步"①，因此大陆法系各国均在民法典制定之后，对租赁权的效力予以强化，这种强化租赁权效力的趋势被称为"租赁权物权化"。

租赁权物权化在日本学理上主要包括五个方面的内容：

其一，对抗力之赋予。② 租赁权物权化主要发生在不动产（尤其是土地）租赁领域，早在民法典时代，日本便有限地承认了不动产租赁权的对抗力，只是规定不动产租赁以登记为对抗要件且学说判例上不认为出租人有协助登记之义务。但是，在租赁权物权化思潮的影响下，立法者对租赁权的债权化设计进行了反思，首先于《建筑物保护法》中明定只要承租人将自己建于他人土地之上的建筑物予以登记，则其土地租赁权一并获得对抗第三人的效力，③ 以弥补出租人登记协助义务阙如之缺陷。之后又通过《借地法》等特别法进一步强化了土地租赁权的对抗力，使之无限接近于物权。

---

① ［日］我妻荣：《我妻荣民法讲义·债权各论》（中卷一），徐进、李又又译，中国法制出版社 2008 年版，第 188 页。

② 七戸克彦「新「借地借家法」の基本視点：「賃借権の物権化」論との関係で」自由と正義第 43 巻 5 号（1992 年）5 頁。

③ 参见《建筑物保护法》第 1 条；水本浩＝遠藤浩＝田山輝明『基本法コンメンタール借地借家法』（日本評論社，2009 年）147 頁。

其二，存续期间之长期化。① 诚如我妻荣所言，一般来说，物权存续期间较长而债权存续期间较短，所以租赁权期间变长是其物权化的一个表现。② 而随着《借地法》《借地借家法》等特别法的出台，土地租赁权由原先的 20 年期间限制转而长达 30 年，③ 且有更新权制度和正当理由抗辩制度④加以保证，从而一方面延长了土地租赁权的存续期间，另一方面还赋予了土地租赁权在终结之时，承租人能以相对于其他第三人更为优越的地位而再次取得土地租赁权，使土地租赁权既具有长期性，又具有安定性，使其向物权更进了一步。

其三，妨害排除请求权之承认。在前述论及日本民法上之租赁权时，我们可知通常情况下租赁权作为债权不具有妨害排除请求效力，其通常需要借助出租人之所有权所具有的物上请求权来间接实现自身的租赁物妨害排除需求。不过在判例中，以对抗力之有无为基准，逐渐承认承租人在特定场合亦享有妨害排除请求权，⑤ 譬如获得对抗力的租赁权之承租人得向对租赁权之占有无权限者主张妨害排除请求。⑥ 租赁权获得原本属于物上请求权之妨害排除请求权能，使其在攻击防御方法方面也呈现物权化的趋势。

其四，让与性（包括土地租赁权设定抵押之可能性）。民法典体系下的租赁权受租赁契约的严格限制，租赁权具有人格性，⑦ 租赁权之让与与其说是租赁权利的让渡，不如说是承租人资格的变更，因此租赁权让与受出租人意志左右，未经出租人承诺的租赁权让与应属无效，且出租人得以解除租赁契约给予承租人法律上的不利益。但在租赁权物权化的思潮影响

---

① 七戸克彦「新「借地借家法」の基本視点：「賃借権の物権化」論との関係で」自由と正義第 43 巻 5 号（1992 年）5 頁。

② ［日］我妻荣：《我妻荣民法讲义·债权各论》（中卷一），徐进、李又又译，中国法制出版社 2008 年版，第 192 页。

③ 参见《借地借家法》第 3 条；水本浩＝遠藤浩＝田山輝明『基本法コンメンタール借地借家法』（日本評論社，2009 年）16 頁。

④ 参见《借地法》第 6 条、第 7 条；水本浩＝遠藤浩＝田山輝明『基本法コンメンタール借地借家法』（日本評論社，2009 年）184、187 頁。

⑤ 石外克喜『契約法』（法律文化社，1991 年）237 頁。

⑥ 最判昭 30·4·5 民集 9 巻 4 号 431 頁。

⑦ 邱聪智：《新订债法各论》（上），中国人民大学出版社 2006 年版，第 224 页。

下，日本民事特别立法逐渐将租赁权财产权化，使其在让与方面具有更多自由性，如《借地法》第 9 条之 2 规定了替代承诺制度，将出租人决定承租人让与租赁权或者转租效力的权利转而归于裁判所，由裁判所依据权利的残存期间及其他必要事项判定是否准许承租人让与土地租赁权或者将土地转租。[1] 故而土地租赁权在让与方面虽然不似地上权等物权那样自由，但是其摆脱了出租人的意志限制，租赁权的处分更多考虑承租人的意思，从而使土地租赁权进一步物权化。

其五，承租人投入资本回收之保护。[2] 民法典体系下承租人虽然享有撤去权与租赁物费用偿还请求权，但是，在建筑物所有领域，这两项权利作用有限，如承租人在租赁土地上修筑了房屋，一旦租赁期间届满，承租人纵然享有撤去权，然而将房屋撤去（尤其是钢筋水泥制的坚固建筑物）本身便是一大支出，且撤去之后如何处置这些建筑材料对承租人来说也是一大问题。而就费用偿还请求权而言，承租人在租赁土地上修建建筑物所付出的支出不能算是对土地的必要而有益的支出，出租人有权不予补偿，且承租人倘若为免除撤去建筑物的巨额支出而不行使撤去权，而出租人认为这样反正对其造成妨碍（如出租人意欲拆去承租人所建住宅而改建商业性大厦）时，出租人反而可向承租人行使物上请求权而请承租人撤去其所有的建筑物。因此，民法典体系下的承租人撤去权也具有义务性的一面，这对承租人是十分不利的。因此，为使承租人回收资本更为便利，同时也有避免资源浪费之考虑，立法者在《借地借家法》中赋予了承租人建筑物买取请求权，即在以建筑物所有为目的而设立的土地租赁权期满之后，土地租赁权人有权请求土地租赁权设立人（主要是土地所有权人）以时价购买附着于土地之上的建筑物。[3] 不过严格说来，建筑物买取请求权之效力已经不能用物权化来解释，因为传统物权内也无此等强大的效力。建筑物买取请求权在性质上系属形成权，其是在借地权人的强烈要求下，为

---

① 水本浩 = 遠藤浩 = 田山輝明『基本法コンメンタール借地借家法』（日本評論社，2009 年）211 頁。

② 七戸克彦「新「借地借家法」の基本視点：「賃借権の物権化」論との関係で」自由と正義第 43 巻 5 号（1992 年）5 頁。

③ 稲本洋之助 = 澤野順彦『コンメタール借地借家法』（日本評論社，2010 年）96—97 頁。

避免资源浪费与强化土地租赁权而诞生的。① 建筑物买取请求权大大增强了土地租赁权的效力，使土地租赁权甚至有超出物权化，成为凌驾于土地所有权之上权利的趋势。

租赁权物权化思潮就其本质而言，是对租赁权物权论的有限撷取，其基本上仍然确认租赁权是一种债权，只是为保护作为经济实力、社会地位上之弱者的承租人的利益，避免资源浪费，维持社会秩序，赋予了租赁权（主要是土地租赁权）若干原本由物权所有的效力，从而对近代以来盛行的土地所有权之自由性与绝对性予以了调整，② 不过租赁权物权化思潮在日本较之于其他大陆法系国家影响更为深远，借地权名义下的土地租赁权有成为第二土地所有权的趋势，在此过程中，作为资本家的借地权人阶层得以生成，原先土地所有权退化为地租收取权。③ 立法者意欲保护作为弱者的承租人，但在实务中承租人并不必定为弱者，立法者所认知的承租人形象仍旧停留在以自身微薄收入租赁土地修建住宅的中低收入者，而未意识到资本家借地权人在金钱债权渐次取得优势地位的时代④对土地所有权人所具有的优势，因此使租赁权物权化与其初始目标有失契合。同时，租赁权物权化下的土地租赁权过于强势，也给土地所有权人增加了过重负担，这促使日本立法者与学界展开对租赁权物权化思潮的反思。

（三）租赁权多样化观念

以借地权担保化失败为标志，⑤ 租赁权物权化运动陷入低潮。在立法者以特别法的方式推动借地权名义下的土地租赁权向物权乃至所有权方向大跃进之后，由于土地所有权人的强烈反对，租赁权物权化遭遇抵制，立法者最终没有确认借地权名义下土地租赁权人对土地所有权人享有抵押登记请求权，使土地租赁权担保因无法公示而在技术上无法完成。同时，学界在反思租赁权物权化运动所产生的弊端的基础之上，提出了"租赁权多

---

① 沈宏峰：《日本借地权制度研究》，上海社会科学院出版社 2011 年版，第 29 页。

② 青木孝平「近代的土地所有権と地代法則」早稲田法学会志第 30 巻（1979 年）178 頁。

③ 鈴木禄弥『借地法』（青林書院，1984 年）113—114 頁。

④ 我妻栄『近代法における債権の優越の地位』（有斐閣，1953 年）1—4 頁。

⑤ 日本立法者试图将借地权名义下的土地租赁权（地上权原本便是担保物权的客体）通过立法设计为可得为担保物权客体的权利，此之谓借地权的担保化，但由于多方面的原因最终并未实现这一目标。参见沈宏峰《日本借地权制度研究》，上海社会科学院出版社 2011 年版，第 92—94 页。

样化"①的口号，即放弃理念上将租赁权设计为物权或者类物权的目标，转而以实用性为依归，通过灵活的法律设计，平衡土地所有权人与土地租赁权人之间的利益，确保承租人对土地的有效使用、防止浪费并保证土地所有权人的合理权益诉求。立法者采纳了学界"租赁权多样化"的主张，在修正《借地借家法》中，增设了三种定期借地权，从而缓和租赁权物权化时期土地租赁权近乎永久存续所带来的土地所有权虚化的弊端，同时对更新权制度中的正当理由予以明晰，使土地所有权人收回土地不再像之前那样困难。②

"租赁权多样化"的实质是放弃权利设计上的体系思想与概念构建的理念性，认为权利并非型构社会关系的工具，转而将权利视为社会真实利益关系之反映。"租赁权多样化"这一口号本身便带有十分浓厚的实用主义色彩，即不管租赁权性质是债权也好，是物权也罢，总之租赁权制度设计能够适应社会经济之真实情况即可，而不去刻意使租赁权满足既定的立法设计与学理认知，这种法意识的变迁所昭示的乃是一种理论对现实妥协的态度，即借地权名义下的土地租赁权先是被设计为债权，之后又不断趋近物权乃至所有权，最后这种趋势又戛然而止，使借地权名义下的土地租赁权停留在债权与物权之间，而此时学界与立法者也放弃了对土地租赁权性质进行清晰界定的努力，转而以"多样化"的实用主义口号来掩盖借地权的复杂性质——这既显示了理论在复杂具体现实面前的供应不足，也表现了日本学界与立法者在理论准备不足条件下对实用主义的大胆运用。

三　雅努斯的两面：借地权概念中的结构性耦合

雅努斯是古罗马神话主神之一，其是罗马城门的庇护者，拥有前后两张不同的面容，象征着时间的过去与未来。③而借地权概念的型构中也包含两大紧张关系：第一，物权与债权之关系；第二，法律体系与社会现实之关系。在这两大关系中，以租赁权为中心，物权与债权，法律体系与社会现实均呈现出结构耦合（structural coupling）之特殊结合。

---

① 水本浩＝遠藤浩＝田山輝明『基本法コンメンタール借地借家法』（日本評論社，2009年）6頁。

② 同上书，第6—7页。

③ ［德］奥托·泽曼：《希腊罗马神话》，周惠译，上海人民出版社2005年版，第78—81页。

（一）图依布纳的结构性耦合理论

图依布纳的结构性耦合理论首先建基于其对存在于法学中的两种观察法律的方法：哲学式的观察方法与社会学式的观察方法。[1] 哲学式的观察方法将法律事务视为存在矛盾的法律游戏，其主要任务在于解决法律中存在的逻辑矛盾，而社会学式的观察方法则倾向于将法律视为一个自治系统，尽管它和现实社会系统存在差异。[2] 在此基础上，图依布纳进一步阐述了现代社会法律系统与社会其他系统的结合方式所具有的几个特点。

其一，法律与社会之结合不具有整体性，其相互之间的结合具有选择性，在法律与社会的不同系统之间，其耦合程度也存在强弱之分。

其二，法律只与社会的一部分发生结构性耦合，即法律并不调整社会中的一切事务，社会中仅有一部分因受法律调整而与法律发生结构性耦合。

其三，法律与社会的耦合在现代社会条件下是在保留各自差异的基础之上实现耦合的，这意味着法律系统与社会现实天然地存在不协调性，法律所描述的社会与社会本身存在一定的差别。

其四，法律与社会之间的相互耦合并非各自在其原有之基础上依自身单独轨迹前行，两者在耦合结构下能够开拓出不同的发展路径。[3] 在图依布纳的结构性耦合理论下，法律存在两大耦合关系，首先是法律系统内部的耦合关系，即个法律概念、规则之间的相互交叉关系，这种现象为哲学式法学家们所看重，并自然地将法律系统视为充满逻辑矛盾的法律游戏，而法学家的主要任务便是解决矛盾。而图依布纳本人则更为欣赏社会学式的法律观察方法，其将法律系统视为社会系统之一，而法律系统作为一个独立的社会系统，其不会与其他社会系统完全契合，法律系统与其他社会系统的关系毋宁称为结构性、选择性耦合关系，法律并非社会现实的完整镜像，甚至法律所反映的社会现实存在失实的可能性。法律对社会现实的反映具有开放性，但是这种开放属于"认知性开发"，"法律实践不能超

---

[1]　Gunther Teubner，"Legal irritants：Good Faith in British Law or How Unifying Law Ends Up in New Divergences"，*Modern Law Review*，Vol. 61，No. 1，January 1998.

[2]　Gunther Teubner，"Breaking Frames：The Global Interplay of Legal and Social Systems"，*the American Journal of Comparative Law*，Vol. 45，No. 1，Winter 1997.

[3]　顾祝轩：《民法系统论思维——从法律体系转向法律系统》，法律出版社 2012 年版，第 256 页。

出法律的边界，在此意义上法律是一个封闭的体系。虽然在其辨殊性实践中法律仍旧只能在其领域内发挥作用，但是法律可以通过建构法律现实而与其周边环境发生交互"①。因此法律内在与外在存在两大紧张关系：第一，从教义学角度审视法律内部，由概念组成的法律规则体系存在矛盾，各概念相互之间存在紧张关系；第二，由社会学角度观之，法律作为社会系统的一部分，其与其他社会系统，或者说社会现实，亦存在紧张关系。

（二）借地权之法教义学审视：物权与债权之结构耦合

借地权从概念上来说包含两方面的内容，其一是地上权。就地上权的性质而言，地上权系属物权并无太大争议，比较富有争议的是土地租赁权的性质归属。前述可知，日本有少数学者在借鉴德国学说的基础之上，意欲将包括土地租赁权在内的所有租赁权均解释为物权，关键性因素在于他们认为承租人对租赁权的使用收益是具有物权意义的，并且对物之使用收益利益的保有也正是物权这一概念的真正主要性质，而租赁权恰恰符合这一要件。不过绝大多数日本学者还是遵从了民法典体系下的租赁权性质定位，即认为租赁权系属债权。在解释租赁权为何系属债权这个问题上，日本学者多未能正面予以详细解释，我妻荣甚至认为租赁权事实上即可以被规定为物权，也可以被规定为债权，而租赁权性质究竟为物权抑或债权最终取决于立法者的政策。② 我国学者李锡鹤则另辟蹊径，从租赁契约所彰显的意志角度出发，认为租赁权内容由租赁契约决定，实际上由所有权人决定，租赁权人在租赁物上只能实现所有权人许可其实现的意志，因此可以说，租赁本质上乃是所有权人借承租人之手使用租赁权，实现的其实是所有权人的意志；租赁权的基础是脆弱的，所有权人倘若愿意承担违约责任，得收回租赁物；同时，租赁权对所有权的对抗性是契约内对抗性，该对抗力是约定的，而不像物权那样是法定的；租赁权人对租赁物的使用收益不能解释为支配权，因为租赁权的客体不是租赁物，租赁权不是物权，不是标的物使用权，而是标的物许可使用权，是权利人依所有权人意志使用标的物的权利，而非物权那样是权利人依法且主要依自己意志使用标的

---

① Craig Latham, "A Tax Perspective on the Infrastructure of Regulatory Language and a Principaled Response", *British Tax Review*, No. 1, 2012.

② ［日］我妻荣：《我妻荣民法讲义·债权各论》（中卷一），徐进、李又又译，中国法制出版社 2008 年版，第 188 页。

物的权利，因此租赁权是债权。①

　　将租赁权性质问题委身于立法者的自由意志是有失偏颇的，诚如萨维尼所言，法律事务依其性质可分为两类，即政治因素的法律事务与技术因素的法律事务，② 而租赁权性质问题更多是法学技术上的一个处理问题，本身并无明显政治因素，但受历史沿革因素（如罗马法将租赁权视为债权的传统）、习俗因素（如日本民众长期将租赁权视为债权）与学理认知因素较大，而以上三大因素不是应由立法者而应由法学家们予以考虑并进而提出概念的性质解释。因此法学家不应回避租赁权的性质问题，而应积极寻求对租赁权性质的最佳解释方案。但是将租赁权单纯解释为物权与债权的确存在现实困难，日本法学界长期在租赁权到底是物权还是债权的问题上左右徘徊，莫衷一是。我国台湾地区法学家林诚二甚至认为将租赁权定性为债权妨碍租赁权之安定性，对承租人之保护有所欠缺，而将租赁权定性为物权则又有将对租赁物使用收益权利误认为租赁权本身之虞，因此其将租赁权定性为"债权物权化"权利。③ 法国民法学者泰雷与森勒尔则认为，从租赁权不能用于抵押的角度来看，租赁权应当是一种债权，不过在不动产租赁契约存续期间，从承认附着于租赁之土地上建筑物的所有权归属于承租人的角度而言，又有必要承认租赁权是一种物权，④ 这变相承认了租赁权在不动产领域兼具物权与债权二性，但是又难以说明租赁权的根本性质究竟为何，以至于泰雷与森勒尔得出有关租赁权定性的争论毫无意义，我们只需依照既定法律规定，在一些场合视租赁权为债权而在另一些场合视租赁权为物权即可。⑤ 但是将租赁权既视为债权又视为物权的观念是奇怪的，而将租赁权的定性委任于立法者的自由意志或者径行将"债权物权化"这种本身便令人费解的法律现象置于解释租赁权性质的结论之列也不恰当，因为是否存在对物之诉与对人之诉是在财产法领域区分物权与

---

① 李锡鹤：《民法原理论稿》，法律出版社 2009 年版，第 212 页。

② ［德］弗里德里希·卡尔·冯·萨维尼：《论立法与法学的当代使命》，许章润译，中国法制出版社 2001 年版，第 36 页。

③ 林诚二：《民法债编各论》（上），中国人民大学出版社 2007 年版，第 246 页。

④ 参见 ［法］弗朗索瓦·泰雷、菲利普·森勒尔《法国财产法》（上），罗结珍译，中国法制史出版社 2008 年版，第 1088—1089 页。

⑤ 同上书，第 1087—1089 页。

债权的标志。① 既然在法律领域存在对人之诉与对物之诉是大陆法系的基本特征，那么物权与债权的区分理应是清晰的，而一旦确立起物权与债权的二元划分，同时又经常有一些权利得自由进出这条界限，那么债权与物权的划分也就变得没有意义。② 而且在民法中，任何一种权利，都有明确的内涵与边界，这既是权利救济机制的要求，也是权利的一种基本特征，若采权利本质说之利益说，③ 从权利之内涵，即受到法律保护的利益来看，私法不可能对同一种利益采取赋予不同类型权利之救济方法予以重叠式的保护，这不仅是因为没有这么做的必要，更是为了避免权利体系及与之相关的请求权规范体系的混乱。④ 因此将租赁权置于既是物权又是债权或者兼具物权与债权二性之地位，对法律体系的伤害不可谓微，我们理应寻找新角度来解释租赁权与物权债权之间的关系。

租赁权并非严格的法律概念，大陆法系各国民法典均以"租赁契约"之名在债法各论中实现对租赁权的规定，⑤ 而不像物权那样以权利为中心构建规范体系，如果仅从租赁权产生原因的角度为租赁权下一个定义的话，则租赁权乃承租人依据租赁契约所获得的对租赁物使用和收益的权利。将租赁权定性为债权或者物权的理论均存在一个概念预判与逻辑前提，即租赁权是一种与地上权、买卖契约中出卖人之价款请求权类似的独立权利，但事实上租赁权包含两方面的权能，即请求出租人将租赁物交付

---

① 王洪亮校，张双根等主编：《中德私法研究》（第 2 卷），北京大学出版社 2007 年版，第 95—96 页。

② 吴一鸣：《英美物权法———一个体系的发现》，上海人民出版社 2011 年版，第 86 页。

③ 此说为德国法学家耶林所倡导，认为所谓权利乃法律所保护之利益，权利的目的在于追求利益，故利益是权利的另一种表达形式。参见王泽鉴《民法总则》，北京大学出版社 2009 年版，第 68 页；李永娟《民法总论》（第二版），法律出版社 2009 年版，第 90—91 页；朱庆育《权利的非伦理化：客观权利理论及其在中国的命运》，《比较法研究》2001 年第 3 期。

④ 薛军：《批判民法学的理论建构》，北京大学出版社 2012 年版，第 153—154 页。

⑤ 参见罗结珍译《法国民法典》，北京大学出版社 2010 年版，第 404—420 页；陈卫佐译注《德国民法典》（第三版），法律出版社 2010 年版，第 185—216 页；费安玲等译《意大利民法典》，中国政法大学出版社 2004 年版，第 381—390 页；徐涤宇译注《最新阿根廷民法典》，法律出版社 2007 年版，第 342—370 页；唐晓晴等译《葡萄牙民法典》，北京大学出版社 2009 年版，第 175—179 页；金玉珍译《韩国民法典·朝鲜民法》，北京大学出版社 2009 年版，第 96—101 页；齐敏译《巴西新民法典》，中国法制出版社 2009 年版，第 81—83 页；黄道秀译《俄罗斯联邦民法典》，北京大学出版社 2007 年版，第 229—244 页。

给承租人的权能与承租人在租赁契约有效期内保有对租赁物的占有并对租赁物使用收益的权能。传统的租赁权债权理论注意到了承租人请求出租人将租赁物交付给承租人这一租赁权的第一性权能，由此非常自然地将租赁权定性为债权，至于租赁权的第二项权能，则被解释为第一项权能的延续，并进一步解释为出租人所负有的在租赁契约有效期间内容忍承租人对租赁物使用收益的消极义务，但这种解释方法显然将租赁权的第二项权能置于相对次要的地位，这在不动产租赁等长期租赁领域对承租人是相当不利的。而租赁权物权论事实上也注意到了租赁权具有两项权能的事实，不过与租赁权债权论不同之处在于，租赁权物权论将承租人对租赁物使用收益的权利置于首位，反而认为租赁权本质在于承租人在租赁期间对租赁物的保有并为使用收益，因此得出租赁权是物权的结论，而请求出租人将租赁物交付给承租人的权能只是为实现承租人对租赁物的保有并为使用收益权利的附属权利，其在性质上应被解释为租赁权物权效力之一种，即请求效力。但是租赁权债权论与租赁权物权论对租赁权性质所做的一元化解释显然包含有一些粗糙的成分：租赁权债权论在"债权物权化"现象面前显得捉襟见肘，而租赁权物权论则与物权法定主义①、租赁权的人格性存在不可调和的矛盾，两者均难以对租赁权性质做出完满解释。且在不动产租赁领域，租赁权兼具物权性救济方式与债权性救济方式，这进一步说明租赁权，尤其是不动产租赁权本身也许并非一项独立的权利，而是承租人基于租赁契约而取得的一系列权利。

事实上，租赁权应分解为两大权利，即承租人依租赁契约请求出租人将租赁物交付给自己的权利（租赁物交付请求权）与承租人对租赁物使用收益的权利（租赁物使用收益权），前者性质系属债权，也符合债权之"要求他人将来给付财产或劳务为目的的权利"②的经典定义，承租人在与出租人订立物之租赁契约之后，即取得在将来请求出租人将租赁物交付

---

① 物权法奉行物权法定主义，一种权利的物权资格需要国家法律的承认，因此即使在社会层面上一种权利具有"绝对权""支配权""有体物"三大构成物权的基本要素（参见金可可《债权物权区分说的构成要素》，《法学研究》2005年第1期），但在法律层面上该权利却没有被承认为物权，则该权利仍旧不被认为是物权，而可能被认为只有债权效力，比较典型的如我国传统所承认的典权。

② ［日］我妻荣：《我妻荣民法讲义·新订债权总论》，王琰译，中国法制出版社2008年版，第1页。

给自己的权利。而承租人对租赁物使用收益的权利在性质上解释为出租人之债权性给付是非常牵强的，也难以用债权支配性这样相对新颖的概念来解释，因为所谓债权的支配性乃指债权价值支配的一面（如债权让与），而与物权对物的直接支配不同，① 承租人对租赁物使用收益的权利事实上的确是建立在对租赁物占有基础之上的对租赁物的直接支配，即使因物权法定与公示公信方面的原因而不能将承租人对租赁物使用收益的权利认定为法律意义上的物权，但是这项权利也很难以债权一言以蔽之。就德国学理而言，亦承认债法之一部分为物权法服务，甚至这一部分债法可以纳入物权法体系，② 其典型表现在买卖契约领域：首先，依据负担行为之债权行为令买卖双发互负交付标的物与给付价金之债务；其次通过两个处分行为性质的物权行为（交付标的物的物权契约与给付价金的物权契约）完成买卖契约所拟定的目标。在这点上，租赁契约的实现过程与其十分相似，区别只是出租人交付租赁物的行为并未导致租赁物所有权的移转。因此在排除物权法定因素并将承租人对租赁物的占有认定为租赁权的公示方式的假设下，承租人对租赁物使用收益的权利属于物权。③ 仅从物权与债

① 淡路刚久『債権総論』（有斐閣，2002 年）3 頁。

② 如德国民法学家埃瑟尔（Esser）便认为，债法中的契约法有一部分依照其功能与目的是为物上利益的归属与流转服务的，因此应当认为这一部分债法甚至可以纳入物权法领域。Vgl. *Josef Esser*, Schuldrecht, Band Ⅰ, 1995, S. 14.

③ 比较地上权和地上权契约，甲与乙订立地上权契约，约定乙为甲在乙之土地上设立为期50 年的地上权，地上权契约生效之后，甲自然享有请求乙将土地交付给自己以供自己依地上权人身份对土地进行使用和收益；在此，甲请求乙交付土地的权利系属何种性质之权利呢？私见以为此权利应属债权，即使甲与乙之国度以登记为生效要件，且甲与乙已经做了地上权登记，甲要切实实现其地上权也须请求乙将自己所有土地交付给自己，而不能依强力而径行排除乙对土地的占有而实现自己占有，同时，甲请求乙交付土地的权利在性质上也不能解释为物权性质的请求权即物上请求权，因为物上请求权乃"排除妨害，恢复物权圆满支配状态之请求权"（参见史尚宽《物权法论》，中国政法大学出版社 2000 年版，第 11 页），其仅能在物权人于其物权被妨害或者有被妨害之虞时才能行使，以排除外来干涉或妨害，确保物权圆满状态［参见谢在全《民法物权论》（上册），中国政法大学出版社 2011 年版，第 28—29 页］，然则乙以所有权人身份对其土地的占有与物上请求权之物权被妨害或者有被妨害之虞的适用条件比较而言，并不吻合，因为乙对土地的占有是有权占有，虽然甲对土地也有权利，且是同为物权的地上权，但在乙依自己意思将土地交付给甲之前，所有权仍旧优于地上权，乙可以拒绝甲交付土地的请求，甲亦不得以行使地上权的名义强行对土地进行占有，亦不得向法院诉请排除乙对土地的占有而恢复自己对（见下页）

权的基本构成要素角度分析，承租人依租赁契约请求出租人将租赁物交付给自己的权利具有债权构成的"相对权""请求权"与"他人行为"三个要素②：第一，承租人仅能根据租赁契约而请求作为租赁契约当事人的出租人交付租赁物的权利；第二，承租人依租赁契约请求出租人将租赁物交付给自己的权利依请求的方式实现，系属请求权；第三，承租人依租赁契约请求出租人将租赁物交付给自己的权利以出租人之交付租赁物的行为为实现要件。而承租人对租赁物使用收益的权利则具有物权构成的"绝对权""支配权"与"有体物"三大要素③：第一，因租赁物之占有在物理上的唯一性，使得承租人一旦因租赁原因而实现对租赁物的占有，即获得一项得排除包括租赁物所有权人在内的除承租人之外所有人无正当理由干涉其对租赁物使用收益的权利，这种权利因承租人直接占有租赁物而具有绝对性与排他性，但并非占有而致承租人得享此等权利，毋宁是承租人享有对租赁物使用收益之权，才使承租人对租赁物的占有为有权占有；第二，承租人对租赁物的使用收益乃是以承租人对租赁物的直接支配方式实现的，尽管承租人对租赁物的支配受到租赁契约约定的限制而在范围上远远小于作为典型支配权的所有权，但与传统上被定性为请求权的债权④相比，显然更具有支配权的特点；第三，租赁权的客体原则上为有体物，⑤ 如当事人通常将土地、

（接上页）土地的支配状态，因为甲尚未开始对土地进行支配，也就无从恢复其对土地的支配状态；此时乙拒绝甲交付土地的请求只能导致乙承担因地上权契约而产生的违约责任，而不会产生因甲行使物上请求权而返还土地或者排除自己对土地占有之物权性义务，因此可以认定地上权契约生效之后甲请求乙交付土地的权利系属债权。租赁权中承租人依租赁契约请求出租人将租赁物交付给自己的权利和承租人对租赁物使用收益之权利，与地上权人请求土地所有权人将土地交付给自己的权利和地上权相似，可将两组权利进行类比。

②　金可可：《债权物权区分说的构成要素》，《法学研究》2005 年第 1 期。

③　同上。

④　在《德国民法典》时代，按照《德国民法典》"债务关系编"的起草人 Franz von Kübel 的理解，债权只不过是请求权在债务关系法中的化名，《德国民法典》因此将债权理解为一种请求权（参见金可可《债权物权区分说的构成要素》，《法学研究》2005 年第 1 期），因此最初债权仅仅是请求权之下的一个子概念，只是随着学说的发展与德国法学在外国继受中的变迁，我们逐渐形成请求权是债权权能之一，债权还有代位权、抵销权能等其他权能，请求权仅属债权作用的观念参见孙森焱《民法债编总论》（上册），法律出版社 2006 年版，第 14 页。

⑤　在德国法上也存在权利的用益租赁与企业的用益租赁。参见［德］迪特尔·梅迪库斯《德国债法分论》，杜景林、卢谌译，法律出版社 2007 年版，第 217 页。

房屋、车辆等有体物约定为租赁契约之标的物。不过从构成要素上判定租赁权是物权还是债权还只是应然层面上的审视，从实证角度讲，因物权必然涉及一系列较之于债权复杂的一些因素，如基于物权法定主义、物权期限的长期性、物权的强大效力性与物权获取对价相对高昂性等一系列因素之考量，纵然租赁权之第二项权能——承租人对租赁物使用收益的权利在性质上系属物权，但立法者仍然会将租赁权这种期限较短、对安定性要求较低、对价较低却更为强调灵活性的权利设定为由债之关系所生的"相对的支配权"①，从而减少因将租赁权设定为物权而带来的制度成本与禁锢。而在不动产租赁领域，尤其在以建筑物所有为目的之土地租赁领域，承租人租赁土地之目的在于长期使用建筑于土地之上的建筑物，在此对安定性与长期性的要求较之于一般租赁为高，故而承租人对土地使用收益的权利所具有的应然物权性格与立法者保障土地租赁者权益及地位的法律政策处于吻合之势，因而大陆法系各国才有赋予原本因历史沿革因素与政策考虑因素划为债权的不动产租赁权以物权效力，使之物权化之举。租赁权能够被物权化的根本原因在于租赁权之承租人对租赁物使用收益权利的应然物权性格，而其他更为纯粹的债权，如买卖契约中出卖人的价款请求权便无法物权化。②

由上述分析可知租赁权并非一项独立的权利，其包含债权性格的租赁物交付请求权与物权性格的租赁物使用收益权，但是租赁权尤其是物权性格在一定程度上得到实证法承认的土地租赁权并非由两项独立的权利所组成的权利束，租赁权之租赁物交付请求权与租赁物使用收益权乃是以复杂的结构性耦合样态结合在一起。

第一，租赁权中物权性格与债权性格并非由白入黑的渐变关系，③ 两

---

① ［德］卡尔·拉伦茨：《法学方法论》，陈爱娥译，商务印书馆 2003 年版，第 347 页。

② 诚如黑格尔所言，"结果总之一点也不包含原因所不包含的东西。反过来说，原因也一点不包含不是在其结果中的东西"。参见 ［德］黑格尔《逻辑学》（下卷），杨一之译，商务印书馆 1976 年版，第 217 页。租赁权物权化现象本身就已经承认了租赁权至少绝非纯粹的债权，其内部含有物权因素，只是为学理与立法有意略去或者无意忽视了而已。

③ 在法律概念中的确存在概念与概念之间的模糊地带，英国法理学家哈特曾形象地用秃头理论解释过概念中的这种现象："一个人有一颗闪亮而光的脑袋，其无疑是秃头；另一个人则长着一头华丽拖把式的头发，则其显然不是秃头；但问题在于第三个人，仅在头顶的边缘处有些稀疏的头发，那么说第三个人是否是秃头就会无限期存在争议。"（H. L. A Hart, *The Concept of Law*, Oxford：Oxford University Press, 1961, p. 4.）不过土地租赁权中物权性与债权性之关系并非概念边界模糊性之关系。

者具有相对独立性，租赁权并非介于物权与债权之间的权利。

第二，租赁权的债权性格体现为租赁物交付请求权，物权性格体现为租赁物使用收益权，两者相互缠绕，不可分离。①

第三，租赁权兼具物权性与债权性，因此从应然角度而言，租赁权应属物权性与债权性结构性耦合之权利，但在摄入实证因素，如物权法定、立法者政策选择等之后，租赁权实证上的性质呈现物权化或者债权化的多元趋势。

第四，能够被物权化的部分必定是租赁权中原本便具有物权性格的部分，即租赁物使用收益权部分。

第五，在债权化趋势中，立法者则是以弱化租赁物使用收益权效力为工具，将其压缩在租赁物交付请求权之延续、保有效力之中的方式实现租赁权的债权化的，此时物权性格并未被完全消灭，只是此时具备应然物权性格的租赁物使用收益权仅通过债权救济方式予以保障，而不具有实证法意义上的对抗第三人之力。② 故而于概念建构意义上，宜将租赁权定性为由具有债权性格之租赁物交付请求权与具有物权性格之租赁物使用收益权以结构性耦合样态结合而成的一种财产权，③ 而土地租赁权只是实证法因

---

① 如不得单独让渡租赁物交付请求权或者租赁物使用收益权，即使在租赁权让与领域，事实上亦存在出租人对新承租人的租赁物指示交付，因此两大权利是一体移转的。土地租赁权中的物权因素与债权因素的关系类似于生物学上 DNA 双螺旋分子那两根螺旋的关系，相互缠绕却又有一定独立性。

② 此处分析结论建基于应然与实证之二元区分的观念，即此处讨论的土地租赁权性质样态乃是将土地租赁权作为一种主观权利予以分析的，即土地租赁权源于人性本身，法律仅仅是为保护土地承租人合理利益而承认了土地租赁权而已。倘若将土地租赁权视为一种客观权利，即认为土地租赁权仅仅是社会规则的个体结果，权利是法律规则的副产品，个人所谓权利、自由等仅仅是法律规制作用于个人的客观效果，则土地租赁权之性质完全取决于立法，法律规定土地租赁权是什么性质，其必定就是什么性质，而不存在讨价还价的空间——显然将权利视为客观权利的思想有可能完全扼杀法学，使法学成为匍匐于立法面前的无生命力之注释傀儡。因此私见以为，凡是涉及权利性质探讨的问题，均须将所讨论之权利置于主观权利之列而展开应然与实然循环往复、顾盼流连之探究。有关主观权利与客观权利区分的讨论，详见李永军《民法总论》（第二版），法律出版社 2009 年版，第 93—96 页。

③ 理论界在注意到租赁权这一类兼具物权与债权性格的权利在现代社会大量涌现这一现象后，也有日本学者提出在"金融资本主义思潮甚嚣尘上的社会"金钱"不仅使物权与债权获得了前所未有的高度统一，同时也使二者区别之界线愈益模糊，以至于使人们试图在学说上对二者加以区分已变得毫无意义及根本不可能"（参见 ［日］ 于保不二雄《物权法》，转引自陈 （转下页）

政策因素而对其物权性格予以更多承认的一种特殊租赁权而已。

（三）借地权之法社会学观察：法律体系与社会现实之结构性耦合

从借地权的名称来看，借地权是一项具有浓郁日本特色的权利，因为早在明治维新之前，便广泛存在借地关系，如德川时代江户的商人即常常从封建领主手中借地，并在该土地上营造建筑物而使用之，这种法律关系号为"地借"，并被学者认为与日本在明治维新后创立的借地关系具有连续性，[②] 这说明日本借地权的创立具有历史沿革意义上的合理性，不过也应当注意到，用于支撑借地权概念内容的却是地上权与土地租赁权两大概念，而这两大概念本身不为日本法所固有，系属向西方法学所继受之物。借地权创立之前，日本立法者接受了德国民法典第一草案中有关物权与债权二元划分的思想，故而将有关以建筑物所有为目的之土地权利做了物权与债权的体系划分，将长期使用土地，对安定性要求较高的权利设定为地上权，归于物权体系，并赋予其较强的法律效力，而将对土地使用相对短期的，对安定性要求相对较低的土地租赁权置于债权体系，并使土地租赁权在法律效力上弱于地上权，以便满足灵活性之社会需求。《日本民法典》有关土地利用的立法设计虽然出于政策上之考量而以抑制短期土地使用权中物权性格的方式而实现了土地使用权领域的物权与债权的二元划分，但倘若这种划分能与社会现实完全结合，则在形式理性法的运行

（接上页）华彬《物权法原理》，国家行政学院出版社 1998 年版，第 19—20 页）；我国学者也有应者，认为"物权与债权这一理论上的分野，实已为现代市场经济的实践所打破，而次第趋于合流"（参见陈华彬《物权法原理》，国家行政学院出版社 1998 年版，第 20 页）。不过诚如尹田教授所言，"物权与债权的界限之模糊及相互关系的不清晰，并非权利的此种分类本身是否妥当的问题，而是民法所反映的财产关系随社会发展所出现的实质性变化在财产法上的重要表现"（参见尹田《物权法理论评析与思考》（第二版），中国人民大学出版社 2008 年版，第 69 页），物权与债权之分事实上具有意义，只是现代社会中的权利具有复杂性，如土地租赁权等具有物权效力之传统债权的确难以将之归于物权阵营或者债权阵营，但物权与债权的划分本身是没有问题的，我们所缺乏的，是在认识到基础性财产权利具有物权与债权之划分的分析要素根基上，对复杂财产权利的结构性综合探究，质言之，物权与债权只是分析阶段的产物，事实上其也是不可被进一步划分的原子性权利，而现代社会中的很多财产权利却是两者的综合，且并非简单相加构成权利束的综合，而是结构性耦合的复杂综合。

② 鈴木禄弥『借地法』（青林書院，1984 年）4 頁。

下，也得实现各种法命题的无漏洞解答，① 不过立法者所设计的法律体系，尤其是立法者自域外继受而来的法律体系，通常难于与继受国之社会现实完全结合，法律体系与社会现实常常处于结构性耦合状态，且存在弱结构耦合（loose coupling）与强结构耦合（tight coupling）之分。②

在借地权出现之前的民法典时代，土地使用权领域的法律体系与社会现实处于弱结构耦合状态，原因在于虽然根据立法者的理念，在有关长期土地使用的情形下，土地使用人应与土地所有权人订立地上权契约，而不是土地租赁契约，这样双方的权利义务才能得以平衡，不过立法者的理念与近代私法所倡导之契约自由、所有权自由与遗嘱自由，即所谓私的自治原则③存在冲突。基于私的自治原则，"在私法的广泛的范围内，法律承认各人有按照自己的意思决定，形成自己的生活关系的法的权能"，"在私法自治允许的范围内，各人的意思成为形成法律关系的创造力，各人可以自由地根据自己的行为制定法律关系"④，土地使用领域的当事人得依其意思自由选择地上权或者土地租赁权作为双方权利义务的法律形式，在这个选择过程中，立法者无权干预。就日本的社会现实层面而言，土地所有权人相对于土地使用权人一般拥有社会地位与经济实力方面的优势，因此在实际践行私的自治的过程中，决定土地使用权法律形式的通常为土地所有权人一方，而在民法典体系下，土地使用权人纵然有长期使用土地的打算，不过土地所有权人为自身所有权利益最大化计，通常会选择将土地所有权之使用收益权能与土地所有权分离的时间尽量缩短，且愿意将这种对自己土地使用收益的权利置于不那么安定的法律地位，这样土地所有权人一方面能够在较短时间内收回土地，另一方面也能相对自由地消灭土地使用权，从而使自己利益最大化，据此，日本的土地所有权人与土地使用权人订立的借地契约大多并非以地上权为外衣，而是以土地租赁权的形式

① 参见［德］马克斯·韦伯《法律社会学·非正当性支配》，康乐、简惠美译，广西师范大学出版社 2011 年版，第 30—31 页。

② Gunther Teubner, "Legal irritants: Good Faith in British Law or How Unifying Law Ends Up in New Divergences", *Modern Law Review*, Vol. 61, No. 1, 1998.

③ ティルマン・レプゲン「ヨーロッパ私法の過去と現在にわける自由と責任」屋敷二郎訳，『一橋法学』一橋大学大学院法学研究科第 8 巻第 3 号（2009 年）803 頁。

④ ［日］星野英一：《现代民法基本问题》，段匡、杨永庄译，上海三联书店 2012 年版，第109 页。

将一定年限的土地使用权赋予土地使用权人。选择土地租赁权的方式建立借地关系对于土地所有权人来说显然是比较有利的，因此实务中借地关系以土地租赁的方式达成"是具有压倒性的"①，"地主竭力避开设定地上权……产生了地上权反而是极为罕见的结果"②，在地上权不断于实务中受到冷遇的过程中，民法典所塑造的土地利用体系与社会现实愈益南辕北辙：以建筑物所有为目的而意欲长期使用土地的土地利用者无法获得地上权的保护，面对强势的土地所有权人，土地利用者尽管并不愿意与之订立土地租赁契约，取得为期最多二十年，在让渡方面还须经土地所有权人同意且无土地所有权人之无义务的善意协助就无法获得对抗力的土地租赁权，但在社会现实的压力之下也只能委曲求全，以牺牲自己对土地长期使用的利益及对土地利用安定性的追求而换取能够获得利用土地的机会，这显然与立法者的初衷背道而驰。

倘若将法律体系视为对社会现实的诠释言语系统，则在《借地法》等特别法出台之前，日本土地利用法律体系与社会现实之间的耦合是错位的，土地租赁权原本在立法者的设计下丧失了其物权性格，立法者原本也只是希望土地租赁权仅适用于短期且对安定性要求不高的土地利用情形即可，但是社会现实的发展变化却将民法典所塑造的土地利用法律体系置于失声的尴尬处境，彼时之法律体系无法与社会现实结合为可诠释的"效果历史"关系，③即依民法典体系，无法理解借地关系中土地租赁权作为债权如何在理应由地上权发挥作用的领域产生，且最终为全社会所接受的现象，彼时之法律体系与社会现实之间产生了深深的裂痕，无法触发效果历史事件。④ 法律体系与社会现实的弱结构耦合状态

---

① 沈宏峰：《日本借地权制度研究》，上海社会科学院出版社 2011 年版，第 8 页。

② ［日］山田卓生：《借地借家立法与立法学》，《法律时报》第 53 卷第 14 号，第 115 页，转引自沈宏峰《日本借地权制度研究》，上海社会科学院出版社 2011 年版，第 8 页。

③ 诚如伽达默尔所言："真正的历史对象根本就不是对象，而是自己和他者的统一体，或一种关系，在这种关系中同时存在着历史的实在以及历史理解的实在。一种名副其实的诠释学必须在理解本身中显示历史的实在性。因此我就把所需要的这样一种东西称之为效果历史。理解按其本性乃是一种效果历史事件。"参见 ［德］汉斯-格奥尔格·伽达默尔《诠释学Ⅰ·真理与方法》，洪汉鼎译，商务印书馆 2010 年版，第 424 页。

④ ［德］汉斯-格奥尔格·伽达默尔：《诠释学Ⅰ·真理与方法》，洪汉鼎译，商务印书馆 2010 年版，第 424 页。

造成法律对土地承租人利益的救济与保护之缺省，而为了改变这种弱结构耦合状态，日本立法者也决定对原有物权与债权二元划分的土地使用权体系予以调整。

立法者的目标是将土地所有权人依据自身社会、经济优势而获得的对土地利用法律形式的选择权尽量变得没有实际意义，手段则是通过立法将土地租赁权物权化，使土地租赁权与地上权走向融合，最终使原本存在物权与债权二分划分的土地使用权体系合流为物权体系。以《借地法》为开端，立法者首次创造了借地权之概念，统摄以建筑物所有为目的的地上权与土地租赁权，并且使以建筑物所有为目的之土地租赁权因立法而获得了对抗力、更新力、相对自由的让渡性，从而使以建筑物所有为目的之土地租赁权与物权几无差别。

显然，借地权的诞生使先前的土地利用权法律体系发生了极大变化，以建筑所有为目的的土地利用权逐渐实现了物权与债权的融合，统一为借地权，而其他目的的土地利用权仍然维持着原有的结构。而自社会层面观之，土地所有权人也并未如立法者所期待的那样提高地上权的设立概率，土地所有权人不仅在借地关系中继续选择以物权化了的土地租赁权作为其将土地交给他人使用的法律形式，而且随着土地租赁权物权程度的逐步提高，借地权人权利的扩张使得愿意设定借地权的土地所有权人越来越稀少，[①] 这严重影响了可供借地的土地供给。可以说，日本立法者为提高法律体系与社会现实耦合程度的努力到此为止不能称为成功，到《借地借家法》出台之前，因借地权效力的强势以及日本经济本身不景气所导致的地价下跌，以及土地所有权人越来越倾向于在自己土地上修建房屋并将房屋出租给他人而不是为他人设立借地权等因素，继地上权在建筑物所有领域事实消亡之后，借地权甚至也出现了日趋式微的趋势。[②]

立法者最终的选择是放弃建构在借地权概念上的债权化归类或者物权化努力，以"租赁权多样化"为理念，《借地借家法》对《借地法》中以借地权名义之土地租赁权的物权效力进行了弱化处理，如《借地法》原本规定以用石头、泥土、砖瓦等类似物建造的坚固建筑物所有为目的之借

---

① 沈宏峰：《日本借地权制度研究》，上海社会科学院出版社 2011 年版，第 11 页。

② ［日］内田胜一：《借地·借家法改正问题の问题》，转引自沈宏峰《日本借地权制度研究》，上海社会科学院出版社 2011 年版，第 1 页。

地权存续期间为 60 年，以其他建筑物所有为目的之借地权存续期间为 30
年，① 但在《借地借家法》中不区分坚固建筑物与非坚固建筑物，借地权
的法定最低存续期间被统一为 30 年，② 同时为平衡土地所有权人与借地人
之间的利益，正当事由被具体化；③ 而当事人之间如果设立的是期限超过
50 年的定期借地权，则倘若当事人间无特别约定，借地人不享有更新权
与建筑物买取请求权，④ 从而进一步削弱了借地权名义下土地租赁权的物
权性。在此过程中，法律体系作为社会系统之一，其在与其他社会系统之
开放性交流中与周边环境产生反应，最终引致法律体系内部系统结构的变
迁，⑤ 在这个被卢曼称为反省（Refulexion）的过程中，法律体系通过与作
为环境的社会现实，完成了对自身的系统性自我观察（Selbstbeobachtung）
与自我描述（Selbstbescheibung），⑥ 从而逐渐重塑了自己与社会现实之间
的关系，借地权也在此反省进程中，性质上虽然更为复杂难辨，但较之于
法律修正前，其却以更强的灵活性与多样性获得了对社会层面上借地关系
的描述能力，以此为基石，以建筑物所有为目的之土地利用法律体系与其
社会现实的结构性耦合关系得到了增强，借地权"依旧保持着年轻的脉
搏"⑦。

凭借"租赁权多样化"理念及其实践，借地权成功弥合了以建筑物
所有为目的之土地利用法律体系与其社会现实之间的错位，两者的结构性
耦合关系在历经一系列波折之后大致达成强结构耦合之态。不过代价也是
高昂的：有关借地权的法律，如《借地法》《借地借家法》等体系化程度
非常低，且借地权虽然包含了地上权与土地租赁权两大子权利，但很多条

---

① 水本浩＝遠藤浩＝田山輝明『基本法コンメンタール借地借家法』（日本評論社 2009 年）
164 頁。

② 稲本洋之助＝澤野順彦『コンメタール借地借家法』（日本評論社，2010 年）12 頁。

③ 高橋真「民法学のあゆみ内田勝一著『現代借地借家法の課題』」法律時報 71 巻 3 号
（1999 年）99 頁。

④ 野村豊弘「定期借地権付住宅売契約の仕組みと購入者保護」ジュリスト 1060 号
（1995 年）13 頁。

⑤ 钟芳桦：《法律作为系统——试论卢曼的法律社会学》，硕士学位论文，台湾大学，1997
年，第 17—18 页。

⑥ 同上书，第 18 页。

⑦ 沈宏峰：《日本借地权制度研究》，上海社会科学院出版社 2011 年版，第 1 页。

款都要加上"以租赁为目的"的限制性修饰，使得借地权名义下的地上权几乎不怎么适用《借地法》等借地关系之特别法；再加上新设置的定期借地权以土地利用目的为标准划分出与普通借地权在许多方面大异其趣的一般定期借地权、事业用定期借地权与附有建筑物让渡特约的定期借地权，① 使借地权内部几乎不存在抽象程度较高的总则性规范，《借地法》与《借地借家法》也更类似于国家的特别政策。目之所及，借地权之法律规范体系繁杂，概念也欠缺明晰性，但或许也正如路德维希·维特根斯坦所言，"倘若我们不能阐述，我们便应当保持沉默"②，在法技术尚未臻至得体系化、明晰化型构日本纷繁复杂的借地关系之前，在特定之领域放弃概念法学所倡导之无漏洞之教条（Lückenlosigkeit）、建构主义（Konstruktivismus）、颠倒方法（Inversionsmethode），③ 舍弃概念明晰化之追求，暂时以不那么精致的法律语言勉力描述日本借地关系继而规范之，不啻为一项明智的选择。

以精致化的法律专门语言书写法律的历史其实并不长久，被我们奉为"书面理性"④ 的罗马法的体系化与精致化程度并不高，尤其是《学说汇纂》中所记录的有法律效力的法学家们的言谈，更是直接被作为法条。而早期民法典，如《法国民法典》的法律条文也被评价为"常常是不精确、有缺漏或模棱两可"⑤ 的。而以语言精致准确著称的《德国民法典》其实也遭遇过"令人痛苦的矫揉造作、学究式的咬文嚼字和缺乏通俗性"，使该法典"没有一处深入到广大人民群众的思想与感受中去；没有任何东西吸引大众，恰恰相反，许多东西都令大众反感"⑥ 的严厉批评。职是之故，法律体系之结构精致与概念明晰也许是法学所追求的重要目标，不过倘若精致的法律体系无法与社会现实产生共鸣，那么这种精致也只会成为

---

① 野辺博『借地借家法の法律相談』（学陽書房，2011 年）114—115 頁。

② See Ludwig Wittgenstein, *Tractatus Logico—Philosophicus*, Translated by C. K. Ogden, Barnes & Noble Books, 1922, p. 157.

③ 吴从周：《概念法学、利益法学与价值法学：探索一部民法方法论的演变史》，中国法制出版社 2011 年版，第 45 页。

④ 李中原：《罗马法在中世纪的成长》，《环球法律评论》2006 年第 1 期。

⑤ ［德］K. 茨威格特、H. 克茨：《比较法总论》，法律出版社 2003 年版，第 140 页。

⑥ ［德］罗尔夫·克尼佩尔：《法律与历史——论〈德国民法典〉的形成与变迁》，王娜译，法律出版社 2003 年版，第 23 页。

无用的修饰而被束之高阁——日本借地权概念的建构过程也许在某种程度上证实了这一点。

四　借地权的构成要件

构成要件，又称法律要件（Rechtstatbestand），乃指法律赋以法律效力所必具之一切事实。① 通常情况下，法律在包含抽象的构成要件的同时也规定了法律后果，适用法律的常态为将需要审查的生活事实与法定构成要件进行比照，运用演绎逻辑，将具体生活事实作为小前提，并将之置于作为大前提的法律要件之下，而结论则是法律后果。② 不过并非每个具体法条均同时具备构成要件与法律效力两大因素。同时拥有两大因素的法条被称为完全法条，乃指不联合其他法条便能发挥规范功能之最简单的法律规定，③ 其包含构成要件和法律后果两部分；④ 而不完全法条主要是指不具备法律效力之规范要素的规定。⑤ 日本借地权的构成要件被规定在了其定义性规范中，就日本现行法而言，涉及借地权构成要件的规范主要为《借地法》第 1 条与《借地借家法》第 2 条。从条文表述上来看，《借地法》第 1 条规定"本法所称借地权是指以建筑物所有为目的的地上权以及租赁权"⑥，《借地借家法》也在第 2 条中规定"借地权乃以建筑物所有为目的的地上权或者土地租赁权"⑦，两大条文均属不完全法条之列，即仅规定了借地权之构成要件，而未释明借地权之设定不达借地权之构成要件究竟发生何种法律后果。不过诚如黄茂荣所言，"法律规定为组成法规

---

① 史尚宽：《民法总论》，法律出版社 2000 年版，第 297 页。

② ［德］汉斯·布洛克斯、沃尔夫·迪特里希·瓦尔克：《德国民法总论》（第 33 版），张艳译，中国人民大学出版社 2012 年版，第 44 页。

③ 黄茂荣：《法学方法与现代民法》，法律出版社 2007 年版，第 159 页。

④ 德国学者卡尔·恩吉施则奉行三要素理论，即区分"事实构成"（Tatbestand）、"法律结果"（Rechtsfoge）与"法律条文"（Rechtsssatz），并认为"法律结果"乃是经由"法律条文"而与"事实构成"相连。在此，"事实构成"在"法律条文"上的抽象映照便是构成要件。参见［德］卡尔·恩吉施《法律思维导论》，郑永流译，法律出版社 2008 年版，第 11—12 页。

⑤ 黄茂荣：《法学方法与现代民法》，法律出版社 2007 年版，第 161 页。

⑥ "本法ニ於テ借地権ト称スルハ建物ノ所有を目的トスル地上権及賃借権ヲ謂フ。"水本浩＝遠藤浩＝田山輝明『基本法コンメンタール借地借家法』（日本評論社，2009 年）161 頁。

⑦ "借地権　建物の所有を目的とする地上権又は土地の賃借権をいう。"稲本洋之助＝澤野順彦『コンメタール借地借家法』（日本評論社，2010 年）10 頁。

范之承上启下的单位，盖只有当法条在一个领导性的价值观点下组合成一个包含构成要件及法律效力之规定单元后，才能发挥不矛盾的规范功能。是故，由能否发挥规范功能的角度观之，原则上没有一个法条是完全的"①，单个法条的法律效力及其所能引致的法律后果应当置于整个法规范体系之范畴而综合分析得知，因此，尽管日本法律所规定的借地权定义性条款仅涉及借地权构成要件的内容，而未直接规定借地权设定不具备构成要件时的法律效力，不过将之置于制定法以及权威判例的视野之下，亦可求得借地权设定不符合构成要件要求时的法律后果。根据《借地法》第 1 条与《借地借家法》第 2 条第 1 款之规定，可知借地权的构成要件有三，即以建筑物所有为目的，利用之对象为土地以及土地利用权原为地上权或者土地租赁权。②

（一）以建筑物所有为目的

所谓建筑物，乃指附着于土地之上，有地基与周壁，能用于居住、营业、储藏等事务之具备永续性之建造物，③ 和《日本民法典》上所称之工作物相比，④ 外延较小。据此，以建筑物以外之工作物所有为目的所设立的借地权便无法受到《借地法》《借地借家法》等特别法的保护，严格来说此种权利亦不属借地权之列。不过一种工作物究竟是否为建筑物通常随社会通念之变化而变化，随着社会经济的发展与社会观念的变迁，原本属于工作物之列而不能纳入传统建筑物范畴内的事物，如地下街所建筑之商铺等，亦获得了《借地法》等法律的保护，⑤ 从而发展出了"借地上无建筑物"型借地权，⑥ 可见对建筑物概念的解读，日本实务界采柔软而灵活的解释态度。

日本遵从自身土地法之传统，未继受"地上物属于土地（Superficies solo cedit）"之罗马法传统，因而不似德法二国将地上物所有权属于非土

---

① 黄茂荣：《法学方法与现代民法》，法律出版社 2007 年版，第 159 页。

② 铃木禄弥『借地法』（青林书院，1984 年）125、136、143 页。

③ 渡辺晋『最新借地借家法の解説』（住宅新报社，平成 22 年）44 页。

④ 日本民法学家三渚信三认为："建筑物者，房屋，或准房屋之工作物也。工作物者，安设于土地之一切加工物。例如：仓库为建筑物，桥梁、纪念碑、地窖，为工作物是也。"参见 ［日］三渚信三《物权法提要》，孙芳译，中国政法大学出版社 2005 年版，第 41 页。

⑤ 铃木禄弥『借地法』（青林书院，1984 年）125 页。

⑥ 渡辺晋『最新借地借家法の解説』（住宅新报社，平成 22 年）46 页。

地所有权人视为例外，① 而是将建筑物视为与土地完全独立的他种不动产，此种划分并无比较法上的支撑，乃日本不动产法的一大特色，② 故而在土地与建筑物二元划分体系下，理论上建筑物所有权人不需要借地权便能获得建筑物所有权，但倘若建筑物所有权人欠缺对土地为利用的合法权原，则土地所有权人有权行使建筑物除去请求权，因此为使自己达致稳定地所有建筑物之目的，建筑物所有权人通常均会从土地所有权人处获得土地利用权原，即借地权。当然，借地权的设立并不以建筑物的现实存在为必要，借地人与借地权设定人也可以在借地人于标的土地之上修筑建筑物之前，以借地人所有未来建筑物为目的而订立借地契约，借地人即取得借地权。③ 同时，借地人取得借地权之后，亦可在未修筑建筑物之前依《借地借家法》等之规定出让借地权，由借地权受让人在借地契约条款框架内于标的土地上修筑建筑物。

"以建筑物所有为目的"不仅应对建筑物持灵活解释态度，也应根据借地人使用土地之特定目的而为宽泛解释，例如日本实务上判例认为，即使借地契约双方仅以借地人利用土地开办汽车驾驶培训学校为目的而订立，而未明定以建筑物所有为目的，但汽车驾驶培训学校之经营必然以必要之建筑物所有为前提，故而该契约终包含以建筑物所有为目的的含义，故土地利用者享有借地权，④ 即承认借地权之"以建筑物所有为目的"的构成要件并不以借地权之标的土地全部用于修筑建筑物并为所有为必要，借地权所涉及之土地可依特定目的而只利用其中一部分修筑建筑物，然后利用其他土地为与建筑物存在密切关联之营业活动，此即为"部分建筑型"借地权，⑤ 但与此同时，判例亦认为倘若借地人之目的仅仅是单纯对土地为使用（如将标的土地作为高尔夫练习场），则不能认为其符合"以建筑物所有为目的"的构成要件，此时借地人不享有借地权。⑥ 因此，考

---

① 铃木禄弥『借地法』（青林書院，1984 年）125 頁。

② 内田貴『民法 I 総則・物権』（東京大学出版会，2008 年）354 頁。

③ 铃木禄弥『借地法』（青林書院，1984 年）127 頁。

④ 最判昭 58・9・9 民集 139 号 481 頁；内田勝一＝山崎敏彦『借地借家の裁判例』（有斐閣，2010 年）4 頁。

⑤ 渡辺晋『最新借地借家法の解説』（住宅新報社，平成 22 年）46 頁。

⑥ 最判昭 42・12・5 民集 21 巻 10 号 2545 頁；山本敬三『民法講義 IV—1 契約』（有斐閣，2005 年）556 頁。

察以建筑物所有为目的这一构成要件时，应斟酌借地人利用土地之具体目的是否得涵盖"以建筑物所有为目的"，而不应以是否于借地契约中明文规定"以建筑物所有为目的"为圭臬。

需要进一步思考的问题在于，"以建筑物所有为目的"的强行性规定是否课以借地人于标的土地上修筑建筑物的义务，即倘若借地人不修建筑物，是否构成违约？私见以为，仅从文义出发进行解释，则非以建筑物所有为目的而为在标的土地之上修筑建筑物，系属违反借地契约无疑，不过考察借地人不为修筑行为之具体原因，亦应承认借地人有为抗辩的权利，如公法上住宅政策或者土地政策之变更致使借地人不能于标的土地上修筑约定之建筑物或者即使修筑也将使借地人付出其不愿负担之多余成本的，应承认借地人不为修筑行为之合理性。

(二) 利用之对象为土地

借地权所指称的对象必须为土地，自无疑义，这在土地利用权原为地上权时则为不明之理，而在土地利用权原为租赁权时，则租赁权必须为土地租赁权，而动产租赁权与土地上之工作物租赁权则当然不属于借地权之列。[1]

土地是一定范围之地面，在相当程度上也应被解释为包含其上下（空中与地下）的空间，而土地所有权则是对土地为全面支配的权利。[2] 根据土地之自然性质，其乃自然之组成部分，而非劳动创造之物，[3] 不过自所有权观念性与绝对性理念确立以来，[4] 土地所有权随资本主义经济的发展而渐次取得对土地利用权的优越地位，从而摆脱了中世纪时期土地所有权反而为土地利用权"侍女"之不利处境，[5] 土地所有权发展成为近代意义上之绝对、自由的物权，而在近代民法典体系的设置下，作为土地利用权的借地权在土地所有权面前居从属地位，借地权对土地的效力范围通常不及土地所有权宽广。不过借地权较之于土地所有权的效力劣势主要体现在处分力上，就土地本身而言，原则上应认为借地权人所能利用的土地及其

---

① 倘若为建筑物租赁权，则适用《借地借家法》之借家部分，参见水本浩＝遠藤浩＝田山輝明『基本法コンメンタール借地借家法』（日本評論社，2009 年）92 頁。

② 鈴木禄弥『借地法』（青林書院，1984 年）137 頁。

③ 広中俊雄『物権法』（青林書院，1982 年）370 頁。

④ 川島武宜『所有権法の理論』（岩波書店，1949 年）102、110 頁。

⑤ 水本浩「近代イギリス法における借地権の性質」法律時報（昭和 32 年 3 月号）24 頁。

上下空间及于土地所有权所能及之全部，① 且即使借地权人与借地权设定人在借地契约中明定仅以一笔土地之一部分为标的设立借地权，因土地本质上原本为无限连续绵延之物，本无界限可言，界限纯系人为之便宜设置，② 因此只要依登记法规在登记簿上明确记载于标的土地之一部分上设立借地权，该借地权亦可取得对抗力，且在此种情形下也得将标的土地之一部分视为新的一笔土地。

（三）土地利用权原为地上权或者土地租赁权

所谓土地利用权原，是指土地利用者对土地为占有、使用、收益乃至处分等诸种权能之原权利，包括土地所有权、地上权、土地租赁权等。借地权人利用土地的权原为以建筑物所有为目的之地上权或者土地租赁权。有关地上权及租赁权的内容详见前述，而有关《借地借家法法》《借地法》等特别法对地上权与土地租赁权（尤其是土地租赁权）的规定，则在下文有所交代，在此不作赘述。

---

① 鈴木禄弥『借地法』（青林書院，1984 年）137 頁。

② 同上。

第二章

借地权的法制沿革

第一节　民法典施行以前的借地关系

一　明治维新之前的借地关系

日本古代于律令国家时期，实行土地国有制，[①] 不过此种土地国有制非为天下之土地为国家所概括所有，依"大化改新"之制，日本古代土地所有权分为制限土地所有权与自由土地所有权，前者主要为班田制下的农田所有权，不得自由处分，后者主要为园地、宅地所有权，得为买卖、租赁等处分。[②] 且因古代日本以农业为主，工商业尚不发达，故无论住宅用地还是商业用地，均无较大需求，故而借地不兴。及至德川幕府时代，日本结束战国时代的长期战乱状态，进入了一个相对和平的时期，以手工业与商业经济为代表的城市经济得到了空前发展，随之而来的是日本城市人口的增加：到1700年，日本的城镇人口已经占总人口的10%，成为当时世界上都市化程度最高的社会之一。[③] 城市经济的发展与城市人口的增加令城市里的土地变得十分稀缺，用地需求大为扩大，而以江户（现今日

[①]　渡边尚志＝五味文彦『新体系日本史 3 土地所有権史』（山川出版社，2002 年）5 頁。

[②]　高柳真三『日本法制史（一）—江戸時代まで—』（有斐閣，1965 年）94—95 頁。

[③]　［美］安德鲁·戈登：《日本的起起落落：从德川幕府到现代》，李朝津译，广西师范大学出版社 2008 年版，第 28 页。

本东京）为中心的德川幕府实行武士与寺院土地不得买卖的政策，故彼时若如商人等非武士、僧侣阶层的人意欲使用土地而为居住或者营业，多需要向武士或者寺院借入土地以供自己使用。① 这种土地借用的形式被称为"地借"②，能够与武士或者寺院建立起"地借"关系的通常为有相当经济实力的人。不过这种早期的借地关系也并非广行于日本，如在关西地区的大阪，因不像江户那样，其土地大部分并非不得自由买卖的武士地和寺院地，故较少存在租赁土地而为居住或者营业的习惯。③

德川幕府时代的日本最为典型的社会特征乃是等级森严的身份制，就土地法而言，最为明显的特征乃是区分政治上·公法上的土地支配权"知行"与私法上的土地支配权"持有"④，前者类似于欧洲中世纪的封建领主土地所有权，寓身份于其中，通常为日本武士阶层所有，而后者通常为农民、商人阶层所有。虽然"持有"权总体上体现为农民之农地耕作权，不过商人阶层所拥有的土地"持有"权则通常是以前述"地借"的方式获得的。德川幕府时期的土地支配秩序存在极大的僵化性，例如武士阶层的人便无法获得私法上的土地"持有"权，与之相对的是，农民与商人亦无法获得公法意义上的土地"知行"权，⑤ 彼时之日本，土地上的权利关系仍系于封建身份，完全不存在近现代意义上的借地关系。

二　明治初期的借地关系

尽管铃木禄弥认为江户时代的"地借"与近代以来建立的借地权体系存在一脉相承之关联，⑥ 不过从历史沿革来看，依江户时代的"地借"而形成的私法上的土地"持有"权并非借地权的起源，反而是明治维新后所形成的日本近代土地所有权的雏形。明治维新之后，废除了土地永久不得买卖的禁令，且尤为重要的是明治维新废除了封建身份登记制度，土

---

① 日本の土地百年研究会＝（財）日本不動産研究所＝（株）都市環境研究会『日本の土地百年』（大成出版社，2003 年）25 頁。

② 鈴木禄弥『借地法』（青林書院，1984 年）4 頁。

③ 同上书，第 5 页。

④ 稲本洋之助＝小柳春一郎＝周藤利一『日本の土地法―歴史と現況―』（成文堂，2009年）2 頁。

⑤ 同上书，第 3 页。

⑥ 鈴木禄弥『借地法』（青林書院，1984 年）4 頁。

地所有权得自由流通，① 这使得先前农民、商人所有的土地"持有权"获得了转变为私的土地所有权的机遇。因此铃木禄弥也承认，在明治维新之后，由于土地的处分与租赁获得了广泛的承认，城市里的土地权利义务关系发生了较大变化，从而令封建时代导致成立"地借"关系的要因不复存在。②

不过，日本因明治维新而导致封建身份体系解体，城市中的借地关系反而愈发多见，如一些在维新后陷入穷困境地的武士，便多有租赁他人土地以便修建住宅之举，甚至窘迫到直接租赁他人房屋以使自己得有容身之所，而先前的封建主大名或者寺院则随着城市向农村的扩张，逐渐将武士地与寺院地宅地化和贷地化，从而令日本的借地关系较之于封建时期相比，更为繁荣。③

明治初年的借地关系存在以下特点：第一，地主与地借人之间在封建时代本来存在身份上的等级差异，但明治维新后，身份差异被废除，借地关系双方成为完全平等的关系，同时，国家对借地关系的种种公法规制也大多被废除，彼时的借地关系在法律上成为自由的契约关系。第二，封建时代的借地关系中，与作为地主代表者而与直接地借人相对立的地守同时也是政治权利的末端机构，因此，借地关系上的上下支配隶属的色彩很强。不过维新后，地守·家守制度随之被废除，地守作为先前政治权利末端的功能丧失，逐渐转变为地主的使用人或者贷地管理人，故而借地关系也转化为平等者之间的私的契约关系。④

三　普阿索纳德（ボアソナード）民法典草案与借地

（一）普阿索纳德民法典草案的草创与延期

出于法制现代化与废除领事裁判权之需要，日本开始了法制近代化的历程，⑤ 而民法典的编纂成为法制现代化的核心部分之一。在日本尝试自

---

① 稲本洋之助＝小柳春一郎＝周藤利一『日本の土地法―歴史と現況―』（成文堂，2009年）4頁。

② 鈴木禄弥『借地法』（青林書院，1984年）5頁。

③ 同上书，第5—6页。

④ 同上书，第11页。

⑤ 王志敏：《评日本明治时期的法制近代化》，硕士学位论文，烟台大学，2009年，第4—5页。

己翻译《法国民法典》而创制自己的民法典失败之后，①日本转而聘请法国民法学家普阿索纳德（ボアソナード）帮助起草民法典。

　　普阿索纳德本属信奉自然法的民法学者，其著有《自然法讲义》（『性法講義』）一书，不过这本书非为法理学或者说法哲学的著作，其毋宁被视为"民法入门"一类的书籍。②基于自身所持有的自然法·理性法理念，普阿索纳德意欲将具有普遍性与不变性的自然法以民法典编纂的方式带入古法已然渐次消亡的日本。③职是之故，普氏以《法国民法典》为蓝本，主持编纂了一部包括"人事编""财产编""财产取得编""债权担保编"以及"证据编"的五编制民法典草案，史称日本旧民法。④不过这部民法典草案却遭到了日本法学界保守势力的强烈反对，而主张该民法典草案应该延期施行。主张延期的学者分为两派，一派较为温和，主张日本民法典的创制一方面须革故鼎新，广泛吸纳各国先进理念，同时亦不可脱离历史与现实而照搬照抄，如1889年由当时帝国大学、法科大学毕业生组成的法学士会发表的《法学士会关于法典编纂的意见书》中便提出"今日吾邦于脱离封建旧制万事革新之际，社会日新月异极具变化，因此欲重视例规习惯大成法典，一不可依据封建旧制，二不可完全照搬欧美制度为之"⑤。另一派则更为激进，如穗积八束写就《民法出而忠孝亡》一文，猛烈抨击日本旧民法典草案，认为该草案乃是依据基督教的原理而写就，与日本固有的醇美风俗及敬祖传统极为不符，"欧罗巴正是从信奉这样一种宗教（即基督教）开始，即由于唯我独尊的上帝独占了人类所有的敬与爱，所以子孙便不再知道供奉祖先，因此孝道殆尽。尽管这样，我国还是公布了这种极端个人本位的民法，欲一次剔除三千余年的信仰"⑥。最终，日本帝国议会于1892年通过"商法典与民法典延期实施法律案"，普阿索纳德民法典草案被暂缓施行，并最终被日本新民法典草案

---

　　①　王志敏：《评日本明治时期的法制近代化》，硕士学位论文，烟台大学，2009年。

　　②　池田真朗『ボアソナードとその民法』（慶應義塾大学出版社，2011年）12頁。

　　③　同上书，第14—15页。

　　④　大村敦志『民法改正を考える』（岩波書店，2011年）33頁。

　　⑤　参见［日］法学士会《法学士会关于法典编纂的意见》，收录于星野通编著《民法典论争资料集》，第15页，转引自渠涛《最新日本民法》，法律出版社2006年版，第369页。

　　⑥　加藤雅信等编著：《民法学说百年史》，三省堂1999年版，第10页，转引自渠涛《最新日本民法》，法律出版社2006年版，第374页。

所取代。①

(二) 普阿索纳德民法典草案中的"借地权"

严格来说,普阿索纳德民法典草案之所以遭到强烈反对,主要在于法学界认为该草案中"人事编"关于日本身份法与亲属法的规定太脱离日本现实,不过客观来说,普阿索纳德本人事实上对此却不应负太多责任,因为有关日本身份法与亲属法之规定并非由其起草,而是由熊野敏三、光妙寺三郎等人起草,② 不过,因新民法典草案的出台,旧民法不仅身份法与亲属法部分被弃之不用,由普氏所起草的财产法部分也遭到了全面改造,而事实上日本旧民法典中财产法部分尤有一些规定颇具匠心,而有关借地关系的规定便是其中之一。

普阿索纳德的法国法背景使得其在进行草案起草的过程中,并没有采纳日后《德国民法典》所坚持的物权与债权二元分立的方案,尽管从比较法上来看,彼时的《巴伐利亚民法典》与《萨克森民法典》均采纳了物权与债权的二分法,故而在普阿索纳德的草案中并不存在租赁权被纳入债权体系而地上权被纳入物权体系的做法,普氏以《法国民法典》的地表权(droit de superficie)为基础,进一步将租赁权设计为一种自成一体的物权,而对照来看,新民法典中的地上权在普氏草案中体现为租赁权的一个具体类型,因此,在普阿索纳德的法典体系中,其塑造了一种效力强大的租赁权,③ 具体到借地关系领域,普氏体系下土地租赁权与地上权并无性质上的差异,两者均为物权。不过也有学者指出,由于"在日本,将租赁合同以书面形式缔结时,通常认为应当是禁止将租赁权转让和转租的"④,因此旧民法典草案中的租赁权是否是一种物权,仍值商榷。⑤

---

① 渠涛:《最新日本民法》,法律出版社 2006 年版,第 378 页。

② 池田真朗『ボアソナードとその民法』(慶應義塾大学出版社,2011 年)80 页。

③ 铃木禄弥『借地法』(青林書院,1984 年)13 页。

④ [日] 小柳春一郎:《近代不动产租赁法研究——租赁权、物权与普阿索纳德》,信山社 2001 年版,第 323 页,转引自沈宏峰《日本借地权制度研究》,上海社会科学院出版社 2011 年版,第 7 页。

⑤ 沈宏峰:《日本借地权制度研究》,上海社会科学院出版社 2011 年版,第 7 页。

第二节 民法典施行以后《借地法》出台以前的借地关系

一 日本现行民法典与借地

(一) 明治民法的成立

在决定对旧民法典草案延期之后，帝国议会决议成立了法典调查委员会，并任命了委员会成员，且以《萨克森民法典》之五编制［总则、物权、对人（债）权、亲属、继承］为形式基准，斟酌当时已经公布的德国民法典第一草案的内容，重新出台了一部民法典草案，这部民法典草案于明治三十一年（1898 年）正式施行，史称明治民法。① 该草案是日本由继受法国法与英国法向继受德国法转变的标志，不过明治民法虽然在形式上体现出更强的德意志法系特点，但在具体内容方面，仍具有浓厚的法国法色彩，如在物权变动领域，明治民法在第 176 条遵行意思主义原则，认为"物权的设定及移转，依当事人之意思表示而发生效力"②，而未采德国式的形式主义原则，通说仍应依法国法解释之。③ 故可以说日本民法系对法国民法与德国民法的混合继受。

(二) 明治民法上的地上权与土地租赁权的区分

明治民法承认物权与债权分立的原则，同时认为在对土地利用的权利领域，存在物权的土地利用权与债权的土地利用权之区分，故设地上权（还有针对农用地利用而创设的为"永佃权"）与租赁权（不限于土地，其客体也得包括建筑物等其他不动产乃至动产）条款分而规制。就以建筑物所有为目的之借地关系而言，明治民法概括性地分设了物权编的地上权与债权编的土地租赁权，以期能较为全面地适应社会中对长期或者短期土地利用需求。不过依照明治民法的规定，土地租赁权未经出租人同意，不

---

① 高柳真三『日本法制史（二）―明治以後―』（有斐閣，1965 年）162—163 頁。

② 我妻栄＝有泉亨＝清水誠＝田山輝明『我妻・有泉コンメタール民法―総則・物権・債権―』（日本評論社，2010 年）352 頁。

③ 同上书，第 353 页。

能转让或者将租赁土地转租，这对于土地出租人而言当然是较为有利的，因此不管是长期利用还是短期利用，土地所有权人自然均倾向于以租赁的方式与对方缔结借地关系，而处于相对弱者地位的土地利用人，因资力方面等劣势而不能抗拒土地所有权人的要求，故而在住宅建设等长期土地利用领域而只得与土地所有权人结成租赁关系，而不能自其处获得地上权，故而虽然立法者设想了民法典适用的理想状态，但是现实却恰恰与立法者的期待背道而驰。①

二 1890 年《地上权法》

在明治民法之后，借地关系的法典体系自此已然确立，而借地权制度的演变与发展则走上了依靠民事特别法的道路，而于明治三十三年颁布的《地上权法》则是日本借地权制度以特别法方式发展之滥觞。

《地上权法》之主旨在于结束日本自明治维新以来的土地利用权性质问题的混乱状态，依该法之规定，凡在《地上权法》颁行之前结成的借地关系，推定借地人享有地上权。该特别法是立法者在明治民法中立法理念的再次确认②，以声明立法者认为对于土地的长期利用关系而言，借地双方应当以地上权为制度框架结成借地关系。不过该法也具有一定的消极作用，即这构成了对地主阶层的警示，③ 使其对设立地上权给他人的举动更为谨慎，故该法虽然是以保护借地人利益为目的而诞生之法，但客观上却造成了地上权设立数量减少的不利性影响。

三 1909 年《建筑物保护法》

（一）制定之缘由："地震买卖"

在出台了《地上权法》之后，日本立法者意识到《地上权法》仅仅通过推定的方式解决了民法典施行以前借地权的性质确定问题，但是在民法典施行之后，借地一方所获得的权利究竟系属物权抑或债权则不在推定之列，且从日本实务来看，借地人所获得的通常为作为债权的土地租赁权，而非效力强大的地上权，且作为债权，土地租赁权无法获得登记，故

---

① 沈宏峰:《日本借地权制度研究》，上海社会科学院出版社 2011 年版，第 7 页。

② 铃木禄弥『借地法』（青林书院，1984 年）17 頁。

③ 同上。

并无对抗力，因此借地人的法律地位较之于土地所有权人而言顿显弱小。现实中，土地所有权人也常常借此优越地位而损害借地人之权益，如在日俄战争前后，因东京等大城市人口激增，涌现出大量借地关系，但因借地关系乃属贷方市场，故为自身利益计，地主通常为借地人设定的乃是债权性质的土地租赁权，而在地主单方将作为建筑物基地的土地出卖给第三人时，借地人因其土地租赁权无法获得不动产登记而无法取得对抗力，故无法对抗土地买受人。① 此种买卖无疑对于借地人而言系属足以摧毁其建筑物之地震，故彼时称此种土地买卖为"地震买卖"，借地人多受其害。② 由于这种情况大量滋生，已有破坏社会秩序之虞，故立法者于明治四十一年（1909 年）出台了《建筑物保护法》以应对"地震买卖"等因土地所有权人处分土地而损害借地人建筑物所有权及土地租赁权之问题。

（二） 建筑物登记对抗力之扩张

《建筑物保护法》一共有两条，其规范借地关系，保护借地人权益之规定集中体现在其第 1 条。该法第 1 条规定，"以建筑物所有为目的之地上权或者土地租赁权，因地上权人或者土地租赁权人在标的土地上存有经过登记的建筑物，则该地上权或者土地租赁权得以该登记对抗第三人"③。此一法条堪称道尽日本不动产法之精髓，具体来说即以建筑物之对抗力替代土地之对抗力，不管建筑物基地权利到底是物权性质的地上权或者债权性质的土地租赁权，也不管借地人所获得的到底是土地所有权人负有登记协力义务的地上权抑或土地所有权人并无登记协力义务的土地租赁权，一旦借地人将自己的建筑物所有权在不动产登记簿上为登记，则其基地权利

---

① 稲本洋之助＝小柳春一郎＝周藤利一『日本の土地法－歴史と現況－』（成文堂，2009年）22 頁。

② 在以后的实务发展中，即使土地租赁权没有登记故而无对抗力，土地所有权人也不得故意将土地出卖给他人，其法理基础在于日本民法典战后所增设的"权利滥用之禁止"条款，土地所有权人为"地震买卖"则构成权利滥用而令其出卖土地的行为无法发生其所意欲之私法上效果，参见最判昭 52・3・31 民集 120 号 355 頁。不过在明治时期，"地震买卖"却并无获致民法典一般原则条款解释之救济条件。

③ "建物ノ所有ヲ目的トスル地上権又ハ土地ノ賃借権ニ因リ地上権者又ハ土地ノ賃借人カ其土地ノ上ニ登記シタル建物ヲ有スルトハ地上権又ハ土地ノ賃貸借ハ其ノ登記ナキモ之ヲ以テ第三者ニ対抗スルコトヲ得。"水本浩＝遠藤浩＝田山輝明『基本法コンメンタール借地借家法』（日本評論社，2009 年）147 頁を参照。

受建筑物登记之对抗力的一体保护。

《建筑物保护法》的思路乃是日本将建筑物与土地区分为两种独立不动产前提下，为保护借地人利益所作出的衍生性规定。在日本不动产登记法上，土地与建筑物分属独立的具有法律处分性之对象，登记簿上土地与建筑物分而登记之，[①] 故具备建筑物单独拥有登记对抗力的逻辑与制度前提。日本立法者考量各种利益，权衡之下，并没有选择给予作为土地租赁权名义下的借地权类似地上权的单独登记以获得对抗力的资格，而是凭借不动产之二元划分体系，通过扩张建筑物登记对抗力的方式间接实现土地租赁权之对抗力。

不过从根本上来说，赋予土地租赁权人（也包括未为权利登记的地上权人）援引建筑物登记而对抗他人之效力，并非使借地权本身获得了对抗力，这使得借地权事实上成为一种在效力上极为依赖建筑物的权利，可将之定位于建筑物所有权的从权利，日本法上之土地权利与建筑物所有权之关系设置，在比较法及法制史上是十分特殊的。

(三)《建筑物保护法》之价值

《建筑物保护法》的颁布乃是日本立法者一方面意欲限制少数为"地震买卖"之恶德地主滥用权利，另一方面又不愿意对民法典所确立之契约自由原则作出限制的矛盾之两种矛盾意识的妥协产物，正如学者铃木禄弥所言，该法"着眼于压制失德地主的行为，同时又无修正作为民法原则之契约自由的必要……建筑物保护法乃民法之补充法，而非对民法所作出的本质性修正"[②]，《建筑物保护法》之本旨乃在于保护作为财产权之建筑物所有权，而非对处于弱者的借地人，尤其是住宅借地人的倾斜性保护。本来借地人租赁他人土地便存在三种目的，包括修建建筑物以供自己居住、修建建筑物供自己营业或者修建建筑物再出租给他人，[③] 而《建筑物保护法》并未区分借地人的诸种情形而对借地人进行一体保护，并未体现出浓厚的弱者权益维护意志，相反，《建筑物保护法》乃是着眼于财产权保护而出台的一部法律，主要目的在于维护借地人的建筑物所有权，而未涉及维护借地人用地安定性等其他基于法伦理必要性而需要予以特别关照的利

---

① 山野目章夫『不動産登記法』（商事法務，2009 年）52、53 頁。

② "主眼は、悪徳地主の行為の制圧であって、民法の原則たる契約の自由を修正する必要はない。この点でも、建物保護法は、民法の補充法であって、民法を本質的に修正するものではなかったのである。"鈴木禄弥『借地法』（青林書院，1984 年）20 頁を参照。

③ 鈴木禄弥『借地法』（青林書院，1984 年）20 頁。

益。可以说,《建筑物保护法》仍旧是一部体现自由资本主义精神的法律。《建筑物保护法》并未如后来的《借地法》《借家法》乃至《借地借家法》那样具有维护不动产利用人生存权、营业权之机能,但通过保护借地人的建筑物所有权,并赋予建筑物所有权对抗力得扩及土地利用权之上的做法仍然在一定程度上强化了借地权的效力,并在法制史上作为借地借家立法运动之起点,开启了借地法与借家法的时代①。

第三节　从《借地法》到《借地借家法》

　　肇始于启蒙时代的法典化思想于今日看来,其间浸淫的,乃是对理性的非理性崇拜与对自然法信仰的坚定不移,如空前绝后的 1794 年《普鲁士邦法》的法条数整整 19000 多条,2500 页,订成 4 大册,规定极尽琐细之能事,有关杀婴条文就多达 115 条,以至于该法的主要起草人 Carl Gottlieb Svarez 甚至在题为 "法律能简短吗?" 的演讲中认为最好的状况是同时制定两部法律,一部简短,告诉人民如何行动,即作为行为规范,另一部则巨细靡遗,让法官受到完全之节制,即作为裁判规范,② 不过饶是如此,堪称事无巨细、包罗万象的《普鲁士邦法》在面对 "婚内强奸" 等特殊情形时,也呈现出力有不逮之状态。对法典的批判可从历史与发展两个维度展开,就历史维度而言,诚如德国历史法学巨擘萨维尼在《论立法与法学的当代使命》之 "在已有法典处,吾人所当何为" 一章中所言,"人们从《国法大全》中建构出一种自然法,而将其视为理性的直接表征。……他们认为,他们的法律概念和法律观点乃是纯粹理性的产物,其之如此行事,并非出于什么世俗的缘由,而是他们对于这些概念和观点的源起全然无知。当我们对于我们个体之于世界和历史的廓然大话之间的联系冥懵无知时,就必然会对我们思想的普适特性与原创禀赋产生虚妄的错觉。只有历史感才能保护我们祛除这一虚妄的错觉"③,民法典之创制不

---

①　铃木禄弥『借地法』(青林书院,1984 年) 23 页。

②　苏永钦:《寻找新民法》,北京大学出版社 2012 年版,第 4 页。

③　[德] 弗里德里希·卡尔·冯·萨维尼:《论立法与法学的当代使命》,许章润译,中国法制出版社 2001 年版,第 85—86 页。

仅在一定程度上阻却了历史性地理解法律的溯及路径，而且培养了一种不当的，以法典崇拜为特点的实证主义法律态度。而就发展的维度来看，早期民法典创立者们认为法典的创立已经得以穷尽市民社会生活的全部，一切民事皆得据法典而断之，如从《法国民法典》第 4 条以及第 5 条的条文来看，① 可以看出立法者们的冷酷而狂妄的逻辑：第一，法官不得拒绝裁判；第二，法官不得以造法的方式为裁判，而必须依据法典而为之。由前两个结论又可得出第三个结论，即为使法官不以造法的方式完成一切裁判，则法典必须涵盖一切需要裁判之情形。而作为后继者的《德国民法典》更是在概念法学的指导下，凭借无漏洞之教条（Lückenlosigkeit）、建构主义（Konstruktivismus）、颠倒方法（Inversionsmethode）② 三大理念成为一台冷酷的"法律计算机"，由此在民法学上构造了经典的"有效—遵守"命题，③ 即首先，民法典所构造的规则体系是有效的；其次，法官应当依据该有效规则体系为裁判。然而形而上的灰色理论在现实面前永远显得迟滞而苍白：随着实务的发展，理论界逐渐认识到法律漏洞的客观存在，④ 现代民法典，纷纷公开以立法方式赋予法官造法的权力，⑤ 司法对法典条文进行续造之实例已非鲜见，⑥ 立法者更是用大量单行的特别法不断补充民法典所不能涵盖或者已经不能适应的领域与情形，"在诸如劳动

---

① 《法国民法典》第 4 条规定："法官借口法律没有规定或者规定不明确、不完备而拒绝审判者，得以拒绝审判罪追诉之。"第 5 条规定："禁止法官采用确立规则的一般处分对其审理的案件作出宣告。"参见罗结珍译《法国民法典》，北京大学出版社 2010 年版，第 1 页。

② 吴从周：《概念法学、利益法学与价值法学：探索一部民法方法论的演变史》，中国法制出版社 2011 年版，第 45 页。

③ 熊伟：《问题及阐释：现代法之合法性命题研究》，中国政法大学 2012 年版，第 81 页。

④ 黄茂荣：《法学方法与现代民法》，法律出版社 2007 年版，第 377 页。

⑤ 如《瑞士民法典》第 1 条规定"（一）凡本法在文字上或解释上有相应规定的任何法律问题，一律适用本法。（二）如本法无相应规定时，法官应依据惯例，如无惯例时，依据自己作为立法人所提出的规则裁判。（三）在前款情况下，法官应依据经过实践确定的学理和惯例。"参见殷根生译《瑞士民法典》，法律出版社 1987 年版，第 1 页。我国台湾地区"民法典"第 1 条规定"民事，法律所为规定者，依习惯；无习惯者，依法理。"参见王泽鉴《民法总则》，北京大学出版社 2009 年版，第 460 页。

⑥ 如德国法制史上的"积极侵害债权"制度、一般人格权制度等等，参见［德］莱因哈德·齐默曼《德国新债法：历史与比较的视角》，韩光明译，法律出版社 2012 年版，第 62 页；姚辉《人格权法论》，中国人民大学出版社 2011 年版，第 205—220 页。

法、城市与农村土地租赁法、知识产权法、保险法、运输法、竞争法、反垄断法以及消费者权益保护法等多种民法典的主题上面，异质的制定法领域获得了增长。这些法律并非仅仅作为对民法典的补充以便完善或者澄清民法典的具体规定；相反，它们打破了民法体系原有的统一，根据不同的原则构建起了'微观系统'的多元状态"①。与《建筑物保护法》不同，以《借地法》《借地借家法》为中心的以建筑物所有为目的之借地民事特别法，并非对民法典既有体系的补充，而是大规模的续造乃至修正，呈现出日本借地领域"解法典化"②的特点。

一　1921 年《借地法》的出台

（一）制定《借地法》之因由

《建筑物保护法》的制定在一定程度上解决了"地震买卖"的问题，并给予借地权一定的对抗力，但是对于借地权名义下的土地租赁权而言，《建筑物保护法》仅仅解决了对抗力的问题，以建筑物所有为目的之借地在理论上得以低至两三年的土地租赁形式出现，由此形成了借地期间短期化的社会问题，③ 同时，更为严重的问题在于，根据《日本民法典》的规定，土地所有权人享有土地原状恢复请求权，在土地租赁权届满后，土地所有权人得请求借地人除去建筑物，以便土地恢复借地前之状态，这对于借地人显然不利：其一，在土地租赁权届满之际，建筑物本身的寿命往往还没有届满，建筑物仍具有经济价值；其二，由借地人承担建筑物除去责

---

① ［秘鲁］玛利亚·路易莎·穆里约：《大陆法系法典编纂的演变：迈向解法典化与法典的重构》，许中缘、周林刚译，孙雅婷校，《清华法学》2006 年第 2 期。

② 根据迪埃斯-毕加索的观点，"解法典化是指法典之外的特别法律激增现象，它在民法典的统一体上造成了重大的裂痕"，人们已经认识到，在 20 世纪，在回应社会经济变化的过程中，由于特别立法从民法典所涵盖的法律领域中挪走了大量的内容，构建起了新的法律领域或者"微观系统"（microsystems），它们在思维方式以及方法论上都与原有的民法典结构有所不同，民法典因而面临着解法典化的趋向。此外，法官造法的成长造成了另一种解法典化的形式。为了将法典适用到新的情势，弥补漏洞，消除含义上的模糊性，以及为了处理法典中的空白，大陆法系的法院创造出了"学说"与"可适用的法律"。参见 ［秘鲁］玛利亚·路易莎·穆里约《大陆法系法典编纂的演变：迈向解法典化与法典的重构》，许中缘、周林刚译，孙雅婷校，《清华法学》2006 年第 2 期。

③ 日本の土地百年研究会 ＝（财）日本不動産研究所 ＝（株）都市環境研究会『日本の土地百年』（大成出版社，2003 年）61 頁。

任则其负担不可谓不沉重，自利益衡量角度观之，土地所有权人与借地人之间显有利益失衡之处。故又学者认为应对短期土地租赁予以强行法上的限制，在借地权期间约定过短时，无视约定，而径行以法定期间确定借地期限。① 不过也有学者认为，限制短期借地期间之约定乃是对契约自由的蹂躏，故持反对意见，此种见解在一定程度上推迟了借地特别法的出台。② 经过长期争论，处于解决借地权存续期间、借地期间届满之后的处理等问题，日本于大正十年（1921 年）制定颁布了《借地法》。③

（二）《借地法》的主要内容

《借地法》初始有 18 个条文，此后又根据实务发展之需要而多有修正，而增至 36 条，但形式上仍维持 18 个条文的框架结构，增加的条文多以 "第 X 条之 X" 的方式增设于法律文本中。④ 从整体上看，《借地法》乃属实体法与程序法并存的法律，其第 1—13 条规定多为实体法规定，涉及借地权的定义、存续期间、更新、对抗力等内容，而第 14 条之后的内容多为程序法规定，涉及裁判所替代承诺制度等内容。该法体系化程度不高、内容亦十分繁杂，体现出强烈的政策性格。1921 年《借地法》的主要内容分述如下。⑤

《借地法》第 1 条开宗名义地定义了借地权之概念，明确规定借地权是以建筑物所有为目的的地上权以及租赁权，从而在以建筑物所有为目的之范围内取消了地上权与土地租赁权之间的区别。⑥ 而其第 2 条则在区分坚固建筑物与非坚固建筑物的基础上，分别规定了坚固建筑物之 60 年法定存续期间与其他建筑物之 30 年法定存续期间，同时又在第 2 款规定，倘若当事人依合意约定的借地权存续期间在坚固建筑物场合超过 30 年，

---

① 鈴木禄弥『借地法』（青林書院，1984 年）24 頁。

② 同上。

③ 稲本洋之助＝小柳春一郎＝周藤利一『日本の土地法—歴史と現況—』（成文堂，2009年）30 頁。

④ 参见沈宏峰《日本借地权制度研究》，上海社会科学院出版社 2011 年版，第 164—169 页。

⑤ 《借地法》的主要内容可参考水本浩＝遠藤浩＝田山輝明『基本法コンメンタール借地借家法』（日本評論社，2009 年）147—267 頁以及沈宏峰《日本借地权制度研究》，上海社会科学院出版社 2011 年版，第 164—169 页的《借地法》汉语翻译文本。

⑥ 鈴木禄弥『借地法』（青林書院，1984 年）27 頁。

或者在其他建筑物场合超过20年的，则不受第1款规定的限制，借地权可以在约定期间届满之后消灭。此举一方面乃是规制短期借地，另一方面亦是对主张契约自由者妥协的产物。

该法第3条则规定了借地权性质推定制度，即若没有约定借地上建筑物的种类和构造的，则该借地权会被推定为以非坚固建筑物所有为目的而设立的借地权。而第4条则规定了意义深远的借地权更新制度，即为满足借地期间届满之后借地人的用地需求，《借地法》允许借地人向贷地人提出更新请求，以借地上存在建筑物为限，可得令借地权以前一借地契约之条件为条件而再次设定，不过土地所有人自身有土地使用必要并且立即表示异议的，不在此限。由此可知，借地人也并非一定能够获得借地权更新的法律效果，故而第4条第2款规定，借地权人在契约没有获得更新的情况下，有权请求贷地人以时价购买建筑物和其他因借地权人的土地权原而附属于土地的物件，以便借地人能够收回投入土地的资本。此举一方面令借地人得收回资本，另一方面贷地人亦得利用建筑物，从而避免令借地人履行建筑物收去义务而造成了利益失衡及资源浪费的不利局面。同时，为赋予借地权更新以确定性，《借地法》没有采用民法典上规定不定期租赁的方式为更新后的借地权设定不定期间，而是在第5条规定借地权更新后的期间，在坚固建筑物的场合为30年，在非坚固建筑物的场合为20年，从而令借地权存续期间呈现长期而稳定的特点，对于借地人而言十分有利。第6条则规定了借地权默示更新制度，即借地权人在借地权消灭后继续使用土地的，土地所有权人没有毫不迟滞地表示异议的，则视为以与原借地契约条件相同之条件再次设定借地权，法定更新与行使更新权在法律效果上具有一致性。第7条则规定了借地权的法定更新制度，即在借地权消灭以前建筑物已然灭失者，土地所有权人若对借地人建造超过剩余期间的建筑物没有立即表示异议的，借地权自建筑物灭失之日起重新计算存续期间，在坚固建筑物的场合为30年，在非坚固建筑物的场合为20年。

该法第9条规定了临时性借地，第10条则特别规定，在借地权为租赁权的场合，倘若出租人对于土地租赁权的转让或者转租不予承诺的，则买受人得以市价请求出租人购买建筑物以及其他因借地权人的权利而依附于土地的附属物。此项规定乃是针对民法典第612条的规定而特别做出的变通性规定。《日本民法典》本在第612条规定承租人未经出租人同意而让渡租赁权或者将租赁物转租的，出租人有权解除租赁契约，① 由此令借地权名义下的土地租赁权人并无转让租赁权与转租的自由，这一方面极大地限制了土地租赁权人的交易自由，另一方面也贬损了土地租赁权的财产价值。出于将土地租赁权地上权化之考虑，为增加土地租赁权的效力，故设置第 10 条，用经济压迫的方式促使贷地人被动地、不得已地同意承租人转让租赁物或者将租赁物转租。②

《借地法》第 11 条规定了借地契约约定制限制度，即规定，倘若借地人与贷地人约定的借地条件违反第 2 条等特定法律，不利于借地人的，则视为没有约定，即这些约定对借地人没有法律效力，同时，借地契约仍维持效力。第 12 条则规定了当事人的地租增减请求权，即在土地价格高企或者低迷等情势下，借地人有权依情势而请求减少地租，贷地人有权依情势而增加地租。因借地期间较长，故而常出现地租因经济情势之变化而出现较借地权设定时而言对一方不公平的情况，③ 而设置地租增减请求权则可以解决这一利益失衡问题。

该法第 13 条规定了土地所有权人或者出租人的先取特权，不过该优先权限于已届清偿期的最后两年的地租或者租赁费，而优先权的作用对象为借地人于借地上的建筑物。先取特权是日本法上的一种担保物权，其在性质上类似于法国法上的优先权，指"依其种类，法定特殊摘取可在债务人的总财产、特定的动产或特定的不动产之上，优先于其他债权获得清偿的担保物权"④，故贷地人能够在特定情况下对建筑物行使优先权而从建筑物变价款中优先受偿，不过根据《借地法》第 14 条的规定，该先取特权的顺位在共益费用、保存不动产及不动产施工的优先权以及在地上权或者租赁权登记前被存在的质权和抵押权之后。

第 15—18 条为附则，规定了《借地法》的适用时间与范围，第 17 条第 1 款统一了在《借地法》施行前的以建筑物所有为目的的地上权或者

---

① 我妻栄＝有泉亨＝清水誠＝田山輝明『我妻・有泉コンメタール民法—総則・物権・債権—』（日本評論社，2010 年）1124 頁。

② 沈宏峰：《日本借地权制度研究》，上海社会科学院出版社 2011 年版，第 9 页。

③ 稲本洋之助＝小柳春一郎＝周藤利一『日本の土地法—歴史と現況—』（成文堂，2009年）31 頁。

④ ［日］我妻栄：《我妻荣民法讲义Ⅲ　新订担保物权法》，申政武、封涛、郑芙蓉译，中国法制出版社 2008 年版，第 45 页。

租赁权期间在坚固建筑物场合为 30 年，在其他场合为 20 年，同时扣除已经经过的期间，且在第 17 条第 3 款明确规定第 17 条第 1 款不适用于一时借地权，即明显是以临时设定或者其他为了临时使用而设定的地上权以及土地租赁权。

（三）1921 年《借地法》的性格

按照铃木禄弥的说法，大正十年颁行的《借地法》具有两大突出性格，即建筑物保护与借地人保护。

1. 建筑物的保护

《借地法》突破旧有民法典体系而为地上权与土地租赁权统一设置了建筑物所有领域的法定存续期间，且设定了十分有利于借地人的更新制度与建筑物买取请求权制度，故而令建筑物得以长期存续于土地之上，而不至于因借地期间的短小而在使用寿命内招致被迫拆毁之命运，这使得在建筑物保护方面，《借地法》与《建筑物保护法》具有连续性。[1]

2. 借地人的保护

借地人保护的思潮肇始于对所有权概念的反思，如《德国民法典》早年将所有权定义为以不妨害第三人权利为限，任意支配物并得排除他人干涉的权利，但随着社会主义、福利主义、社会连带主义思潮的影响，自魏玛宪法开始，到现今《德国基本法》第 14 条，均明文规定"所有权负有义务"，所有权之行使须符合社会的福祉，[2] 从自私法角度观之，有必要对借地人权益予以特别关照。且依铃木禄弥之见解，仅仅从建筑物保护的角度展开借地法也是不可能的，倘若仅仅基于防止尚有使用寿命之建筑物因借地期间届满而被拆毁的理念而设计借地法，则借地法更像是一种规制型公法，而非私法特别法，但事实上《借地法》仍然维持了其作为私法特别法的特征，《借地法》之建筑物保护，其趣旨也在于保护与地主对立的借地人之权利，故本质上乃是所谓尊重地主与借地人"真意"的一种法律上的拟制。[3] 在具体的制度设计上，复杂多样的更新制度，如更新权更新、法定更新和默示更新，稳定而长期的法定存续期间、建筑物买取

---

① 铃木禄弥『借地法』（青林書院，1984 年）27 頁。

② 田中英司「ドイツにおける民法上の所有権の概念・内容と、所有権と不動産利用権との法的関係」*The Seinan Law Review*，Vol. 37，NO. 4，2005.

③ 铃木禄弥『借地法』（青林書院，1984 年）33—34 頁。

请求权的设置等令借地人既能长期而稳定地使用土地，又得以在借地权消灭时收回其投入之资本，① 从而得以获得建筑物以时价为基础之对价，而不至于根据民法典之规定不但负担除去建筑物之义务，且建筑物之价值亦随之消灭的不利局面，全面维护了实借地人在借地上的利益，从而在一定程度上将土地租赁权塑造为类似于地上权的一种类物权，与地上权的最大差异仅体现在可否自由转让上，② 故当时法学界多有将《借地法》视为社会法的倾向，不过不可否认的是，《借地法》乃是对借地人的无差别一体保护的法，借地人中多为具有一定经济实力的资本家及中产阶级人士，当然也有大量需要依靠《借地法》以保障生活的人，故私见以为《借地法》的性格较社会法为远，而较私法为近。诚如铃木禄弥所言，《借地法》对契约自由予以限制的主要目的还是在于建筑物保护及借地人投入资本的回收，③ 而非纯粹为保护借地人的弱者利益。

二　1941 年《借地法》之修正

自 1931 年 "九·一八" 事变后，日本逐渐走上对外军事侵略扩张之路，国内物资变得相对匮乏，借地领域立法为适应所谓战时体制也相继颁行了《地租房租统制令》等特别法，以解决战时住宅不足所引起的地租、房租激增的问题，④ 同时，为适应时世的变迁，《借地法》也在 1941 年进行了修正。

1941 年《借地法》的修正主要体现在更新制度方面，此次修正首先将 "正当理由" 作为正式法律概念规定入了《借地法》当中，在第 4 条第 1 款规定 "在土地所有人有使用自己土地的必要的，有其他正当事由的，并且立即表示异议的" 情况下，土地所有人方得拒绝借地人的更新请求。"正当理由" 的引入极大地限制了土地所有人阻却借地权更新的能力，并且配合当时的裁判所偏向保证借地人居住、营业安定性的司法倾向，极大地维护了借地人的权益，恰如学者内田胜一所言，"这个时期的借地借家法学以在住宅供应困难中生存的国民的共感为背景，以宪法中的

---

① 铃木禄弥『借地法』（青林书院，1984 年）27 頁。

② 同上书，第 36 页。

③ 同上。

④ 同上书，第 39 页。

生存权的规定为立法思想的立脚点，强调了借地借家人的保护的社会属性"①，不过铃木禄弥则认为"从并未抑制贷地所有权之使用价值的方面来看，借地法上的社会法理念并未得到充分贯彻。故而还是不可否认修正的借地法具有不完全的社会法机能"②。不过客观来说，引入"正当理由"对于借地法制的意义异常巨大："正当理由"设置了一道门槛，为借地人保有更新利益构筑了一道抗辩防线，以抵御借地期间届满后贷地人收回土地的主张，其"随同1966年的有关借地权的财产给付的修正条文一道组成了更新权制度的基石"③。

三　1966 年《借地法》之修正

（一）修正之缘由

日本第二次世界大战战败后，被迫实行国民经济"非军事化"政策，④将注意力由军事侵略转为国民经济建设，由此促成了日本战后经济的繁荣，据统计，在 1956—1973 年的 18 年间，日本国民经济的年平均增长率为 9.7%，而 1966—1970 年的 5 年间平均增长率更是高达 11.6%，⑤在借地领域也出现了许多新气象，如将借地权进行担保而取得建造建筑物的资金，将木质结构的建筑物改建为具有防火功能的坚固建筑物等。⑥虽然在这一时期，二战前的住宅绝对紧张问题已经得到消解，但是越来越多的日本国民基于其中产阶层的市民意识而越来越希望能拥有属于自己的住宅，故日本政府也出台了相关的扶持政策，即"持家政策"⑦，以便能让更多的日本国民能拥有自己的住宅，并可得长期而稳定地使用之。在此背

---

①　［日］内田胜一：《借地借家法制》，《法学家》第 1073 号，第 123 页，转引自沈宏峰《日本借地权制度研究》，上海社会科学院出版社 2011 年版，第 9 页。

②　"貸地所有権の使用価値的側面が抑えられなかったことは、借地法における社会法的理念の貫徹の不充分さを意味するとはいえる。それにしても、改正借地法が不完全ながら社会法の機能を営んだことは、否定できない。"鈴木禄弥『借地法』（青林書院，1984 年）44 頁を参照。

③　沈宏峰：《日本借地权制度研究》，上海社会科学院出版社 2011 年版，第 9 页。

④　刘咏华：《战后美国对日经济民主化政策与日本经济的重建》，《现代日本经济》2007 年第 2 期。

⑤　尹小平：《日本经济高速增长的得与失》，《现代日本经济》2007 年第 1 期。

⑥　沈宏峰：《日本借地权制度研究》，上海社会科学院出版社 2011 年版，第 9 页。

⑦　鈴木禄弥『借地法』（青林書院，1984 年）49 頁。

景下，《借地法》的修正被提上了议事日程。

（二）《借地法》的修正与论争

1956 年，以我妻荣教授为中心的法制审议会民法财产法小委员会的部分成员组成了借地借家法改正准备会，并在 1957 年 5 月发表了《借地·借家法改正的问题点》，1959 年 12 月发表了《借地借家法改正要纲试行案》，并最终于 1960 年发表了《借地借家法改正要纲案》，该草案之主旨在于对《借地法》与《借家法》作出全面修正，[①] 并提出了宏大的"借地权物权化·裁判所参与扩大化"构想。[②] 该草案认为修正之趣旨在于：第一，现行《借地法》与《借家法》与现实之社会情事不符，纠纷解决不利；第二，应当制备有关土地建筑物使用高度化的相关规定；第三，增进借地权之于金融融资的便利；第四，对《罹灾都市借地借家临时处理法》的再检讨。[③]

该要纲的主要内容为：第一，借地权创设为物权，将借地权设定为在他人所有之土地上所有工作物的权利，借地权得准用地上权的规定；第二，承认土地上下之一部分的借地权（即部分借地权）；第三，借地权的让渡，原则上得自由为之；第四，借地权存续期间届满之际，土地所有权人主张借地权消灭的，必须说明其正当理由，且该消灭请求问题由裁判所解决之；第五，废止建筑物买取请求权制度，借地权消灭后，借地上的工作物归土地所有权人所有，同时土地所有权人须向借地人支付对价；第六，土地所有权人的借地权消灭请求之理由为对借地人义务违反行为之列举的，该消灭请求由裁判所裁决之；第七，未为登记的借地人原则上得对抗恶意第三人；第八，土地所有权人得为自己设定借地权（自己借地权），或者借地人得再为他人设定借地权（转借地权）。[④]

该要纲的内容丰富，体现了日本法学界意欲对借地法制进行全面改正的决心，不过要纲发表之后，社会上的反映褒贬不一，尤其是将借地权物权化与赋予借地权让与自由两点遭到了土地所有权人阶层的强烈反对，故在经历了一番踌躇与妥协之后，法制审议会于 1964 年草拟了《借地法等部分改正法

① 鈴木禄弥『借地法』（青林書院，1984 年）50 頁。

② 稲本洋之助＝小柳春一郎＝周藤利一『日本の土地法－歴史と現況－』（成文堂，2009年）31 頁。

③ 川島一郎「借地借家法改正準備会のこと」法律時報資料版四号五頁、鈴木禄弥『借地法』（青林書院，1984 年）50 頁を参照。

④ 鈴木禄弥『借地法』（青林書院，1984 年）51 頁。

律案》，并于 1966 年将该草案作为借地改正法予以施行。[1] 较之于《借地借家法改正要纲案》而言，《借地法等部分改正法律案》有了很大的妥协色彩，如该法案没有承认自己借地权，也没有承认借地权让与自由，同时作为妥协性的产物，将裁判所介入作为平衡手段，设置了替代承诺制度，即增设第 9 条之 2，规定借地权人将以租赁权为目的之土地上的建筑物让与第三人的，虽该第三人取得借地权或者获得转借地权对出租人并无不利，但是出租人不肯承诺转让或者转租的，裁判所得依借地权人之申请而给予代替性承诺，[2] 即裁判所之裁判具有替代民法典第 612 条所定之出租人承诺的功效。不过这种带有浓厚妥协色彩的改革普遍被认为是一种失败，常常为人所诟病。[3]

不过总体而言，此次修正仍然有两大成果：其一，原则上肯定了借地权的物权化立法方向；其二，将借地权的让与问题定性为非讼事件，引入裁判所居于出租人与借地人之间为公平裁判，用裁判所之替代承诺代替出租人的真正承诺，在一定程度上增强了借地权的可流通性。不过要将借地权改造为具备物权属性的权利，核心仍在于对借地权之权利任意处分性的承认，[4] 故《借地法》改正的实效与要纲所要求的物权化目标仍然很有距离。

四 1991 年《借地借家法》的颁布

随着实务的发展，日本立法者与学者发现强行将借地权设计为物权会产生一系列的弊端，如滋生诸如权利金、更新费等原本在法律中没有规定的非地租对价，以及宏观上借地供给量的减少。随着日本泡沫经济于 1991 年发展到顶峰，[5] 借地权本身的价格已经高到了令人咋舌的地步，将借地权进一

---

① 鈴木禄弥『借地法』（青林書院，1984 年）52 頁。

② 水本浩＝遠藤浩＝田山輝明『基本法コンメンタール借地借家法』（日本評論社，2009 年）211 頁。

③ 沈宏峰：《日本借地权制度研究》，上海社会科学院出版社 2011 年版，第 10 页。

④ 同上书，第 18 页。

⑤ 日本的房地产泡沫始于 1986 年。从名义水平来看，1991 年最高峰时全国平均地价比 1985 年增长 61.5%，其中同期商业地价增幅更高达 80.9%；东京、大阪等六大都市的地价增速更快，其中六大都市平均地价 1991 年比 1985 年增长 207.1%，商业地价同期更是增长达 302.9%。考虑到 1985—1991 年日本的通货膨胀水平很低，因此其地价的实际增速与名义水平相差不大；从土地价值来看，1990 年年末的全国土地市值为 2365 万亿日元，为日本当年名义 GDP 的 5.5 倍，相对于 1986 年的 1257 万亿日元，为当年 GDP 的 3.75 倍，增幅达 88%。其泡沫程度的严重性可见一斑。参见王雪峰《日本房地产泡沫与金融不安全》，《日本研究》2007 年第 1 期。

步物权化的方案遭到了土地所有权人的强烈抵制，同时学术界也开始反思，学者们发现，传统理论中的借地人的典型形象乃是处于弱者地位的，尤其以住宅型建筑物所有为目的而借地的借地人，尤其借地权物权化也多以保护弱者利益，维持社会安定性为主要论据，不过随着日本经济的发展，借地人的结构构成上发生了较大变化，即借地人中也多有资本家，① 作为借地人的资本家可能较土地所有权人在经济实力上更为雄厚，其得以强大的资本所有权支配土地所有权，② 因此对这一类借地人仍然给予物权性的强大保护是否得当在理论上具有极大争议。而学者泽野顺彦更是提出了《借地法》自 1966年修正后所面临的几大问题，包括：第一，借地权价格的发生，即随着日本地价的高企，因借地权本身的物权性格与借地权让与的相对容易化，是借地权具有了财产价值，从而在市场上具有被价格表征的特点；第二，地租的低廉化，与借地权价格高企形成鲜明对比的是，贷地人从借地人处所获得的地租则显得过少，虽然贷地人得行使地租增加请求权，以求裁判所增加地租，但通过司法方式完成地租的增加始终显得费力而迟滞，故贷地人只好通过更新费、权利金等额外形式弥补地租之不足；第三，正当理由的严格化，在1941 年《借地法》引入"正当理由"制度之后，裁判所逐渐形成了重视借地权安定性的共识，③ 以至于"对于土地所有权人来说，一旦将土地借出就无法收回了，形成了借地权就是半永久性权利的观念"④，这对于土地所有权人是十分不利的；第四，借地关系多样化，其中以建筑物区分所有为典型；第五，各种借地权对价，如更新费、权利金的发生；第六，纠纷解决的困难；等等。⑤ 故立法者认为，有必要随时代之变迁而对借地法制作出重大修正，并于 1991 年颁行了统一《借地借家法》。

（一）《借地法》《借家法》与《建筑物保护法》之一体化

1991 年的《借地借家法》最大特点在于将原有的《借地法》《借家法》以及《建筑物保护法》做了统一，《借地借家法》附则第 2 条明文规定，

---

① 鈴木禄弥『借地法』（青林書院，1984 年）36 頁。

② 青木孝平「近代的土地所有論と地代法則—法学原理論・序説」早稲田法学誌 30 巻（1979 年）85 頁以下を参照。

③ 沈宏峰：《日本借地权制度研究》，上海社会科学院出版社 2011 年版，第 13 页。

④ ［日］水本浩、远藤浩：《基本法评注——新借地借家法》，日本评论社 2003 年版，第 67页，转引自沈宏峰《日本借地权制度研究》，上海社会科学院出版社 2011 年版，第 13 页。

⑤ 澤野順彦『借地借家法の現代展開』（住宅土地を新報社，1990 年）17 頁。

《建筑物保护法》《借地法》和《借家法》废止,① 不过考虑到借地权存续时间长,倘若一概适用新法将造成借地纠纷滋生,继而动摇社会稳定,故《借地借家法》附则又不厌其烦地将新法施行前成立的借地权排除在新法的使用范围之外,原借地权仍旧适用《借地法》等法律,② 考虑到借地权的长期性,故可以说《借地法》《建筑物保护法》在较长时间范畴内均属借地领域之现行法。

不过从《借地借家法》本身的设置体系来看,是否有必要统一则存在一定疑问,《借地借家法》分为总则、借地、借家、借地条件的变更等裁判程序以及附则五个部分,从总则的设置来看,除第 1 条规定《借地借家法》适用于建筑物租赁以外,总则的第 2 条"定义"中出人意料地只对借地中的权利及借地关系各方当事人,包括借地权人、借地权设定人、转借地权人做了定义性规定,而完全没有涉及借家,第 4 部分"借地条件的变更等裁判程序"也是从借地角度做的详尽规定,故给人的感觉是将《借地借家法》中的借家部分径行抽离后,该法也能显得十分完整,从而体现出《借地借家法》之统一并无太大实益。关于这一问题,日本学界分为两派,一派大力赞扬新法的统合性,认为《借地借家法》朝着法制统一之方向前进了一大步,③ 另一派则认为,三部法律的统合只是形式上的,《借地借家法》中的借地、借家仍然是分立的,没有统一的必要性,其是否具有实益令人怀疑,不过徒增借地人之负担而已,④ "至于指定法律的阶段,借地借家法学已然失却了思考的余地,只是获得了丧失理论根据的评价"⑤。基于前述理由,私见以为,《借地借家法》确实没有统一的必要,借地与借家在多处均存在不同,最为明显的不同在于借家人只是纯粹的建筑物租赁人,⑥ 其对建筑物基地没有任何直接利益,而借地人却拥有借地上建筑物的所有权,故通常借地人与贷地人之间的利益纠葛较家主与借家人而言更为复杂,因此

---

① 稲本洋之助=澤野順彦『コンメタール借地借家法』(日本評論社,2010 年)335 頁。

② 同上书,第 342 页以下。

③ [日]寺田逸郎:《新借地借家法施行的到来》,《法学家》第 1006 号,第 8 页以下,转引自沈宏峰《日本借地权制度研究》,上海社会科学院出版社 2011 年版,第 10 页。

④ 沈宏峰:《日本借地权制度研究》,上海社会科学院出版社 2011 年版,第 10 页。

⑤ [日]内田胜一:《借地借家法制》,《法学家》第 1073 号,第 123 页,转引自沈宏峰《日本借地权制度研究》,上海社会科学院出版社 2011 年版,第 10 页。

⑥ 矢島忠純ほか『全図解わかりやすい借家の法律』(自由国民社,2011 年)14 頁。

《借地法》与《借家法》并无绝对必要统一为一部法律。当然，借地借家法制的"法典化"一定程度上也有集中信息的好处，有利于不动产租赁领域法律的统一化。

（二）《借地借家法》借地部分的主要内容

《借地借家法》自第 3 条开始规定借地部分。第 3 条规定借地权的法定存续期间为 30 年，较之于《借地法》而言，废除了坚固建筑物与非坚固建筑物在法定存续期间上的区别，同时大大缩短了坚固建筑物借地权的法定存续期间，并且废除了《借地法》原本较为复杂的约定状态下借地权期间的计算方法，只是规定借地契约约定期间长于 30 年的，则从其约定。第 4 条规定了更新制度，不过将更新后借地权的存续期间下调为 20 年，第 5 条则基本上沿袭了《借地法》的更新权制度与默示更新制度，第 6 条在承袭《借地法》正当理由规定的同时，对正当理由予以了明晰化，明确将借地各方使用土地的必要性、借地之过程、土地的利用状况、借地权设定人收回土地的要件以及作为收回土地之对价借地权设定人给付给借地权人一定金钱之声明作为正当理由之具体类型，并且规定借地权设定人不被裁判所认可有正当理由收回土地时，不得表示异议。

该法第 7 条对借地权的法定更新做了一定程度的微调，除了将法定更新期间缩短为 20 年以外，还将借地权设定人之承诺增设为借地上建筑物灭失后借地权人新建建筑物的新要件，以抑制借地权人新建建筑物，同时为平衡双方利益，第 7 条第 2 款规定了默示承诺制度，即在借地权设定人收到借地权人新建通知之日起 2 个月内没有异议的，视为其已然承诺。该条亦规定转借地权人准用该规定。

该法第 8 条新设了借地权人在借地契约更新后建筑物灭失情况下的契约解除权，借地权人得于前述情况下解除租赁契约或者放弃地上权。而第 9 条则重申了《借地法》所规定的违反法律规定，对借地权人不利的特别约定无效之意旨。

《借地借家法》第 10—16 条集中规定了借地权的效力，第 10 条规定了借地权的对抗力，规定即使没有登记借地权，只要借地权人在土地上之建筑物已为登记，则可以建筑物之登记对抗第三人。该条基本上是《建筑物保护法》第 1 条之重申，而第 11 条则规定了地租与土地租赁费的增减请求权，同时又对增额的利息问题做了细致规定。第 12 条重申了《借地法》所设定的贷地人对借地人建筑物的先取特权，第 13 条亦重申了建筑物买取请求权，同时新设一项规定，即借地人未经借地权设定人承诺而在建筑物灭失后新建建筑物的，裁判所可得依借地权设定人之申请而许可延期支付建筑物对价的全部或者一部分。转借地权人亦如此。第 14 条重申了作为第三人的建筑物买受人在借地权让渡未获借地权设定人同意时的建筑物买取请求权。而第 15 条则最终承认了理论界讨论了多年的自己借地权，尽管该自己借地权以借地权设定人与他人共有该借地权为限。

《借地借家法》第 17—21 条规定了借地条件的变更诸情事，主要是关于裁判所介入借地纠纷中所起的各种作用，典型制度为替代承诺制度，该制度基本与《借地法》的规定相同。

《借地借家法》第 22—24 条乃是该法较之于《借地法》的最大创新点，即创立了定期借地权制度。定期借地权较之于普通借地权而言，特点在于：第一，法定存续期间长，普通定期借地权期间至少为 50 年，事业用定期借地权期间为 30—50 年；第二，没有更新效力，借地期间经过，定期借地权即告消灭；第三，定期借地权人不享有建筑物买取请求权。基于上述特点，该法分别在第 22 条规定了普通定期借地权，第 23 条规定了事业用定期借地权，第 24 条规定了附有建筑物让渡特别约定的定期借地权，以适应借地领域多样化的社会态势。此外，该法第 25 条也规定了一时的借地权，同时限制了一时借地权的规范适用空间，使之基本不适用借地权及定期借地权的规定。

（三）《借地借家法》上新借地权之性格

《借地借家法》上的借地权较之于《借地法》上的借地权而言，呈现出一系列的特点，包括：

1. 期间短小化

《借地法》上的借地权，尤其是坚固建筑物借地权，理论上的存续期间可以长至永久，即使借地人仅仅更新一次，坚固建筑物借地权的期间也长达 90 年，这对于贷地人来说实在是过于长久。《借地借家法》上的普通借地权法定存续期间仅为 30 年，没有坚固建筑物与非坚固建筑物之分，仅发生一次更新，其期间也仅有 50 年，且《借地借家法》的正当理由更为明晰，贷地人更容易主张自己拥有收回土地的正当理由，故而《借地借家法》上的借地权期间较《借地法》上的借地权而言缩短了很多；外加定期借地权并无更新效力，则总体上《借地借家法》中的借地权期间更显短。

2. 定期借地权化

定期借地权的设定实现了所谓"租赁权多样化"① 的口号，以回应日本社会经济条件的变迁。所谓的变迁主要体现在两个方面，其一，随着经济的发展，日本立法者与学界认为维持之前的借地权物权化思路不利于增加借地供应，有窒息借地经济发展之虞。故放弃对借地权的物权化改造，采用暧昧而务实的多样化方案，创设多样的借地权类型，供借地各方自由选择。其二，物权化的思路极大地损害了土地所有权人的利益，有失利益上的平衡。负有更新效力、建筑物买取请求效力的借地权对于土地所有权人而言是沉重的负担，故为减轻土地所有权人的负担，令其可得设定定期借地权，并于借地期间届满之后得以顺利收回土地，以维护土地所有权人的利益；同时为平衡借地双方利益，定期借地权期间长于普通借地权期间，以便让定期借地权人得在相对较长的期间内实现对土地的稳定使用。总之，《借地借家法》上的借地权尽管在性质上更加难以分辨，难以将之归入物权或者债权的任何一方，但在应对日本复杂的借地实务方面，更加具有适应能力。

---

① 水本浩＝遠藤浩＝田山輝明『基本法コンメンタール借地借家法』（日本評論社，2009年）6頁。

第三章

借地权的取得

根据《日本民法典》《借地借家法》《借地法》《建筑物保护法》等法律的规定,当事人取得借地权的方式有二:其一为依契约而取得,其二为依法律规定而取得。兹就借地权的取得方式展开下述论述。

第一节 依契约而取得的借地权

一 合意的方式与内容

(一)合意的方式

借地权人(又称借地人[①])与借地权设定人(又称地主[②])订立借地契约依《日本民法典》第521条之规定,于双方意思表示达成合意时即告成立,[③]即借地契约可依单纯合意而成立之,不以特定方式为必要。[④]通常情形下当事人双方应以明示方式订立借地契约,不过以判例也承认依默示方式而得以成立借地契约。[⑤]此一规则为借地权名义之土地租赁权与

---

① 山本敬三『民法講義Ⅳ—1 契約』(有斐閣,2005 年)553 頁。

② 同上。

③ 石外克喜『契約法』(法律文化社,1991 年)65 頁。

④ 鈴木禄弥『借地法』(青林書院,1984 年)191 頁。

⑤ 如在合伙中,合伙人之一员于共同事业基础上附加了一项事业用土地使用要求,则该合伙人之一员使用其他合伙人的土地及建筑物且其给付使用金是以地租名义进行的,则应认为当事人之间以默示方式订立了有关土地或者建筑物的租赁契约。参见東京高判昭 32·1·14,转引自鈴木禄弥『借地法』(青林書院,1984 年)199 頁。

借地权名义之地上权所共同遵从（参见《日本民法典》第 176 条，日本在物权设定上采意思主义，物权的设定仅因当事人之意思表示即可发生效力）。

不过在实务中，出于方便交易的考虑，借地契约在日本民间多以标准契约书的形式通行于借地领域，不过有些契约书的部分内容有违强行法规定，且部分内容本身也欠缺合理性，因借地契约存续期间通常较为长久，因此在长期期间经过之后，之前依契约书所订立的借地契约内容多有不明确的地方，容易产生纠纷。就立法论而言，日本奉行契约自由主义，提倡市民的经济活动应在市场中以自由竞争的方式开展，① 因此借地契约原则上不应以强行法的方式明确规定其内容，不过日本也鼓励借地关系双方积极采用由日本官方或者半官方性质机构所出台的模范借地契约书，以规范借地契约的内容。②

（二）合意的内容

通常借地契约的内容包含以下条目：第一，权利形式，即借地权是选择地上权还是选择土地租赁权的形式设立。第二，标的物，即借地契约所涉及之土地。第三，地租额度、地租的支付时间及方法（当然，在借地权为地上权的场合，借地权人取得地上权依《日本民法典》第 266 条、第 268 条之规定可能是无偿的，此时无地租条款）。第四，土地上所修筑建筑物之性质，在《借地借家法》出台前，因《借地法》依建筑物性质的不同而将建筑物区分为坚固建筑物（如混凝土建筑物）与非坚固建筑物（如木制建筑物）而规定坚固建筑物借地权存续期间为 30 年，其他建筑物借地权存续期间为 20 年，③ 故借地契约通常会约定建筑物的性质以便明晰借地权的存续期间，不过 1991 年《借地借家法》不再区分坚固建筑物与非坚固建筑物，而统一规定借地权存续期间为 30 年，④ 从而实现了对所有建筑物一视同仁之保护；尽管如此，在借地契约中注明建筑物之性质也作为习惯保留了下来。第五，借地的期间，即借地契约的有效期间。当然，借地契约在不具备上述 5 大要件的情况下，也并不导致其无效，如当

---

① 山本敬三『民法講義Ⅳ—1 契約』（有斐閣，2005 年）17 頁。

② 鈴木禄弥『借地法』（青林書院，1984 年）192 頁。

③ 水本浩＝遠藤浩＝田山輝明『基本法コンメンタール借地借家法』（日本評論社，2009 年）164 頁。

④ 稲本洋之助＝澤野順彦『コンメタール借地借家法』（日本評論社，2010 年）3 頁。

事人未对借地权权利形式达成合意的，通常认定当事人之间成立土地租赁契约，对借地契约有效期间未达成合意的，则直接适用法定最低期间。[①]不过对标的物与地租方面未达成合意的情形不可作此类推。

第一，当借地契约双方当事人未就标的物达成合意时，即意味着以借地为目的之土地尚未特定时，司法判例认为于借地契约为特定土地之未定一部分或者借地权设定人拥有多块满足借地目的之土地的情形，则应认为作为承租人的借地权人请求出租人交付土地为使用收益的债务为选择债务，[②] 借地权人有权行使选择权以便使标的土地特定化。不过在土地尚未特定情形下均赋予借地权人选择权可能有失公平，例如土地所有权人拥有数块满足借地目的之土地但因各块土地区位不同，故而地租额度亦各个不同；然许以借地权人自由选择，则有使土地所有权人蒙受地租损失之虞。日本学者铃木禄弥认为在此种情形下不妨将土地未特定化之选择债务类推为种类之债，进而适用《日本民法典》第 401 条，即土地所有权人只需给付中等品质的土地以供借地权人使用即可，因此借地权人的选择权应受《日本民法典》第 401 条的限制。[③]

第二，当借地契约双方当事人未就地租额度达成合意时，倘若不能认定当事人就借地契约达成无偿合意的，则应认为有效成立租赁契约，且即使日后并未达成有关地租的补充协议，借地契约也并不因此而转化为使用借贷契约。[④] 不过在借地契约有效成立之后，一方面并未达成地租协议，另一方面土地使用人也未支付地租的场合，借地一方主张先前借地契约为使用借贷契约，似有可解释余地；不过倘若借地一方并未主张借地契约转化为使用借贷契约，贷地一方不得以借地契约已经转变为使用借贷契约而主张借地契约不适用《借地借家法》《借地法》等特别法。[⑤]

除上述提及的借地契约的一般内容外，借地契约通常还会对一些事项作出特别约定，如借地契约解除权特别约定，禁止借地权人未经贷地人承诺让渡借地权或者将土地转租的特别约定，借地契约终止后迟延交还土地之迟延履行违约金的特别约定，禁止增建、改造建筑物的特别约定，权利

---

① 铃木禄弥『借地法』（青林書院，1984 年）193 頁。
② 最判昭 42・2・23 民集 21 卷 1 号 189 頁。
③ 铃木禄弥『借地法』（青林書院，1984 年）194 頁。
④ 東京高判昭 40・5・2 七判夕 180・127 頁。
⑤ 铃木禄弥『借地法』（青林書院，1984 年）194 頁。

金的特别约定，等等。①

（三）特殊合意形式

1. 自他种土地利用关系转换为借地关系

倘若当事人之间以前便存在一个土地利用关系（如土地使用借贷关系、无偿的地上权关系），则当事人依合意约定该土地利用关系以建筑物所有为目的，且由无偿使用转变为有偿使用，则亦可认定当事人之间成立借地契约。此种变更在当事人之间欠缺明示合意的场合下亦存在，例如借地人在借地上修筑建筑物，土地所有权人长年累月对此状态持默认态度，且收下了借地人按期送来的租金却未有明确言语表示的，应认为当事人双方以默示方式完成了该土地利用关系向借地关系的转变。

由他种土地利用关系转变为借地关系在性质上系属契约内容的变更，不过显然两者不具有同一性，因此这种由一个契约关系转变为另一个契约关系的现象应属罗马法上所称之债的更新（novatio），即通过要式契约设立新的债关系借以取代并消除旧的债关系。② 日本民法称债的更新为债务更改，乃指当事人变更债务要素以消灭债务，并创设新债务的契约；③ 上述由他种土地利用关系转变为借地关系的情形中，符合债务更改的构成要件（更改前债务存在、新债务的成立、债务要素变更④），发生日本民法上债务更改所引致的法律效果（如旧债务担保的消灭、旧债务抗辩权的消灭等，但也有例外⑤）。

2. 依裁判上的和解与调解而成立的借地关系

当事人亦得依裁判上的和解与调解而取得借地权，此为《民事诉讼法》相关条文所许应，不过学理上有一点还应予以澄清：当事人因裁判上的和解或者调解而达成有关借地关系的合意，但其中却存在私法·民法意义上的无效、可撤销原因的，是否可以依据私法条款主张和解或者调解中的合意无效？

---

① 不动産法実務研究会『最新版借地借家の法律常識』（日本実業出版社，2011 年）56—57 頁。

② ［意］彼得罗·彭梵得：《罗马法教科书》，黄风译，中国政法大学出版社 2005 年版，第245页。

③ 中田裕康『債権総論』（岩波書店，2011 年）404 頁。

④ 同上书，第406—407 頁。

⑤ 同上书，第408 頁。

　　日本民事诉讼法学者兼子认为裁判上的和解或者调解本质上系属诉讼行为，依据民事诉讼法，生效的和解与调解将发生既判力，[①] 依民事实体法规范主张和解或者调解无效的，应当解释为对和解或者调解既判力的阻却，[②] 不过从日本判例角度分析，这种解释无疑是非常片面的，其几乎只注意到了和解或者调解上合意的民事诉讼法属性。日本大审院认为，裁判上的和解或者调解具有诉讼行为与私法行为双重性格，其作为私法上契约的内容当然得直接适用民法。[③] 私见以为，所谓依裁判上之和解与调解而达致的借地合意，其实质乃是于诉讼阶段当事人依意思自治原则就借地实益所订立的借地契约，和解或者调解只是该借地合意的外衣，甚至只是该借地契约产生之特殊时间段（诉讼期间）的一大表征，并非该借地合意的实质，因此依实体法主张于和解或者调解中达成的借地合意无效或者可撤销乃私法规范效力的直接着力，而非借助于依靠民事诉讼法上既判力之阻却而间接发生民法上借地合意之无效与撤销法律后果，故而日本实务界的理论更具有说服力。

（四）合意内容的限制

　　日本虽然总体上奉行契约自由原则，但根据《日本民法典》第 1 条 "私权必须适合公共福祉"[④] 之意旨，日本立法者从竞争保全、产业政策和社会三个层面展开了对契约自由原则的规制。[⑤] 具体可参酌表 3-1。

表 3-1　　　　　　　　　　　　　　　契约的规制

规制层面	规制目的	立法
竞争保全规制	确保公正之自由竞争	独占禁止法、不正当竞争防止法等

---

　　① 在日本民事诉讼上，终局判决一旦获得确定，该判决对请求之判断就成为规范今后当事人之间法律关系的基准，当同一事项再度成为问题时，当事人不能对该判断提出争议，不能提出与之相矛盾的主张，法院也不能做出与该判断相矛盾或者抵触之判断。这种确定判决之判断被赋予的通用性或者拘束力，就是所谓的既判力，又称实体的确定力。参见［日］新堂幸司《新民事诉讼法》，林剑锋译，法律出版社 2008 年版，第 472 页。

　　② 铃木禄弥『借地法』（青林書院，1984 年）196 頁。

　　③ 大判大 9・7・15 民録 26 号 983 頁。

　　④ 渠涛：《最新日本民法》，法律出版社 2006 年版，第 3 页。

　　⑤ 山本敬三『民法講義Ⅳ—1 契約』（有斐閣，2005 年）18 頁。

（续表）

规制层面	规制目的	立法
产业政策规制	对一定财货或者服务的适当给付进行直接规制	电气事业、通信事业、放送事业、金融业、建筑业、运输业等事业规制法
社会的规制	为矫正自由竞争给社会所带来的弊害而进行的直接规制	劳动者、消费者等特定主题之保护立法、卫生、环境的规制法

　　对契约自由进行规制的理论基础在于契约正义原则与人类共同体价值。自契约正义原则角度审视之，可知契约自由本身并非终极价值，其较之于契约正义更具工具色彩，毋宁称其为实现契约正义之工具，不过倘若契约自由之伸张引致违反契约正义之后果，此时则有必要通过契约规制以使契约自由回归正确的方向。① 而从人类共同体所遵奉的共同价值角度考量，契约自由应以这种共同价值为界限，换言之，契约自由之张扬也须遵守人类共同体之建基于其共荣价值之上的内在规范。② 此外，从维护弱者权益的视角观之，维持形式意义上的契约自由，对契约当事方之具体状况漠然处之，则有可能使社会、经济地位优越者借契约自由之名而行侵害弱势者权益之实的事件发生，故而契约的规制诚有必要。③ 但是自 20 世纪 80 年代以来，因规制主义盛行而导致立法者出台了大量规制法律法规，在一定程度上构成对契约自由的较大妨碍，因此契约规制缓和论亦就此而勃兴，主张在经济全球化的背景下最大限度地保障经济活动的自由，而对有可能阻碍经济自由的规制应尽可能废除。④

　　在借地契约领域，契约自由受到限制的主要原因在于借地人相对于贷地人的弱势地位。根据契约自由原则，当事人之间得任意约定不悖于强行法及公序良俗的内容，且合法有效的契约条款甚至拥有优先于法律而得到适用的效力，那么倘若贷地人利用自己作为土地所有权人的身份而迫使借地人最终订立于己不利的借地契约，尽管形式上该借地契约仍旧是双方意思表示一致的产物，但实质上更多地体现了贷地一方的单独意志，借地一

① 星野英一『民法論集・第 6 巻』（有斐閣，1986 年）201 頁。

② 山本敬三「書評：内田貴『契約の時代——日本社会と契約法』」法律時報 74 巻 11 号（2002 年）90 頁。

③ 山本敬三「契約関係における基本権の侵害と民事救済の可能性」田中成明編『現代法の展望—自己決定の諸相—』（有斐閣，2004 年）3 頁。

④ 山本敬三『民法講義Ⅳ—1 契約』（有斐閣，2005 年）18 頁。

方的自由意志受到了压制，而与契约自由所遵循的自由价值相悖。作为民事特别法的《借地法》第 11 条规定，契约条件违反第 2 条、第 4 条及第8 条之 2、第 9 条之 2（包括准用第 9 条之 4 的情形）以及前条的规定，不利于借地权人的，视为没有约定，① 即借地契约条款倘若对法定借地权期间、法定更新、借地条件变更借地权让渡与借地转租做出与这些法律规定不相吻合的约定，则这些约定对借地权人不生效力，换言之，也可认为法律并不认可当事人违反这些强行法规定所做出的约定是出于当事人之间的合意，即违反强行法之约定不包含为法律所承认的有效合意。不过究竟何为"对借地权人不利"则是一个难以得出统一标准的问题，日本传统学说认为，仅以特别约定条款所及内容为限，考察是否存在不利于借地权人的可能，不过也有学说与判例认为应斟酌契约成立过程中诸般情事对特约是否不利于借地权人进行综合判断，前者称为分离判断法，后者称为综合判断法。② 两者比较而言，分离判断法较为依赖形式逻辑，适用上较为严格，而综合判断法在解释态度上更为柔软宽松，法官使用这种判断方法时，其对"对借地权人不利"的判断更为全面，由此所形成的自由心证也更加具有说服力。有关《借地法》第 11 条之适用具体可参酌表 3-2。

表 3-2　　　　　　　　　　　　《借地法》11 条之适用范围③

条文	内容	符合《借地法》第 11 条"对借地权人不利"之构成要件的契约要件列举
第 2 条	存续期间	"借地权的存续期间为 15 年"
第 4 条	更新权、买取请求权	"不得行使更新请求权""不得行使买取请求权"
第 5 条	更新后的存续期间	"更新后的借地权存续期间为 15 年"
第 6 条	法定更新	"存续期间届满，即使借地权人对土地仍为继续使用，借地权也当然消灭"
第 7 条	建筑物灭失及再建	"建筑物一旦灭失，不得再建""建筑物再建之后，借地权的存续期间当然不变，继续适用原来所定之期间"
第 8 条	转借地情形之准用	"转借地人之建筑物灭失时，不得再建""转借地人再建之后，借地权存续期间从原定期间"

① 水本浩＝遠藤浩＝田山輝明『基本法コンメンタール借地借家法』（日本評論社，2009年）234 頁。

② 鈴木禄弥『借地法』（青林書院，1984 年）198 頁。

③ 同上书，第 200—201 页。

（续表）

条文	内容	符合《借地法》第11条"对借地权人不利"之构成要件的契约要件列举
第8条之2	坚固建筑物①建造许可裁判	"借地人不得申请获得坚固建筑物建造与改建的裁判许可"
第9条之2	让渡转贷许可的裁判	"借地人不得就借地权让渡与借地转租申请替代承诺之裁判"
第10条	买取请求权	"借地人预先放弃买取请求权"

二　借地契约的当事人

借地契约的当事人由贷地人与借地人组成，所谓贷地人，乃指将土地借与他人，并收取他人地租的人，通常又可称为借地权设定人，且由于绝大多数贷地人同时亦为标的土地之所有人，故又称地主。② 而所谓借地人，乃指从他人手中借得土地以供自己筑造建筑物并为之所有的人，又称借地权人③（在借地权为土地租赁权时亦可称土地承租人，在借地权为地上权时则称地上权人）。有关借地契约当事人尚有三点问题须予以检讨。

（一）订立贷地契约（即借地契约）的权限与能力

在贷地人一侧，所涉及的主要是贷地人对土地是否具有处分力的问题。通常因贷地人为土地所有权人，故贷地人当然享有对土地的处分权，得为他人设定借地权。就地上权而言，无处分能力或者权限的人当然不能设定地上权，不过在土地租赁权之借地权的设定上，却更为复杂。《日本民法典》第602条规定，"关于处分的行为能力受到限制的人或没有处分权限的人进行租赁时，下列各号所列举的租赁形式分别不能超过各号中所规定的期间：一、以树木的栽植或采伐为目的的山林租赁为十年；二、前号所列租赁形式以外的土地租赁为五年；三、建筑物的租赁为三年；四、动产的租赁为六个月"④，而倘若处分能力受到限制或者无处分能力的人

---

① 坚固建筑物与非坚固建筑物的分类原则上已经为《借地借家法》所取消，不过因《借地法》仍旧为具有法律效力之现行法（适用于1992年8月1日之前成立的借地关系），故坚固建筑物有特别规定的，应从其特别规定。

② 山本敬三『民法講義Ⅳ—1 契約』（有斐閣，2005年）553頁。

③ 同上。

④ 渠涛：《最新日本民法》，法律出版社2006年版，第131页。

与他人订立了超过上述特别规定之期间的，理论与实务存在分歧。

1. 全部否定说。全部否定说认为民法典所规定的当事人处分能力受限或者无处分权限时①所为之租赁不得超过特定期间的规定属于强行法规，为保护处分能力受限或者无处分权限人之利益，宜否认契约的全部效力。②

2. 部分否定说。部分否定说认为租赁期间超过民法典特别约定的，只会导致超过规定的期间归于无效，但契约仍为有效，只是租赁期间因法律规定而被缩短为法律所承认的最长期间而已，这种做法一方面能保护作为相对人的承租人的利益，另一方面，从《日本民法典》第 602 条的规范意旨出发，乃是为免处分能力及权限欠缺者陷于长期租赁契约之不利局面而设定的规范，使超出法定最长期间的部分期间无效足以保护处分能力及权限欠缺者的利益。③

私见以为，全部否定说漠视了相对人的利益，有违衡平之虞，而才部分否定说能够平衡租赁双方的利益，实足采纳。不过在借地契约订立上，问题还未完结。

《借地借家法》第 3 条明确规定借地权的法定最低存续期间为 30 年，且仅仅承认以契约约定超过 30 年期间的借地权为有效，④，那么在贷地人为处分能力受限或者欠缺处分权限的人时，纵使贷地人与借地人订立以建筑物所有为目的之借地契约有效期为 40 年，但因民法典第 602 条之限制，只能将期间缩短为 5 年，需要进一步明晰的是：存续期间为 5 年的借地权是否是借地权？能够适用《借地借家法》《借地法》等特别法？日本学者铃木禄弥认为尽管因民法典第 602 条之限制导致借地权存续期间缩短为 5 年，原则上应认为借地关系之特别法得适用之。⑤ 不过私见以为，借地权本质上属于以建筑物所有为目的之对土地的长期利用权，将借地权期间缩短为 5 年难以实现借地人的目的，与其承认其借地权效力，不如将该 5 年

---

① 此处所言之"当事人处分能力受限或者无处分权限"主要并不是指当事人乃对标的物无任何权利之人，其主要是指行为能力上受到限制的标的物权利人，如作为限制行为能力人的土地所有权人，作为禁治产人之土地所有权人，等等。

② 最判昭 37 · 7 · 20 民集 16 卷 8 号 1632 頁。

③ 山本敬三『民法講義Ⅳ—1 契約』（有斐閣，2005 年）446 頁。

④ 稲本洋之助＝澤野順彦『コンメタール借地借家法』（日本評論社，2010 年）12 頁。

⑤ 鈴木禄弥『借地法』（青林書院，1984 年）209 頁。

期的"借地权"依民法典的规定解释为一般不动产租赁权，而不适用借地关系诸特别法；同时，倘若该 5 年期的"借地权"能适用《借地借家法》等法律，则借地人将获得更新权等一系列的具有强大效力的权利，从而在 5 年期间届满之后实现自己对土地的长期利用目的——但这又与《日本民法典》第 602 条保护处分能力受限或者欠缺处分权限者利益的意旨相悖，容易使其陷于长期不能恢复对土地完满支配之境，故而综合来看，应认为 5 年期的"借地权"不是借地权，不适用《借地借家法》等特别法律。①

（二）在他人所有土地上设定借地权

通常贷地人即为土地所有权人，不过实务中贷地人非为土地所有权人的情形也不少，如贷地人为地上权人、不动产质权人，或者取得土地所有权人转租承诺的土地承租人等。当贷地人非为土地所有权人时，其为借地人所设定的借地权不得超出土地所有权人赋予贷地人自己所有权利的范畴，且借地契约仅对贷地人与借地人发生效力，借地人不能直接向土地所有权人主张借地权。倘若贷地人虽然从土地所有权人处获得了合法的土地利用权原，却无权交付给借地人使用（如作为非借地权之土地租赁权的转租未获得土地所有权人的承诺）时，借地人可依借地契约向贷地人主张权利瑕疵担保责任，②且借地人也有权主张解除借地契约，不过假如借地人事先便知道贷地人本无贷地权限的，则不能主张该权利瑕疵担保责任。③

贷地人以自己名义为借地人在土地所有权人之土地上设立借地权的，其行为构成对土地所有权人权利的侵害，构成不法行为，④贷地人对土地所有权人负有损害赔偿义务，因此，原则上贷地人在侵权期间所收取的地租应当作为土地所有权人损害的一部分而交还给土地所有权人。同时，即使贷地人的行为因不具备不法行为的完成构成要件而不构成不法行为，但倘若贷地人为恶意占有人，则其收取之地租为不当得利，也应返还给土地

① 日本学者我妻荣持相同见解，参见［日］我妻荣《我妻荣民法讲义·债权各论》（中卷一），徐进、李又又译，中国法制出版社 2008 年版，第 248 页。

② 参见《日本民法典》第 561 条、第 559 条；渠涛《最新日本民法》，法律出版社 2006 年版，第 122—123 页。

③ 参见《日本民法典》第 561 条；渠涛《最新日本民法》，法律出版社 2006 年版，第 123 页。

④ 日本民法称侵权行为为不法行为。

所有权人。① 而当贷地人为善意占有人时，根据《日本民法典》第 189 条第 1 款之规定，贷地人免除地租返还义务，其取得的地租应认定为孳息，该孳息由作为善意占有人的贷地人取得。②

　　而借地人亦因其对贷地人是否有贷地权限之不同（即借地人善意与否）而对土地所有权人负有不同责任。在借地人明知贷地人为贷地不能者（即借地人为恶意时）的情形下，其仍旧与贷地人订立借地契约并对土地进行占有的，借地人为无权原的不法占有，借地人与贷地人均对土地所有权人负有损害赔偿义务。根据《日本民法典》第 719 条的规定，借地人与贷地人订立借地契约的行为乃是基于意思通谋的共同侵权，③ 因此这种损害赔偿义务应为连带债务，借地人与贷地人各自负有独立赔付土地所有权人全部损失之义务，而其任何一人一旦赔付，该债务即告消灭。④ 因此土地所有权人可向借地人与贷地人之一或者同时向他们主张损害赔偿责任，土地所有权人仅向一方求偿的，任何一方均负有赔偿全部损失的义务，当然在赔付之后，赔偿义务履行方可就超出其应承担份额的部分向另一赔偿义务人追偿。倘若借地人为善意，则尽管其取得土地所生之孳息的返还义务可依《日本民法典》第 189 条第 1 款之规定而免除，但借地人对土地的占有仍为不法占有，其与贷地人一样对借地人负有损害赔偿义务，不过此时这种借地人与贷地人所负之损害赔偿义务为不真正连带债务，⑤ 因为借地人为善意占有人，则纵使其对土地所有权人履行了赔偿义务甚至返还了土地，借地人也可依借地契约向贷地人主张债务不履行之责以弥补自己的损失，最终之责任承担者仍为贷地人。

　　（三）多个当事人之借地关系的成立

　　通常贷地人与借地人均为一人，不过在实务中贷地人或者借地人为数人的情况亦不少见。当借地人为多个人时，与贷地人订立借地契约而取得借地权的，该多人并非各自拥有一个借地权，而是准用民法典有关共有的

---

① 铃木禄弥『借地法』（青林书院，1984 年）210 頁。
② 参见《日本民法典》第 189 条第 1 款规定，"善意占有人取得由占有物所生的孳息"；渠涛《最新日本民法》，法律出版社 2006 年版，第 44 页。
③ 渠涛：《最新日本民法》，法律出版社 2006 年版，第 153 页。
④ 淡路剛久『債権総論』（有斐閣，2002 年）338 頁。
⑤ 铃木禄弥『借地法』（青林书院，1984 年）211 頁。

规定而共有一个借地权，由于借地权是权利而非物，① 故称此种现象为借地权的准共有。② 而贷地人也可能为多个人，从而形成对标的土地的共有。准共有、共有状态下的借地契约当事人之间的关系复杂，尤其是在借地关系由单纯之双方当事人关系转变为多个当事人关系的过程中（如贷地人因转让、继承等原因变为多人，借地人因新的借地人加入而变为多人等），有关地租义务之履行及随之产生的地租义务不履行是否产生解除权的问题更为繁复难解，其具体分析在此不作详述。③

第二节　非基于契约而取得的借地权

一　法定地上权

所谓法定地上权，是指附着于土地之上的建筑物或者建筑物之下的土地被单独抵押，因抵押权人行使抵押权而获得该建筑物所有权的人或者仍旧保有建筑物所有权的人依法律的规定（《日本民法典》第388条）而直接获得的地上权。④ 法定地上权是日本民法上取得地上权的特殊形式，是日本物权法的一大特色，其直接渊源也是日本物权法的另一大特色，即建筑物与土地的完全分离。⑤ 日本民法采取这种建筑物（包括林木）与土地

---

① 《日本民法典》第249条规定"各共有人，就共有物的全部可以按其所持份额使用"，第264条规定准共有，即"本节的规定准用于数人享有所有权以外的财产权"。故多个人享有一个借地权应称为借地权的准共有。

② 铃木禄弥『借地法』（青林书院，1984年）217页。

③ 有关多数当事人之借地关系各种具体问题之分析，可参考铃木禄弥『借地法』（青林书院，1984年）217—222页。

④ 远藤浩＝川井健＝原岛俊雄＝水本浩＝山本进一『新版民法（2）物権』（有斐阁，1981年）241页。

⑤ 日本民法上所奉行的建筑物与土地各为独立不动产的原则不能类推为土地上的一切定着物与土地均为各自独立的不动产的关系，依照一般交易观念，建筑物和林木（尤其是依照立木法而为登记的树木群）为独立于土地之外的他种建筑物，而其他一般土地定着物应视为土地的一部分，为土地的从物。参见几代通『民法総则』（青林书院，1984年）163—166页。

之区分原则的原因在于这种区分源于日本的传统，①，不过日本学界对于日本是否存在这种区分传统存在争议，② 但自日本明治十九年（1886 年）之不动产登记法采物的编成主义并将土地与建筑物以不同登记簿登记以来，土地与建筑物区分原则在一直为实证法所确认。③ 法定地上权便是在实行土地与建筑区分原则下的制度产物，其包含两种情况：

第一，建筑物抵押型。如甲拥有土地及附着于土地之上的建筑物，甲因缺乏资金而向乙借款 5000 万元，同时作为担保，甲为乙单独在附着于土地之上的建筑物上（抵押权效力不及于土地）设立了一个抵押权。及至甲到期未清偿债务，乙行使抵押权而将建筑物拍卖，后丙依拍卖程序而购得建筑物。此时甲仍然拥有土地，但建筑物却为丙所有。虽然丙与甲并未订立借地契约，不过为使合法购得建筑物之丙得享合理的土地利用权原，法律赋予其地上权，至于地租问题，则留待裁判解决。④

第二，土地抵押型。如甲拥有土地及附着于土地之上的建筑物，甲因缺乏资金而向乙借款 5000 万元，同时作为担保，甲为乙单独在土地上（抵押权效力不及于建筑物）设立了一个抵押权。及至甲到期未清偿债务，乙行使抵押权而将土地拍卖，后丙依拍卖程序而购得建筑。此时甲仍然拥有建筑物，但土地却为丙所有。虽然丙与甲并未订立借地契约，不过为使仍然保有建筑所有权的甲得享合理的土地利用权原，法律赋予其地上权。

显然，《日本民法典》第 388 条之规定乃是在实行土地与建筑物区分原则的情势下，为弥补土地所有权人与建筑物所有权人不一致，且建筑物所有权人虽然得合法取得建筑物所有权但却在取得建筑物所有权之须臾之间因无土地利用权原而构成因所有建筑物而对他人土地为不法占有之矛盾而创设出的特殊制度。客观地说，在实行土地与建筑物相区分的原则态势

---

① ［日］法典调查会民法议事速记录第 16 卷 12 丁乃至 34 丁，转引自沈宏峰《日本借地权制度研究》，上海社会科学院出版社 2011 年版，第 125 页。

② ［日］三好登：《土地·建筑物间之法的构成》，成文堂 2002 年版，第 87 页，转引自沈宏峰《日本借地权制度研究》，上海社会科学院出版社 2011 年版，第 125 页。

③ 稲本洋之助＝小柳春一郎＝周藤利一『日本の土地法—歴史と現況—』（成文堂，2009年）21 頁。

④ 参见《日本民法典》第 388 条；渠涛《最新日本民法》，法律出版社 2006 年版，第 81 页。

下，法定地上权的确具有弥补漏洞之功效，不过法定地上权在实务上的类型极为丰富繁芜，同时因日本实行登记对抗主义与土地和建筑物分门登记的制度，不动产登记本身不具有公信力，① 仅于土地与建筑物作登记之后取得对抗第三人之效力，② 一旦再牵涉抵押权问题，则登记状况将显得更为复杂，一处土地与建筑物的所有权情况、抵押情况、租赁情况乃至这些情况是否反映在登记中等一系列问题会将实务推至复杂难解的地步，以致有不利于交易安全、抑制交易发生之虞。有鉴于此，日本学者提出了两大解决思路：

（一） 土地与建筑物一并竞买规则

法定地上权之制度意旨主要在于解决合法拥有建筑物所有权与因所有建筑物而必须具有合法之土地利用权原的问题，因此从最简单的逻辑出发，回归罗马法之土地附着物为土地之一部分③的古老法则，将土地与建筑物在抵押权实行过程中一并处分，抵押权人行使抵押权的效力及于土地与建筑物之整体，从而使竞买人得一并购入土地与附着于土地之上的建筑物，最终解决因土地所有权人与建筑物所有权人不一致而产生的土地利用正当权原的缺位问题，此之谓"土地与建筑物一并竞买规则"。④

从历史沿革角度观之，土地与建筑物一并竞买规则在日本于明治时期制定民法时便有意将之作为日本民法的基本原则，即仿效德国、法国等大陆法系国家之通例，将建筑物与土地做一体处理，甚至认为可以将建筑物

---

① 七戸克彦「公示の原則と登記の効力 ドイツにおける不動産物権変動と登記」THINK 会報第 95 号（1999 年）42 頁。

② 松井宏興『民法の世界 2・物権法』（信山社，2002 年）59 頁。

③ 如《法学阶梯》中有云，"在某人于自己的土地上以他人的材料为建筑的情况下，该人被认为是建筑物的所有人，因为在土地上建筑的一切，添附于土地"。参见 I. 2. 1. 29，［古罗马］查士丁尼《法学阶梯》，徐国栋译，中国政法大学出版社 2005 年版，第 125 页。或曰"相反，如果某人在他人的土地上用自己的材料建造房屋，家屋成为土地所有人的"。参见 I. 2. 1. 309，［古罗马］查士丁尼《法学阶梯》，徐国栋译，中国政法大学出版社 2005 年版，第 126 页。不过德国在继受土地与建筑物一体原则后，又对该原则予以损益，在参考罗马法后期之地上权基础上颁布了《地上权条例》，承认了土地所有权人与附着于土地之上建筑物所有权人可为不同主体。参见［德］J. F. 鲍尔、R. 施迪尔纳《德国物权法》（上册），张双根译，法律出版社 2004 年版，第 647—654 页。

④ 上河内千香子「法定地上権制度に関する立法論的検討（一）」琉大法学 73 号（2004 年）113 頁。

视为土地的一部分，① 不过占统治地位的意见仍然是尊重日本所固有的将土地与建筑物视为不同的独立不动产的民事习惯，因此明治民法第 388 条设置了法定地上权，同时也在第 389 条有条件地设置了土地与建筑物一并竞买规则的适用空间，即"设定抵当权（即抵押权）之后，其设定者，筑造建物（即建筑物）于抵当地者，则抵当权者，得与土地共竞卖之。但其优先权，惟于土地代价得行之"②，不过这种处理方法显然没有考虑到土地所有权人在设定抵押权后即使修筑了建筑物，却将建筑物单独让渡给了第三人的状况，因此为保护第三人的利益，现行《日本民法典》增设第 389 条第 2 款，规定第 389 条第 1 款（原明治民法第 389 条）"在该建筑物所有权人就其占有的抵押土地享有可以与抵押权人对抗的权利时不予适用"。因此倘若享有建筑物所有权的第三人单独就建筑物做了登记，则其以《建筑物保护法》③ 取得推定之地上权，即可对抗抵押权人而不使抵押权的效力及于建筑物。但即使如此，日本现行法律也无法解决建筑物在抵押之前便已经存在于土地之上，但土地与建筑物却被分别抵押所产生的问题，而彻底回归罗马法系的原则对于日本来说存在巨大的现实阻碍，

---

① 《德国民法典》中并无成体系的地上权及建筑物之规定，甚至没有"不动产"这一概念，建筑物等土地附着物原则上被作为土地之一部分处理，且登记时建筑物也是登记在土地登记簿（住宅登记在土地登记簿的分册上，而不像日本那样将土地与建筑物完全分离登记）上，从形式上看即使建筑物具有一定独立性那也是作为土地之从物存在的，且尽管德国于 1919 年颁布了《地上权条例》允许建筑物所有权与土地所有权为不同人所享有，但理论上，住宅所有权乃至地上权均被视为土地，即以法律拟制的方式损益却又坚持了罗马法的原则。参见陈卫佐译注《德国民法典》（第三版），法律出版社 2010 年版，第 320—327、331—333 页；［德］J. F. 鲍尔、R. 施迪尔纳《德国物权法》（上册），张双根译，法律出版社 2004 年版，第 288—289、647—654 页。而《法国民法典》虽然在形式上于第 518 条规定"土地与建筑物，依其性质为不动产"（参见罗结珍译《法国民法典》，北京大学出版社 2010 年版，第 171 页），但在理论上，法国财产法理论奉行"土地的'吸收力'（la force d'absorption）不受限制"的理念，在所有情况下，已实现的建筑或种植物均属于土地的所有权人，即如法律格言所言"附于土地者，为土地之部分"。参见［法］弗朗索瓦·泰雷、菲利普·森勒尔《法国财产法》（上），中国法制史出版社 2008 年版，第 340 页。

② 南洋公学译书院：《新译日本法规大全》（第一卷），商务印书馆 2007 年版，第 314 页。

③ 《建筑物保护法》虽然随《借地借家法》的出台而废止，但 1991 年前的借地关系仍可适用该法。稻本洋之助＝澤野順彦『コンメタール借地借家法』（日本評論社，2010 年）335、342 页。换言之，以此为界限，因借地关系绵延时间通常较长，故而将《建筑物保护法》视为日本现行法也不无不可。

因日本固有不动产区分的习惯使然，使"土地与建筑物一并竞买规则"无法贯彻始终，因此必须寻找其他解决路径。

（二）自己借地权制度的导入

所谓自己借地权，乃指土地所有权人或者地上权人"将自己作为借地权人而设定的借地权"①。自己借地权从概念上来说是惊世骇俗的，因为借地权本身乃是贷地人为满足借地人以建筑物所有为目的而为借地人设定的他物权（地上权）或者土地租赁权（为承租人所享有），依日本现行民法典之权利混同规则，实难有存在的法律空间：其一，倘若该自己借地权为地上权，则依《日本民法典》第179条第1款之规定，所有权与其他物权归属于同一人时，其他物权消灭②——这使得土地所有权人一旦为自己设立地上权，该地上权即在逻辑上消灭了，因此法律意义上的自己借地权纵使存在，其存续期间也仅仅是无关紧要的须臾一刻；即使在考虑但书"但其物或物权为第三人的权利标的时，不在此限"，因自己借地权诞生时权利人即为土地所有权人本身，故而此时标的物上并无第三人的利益，无但书适用余地。其二，倘若该自己借地权为土地租赁权，则依《日本民法典》第520条之规定，该土地租赁权因债权债务同归于一人而消灭，③同前述地上权一样，因该自己借地权诞生之初并不涉及第三人之利益因此甫一发生即因混同而消灭，而无民法典第520条但书适用余地。

虽然自己借地权在传统民法体系下难有逻辑上之存在可能，但从实务角度来看，自己借地权的确有替代法定地上权之功效④：在土地所有权人单独抵押土地的场合，其得事先设定自己借地权，而于抵押权人行使抵押权后，第三人竞购得土地，而原土地所有权人则仍享有自己借地权和建筑物所有权，当然，此时的自己借地权已经转变为普通借地权，且该借地权的义务负担者也转变为新土地所有权人，此时并不需要法定地上权及裁判所之介入，径行依照自己借地权设定之各事项规定行事即可。而在土地所有权人单独抵押建筑物的场合，其也可以实现设定自己借地权，在第三人

---

① ［日］法令用语研究会编：《法律用语辞典》（第2版），有斐阁2000年版，第589页，转引自沈宏峰《日本借地权制度研究》，上海社会科学院出版社2011年版，第37页。

② 渠涛：《最新日本民法》，法律出版社2006年版，第43页。

③ 中田裕康『債権総論』（岩波書店，2011年）409頁。

④ 上河内千香子「法定地上権制度に関する立法論的検討（二·完）」琉大法学73号（2004年）146頁。

因抵押权人行使抵押权而获得建筑物所有权时，使其依约定而一并获得自己借地权（一旦为第三人所获得，该自己借地权转变为普通借地权），从而避免适用法定地上权规则。

　　自己借地权之制度功效在于未雨绸缪式地预先为他人或者自己设定好因建筑物所有而必需的土地利用权原，一旦建筑物所有权或者土地所有权归属因抵押权行使而发生变更，则该自己借地权即随建筑物一体而存续，以保建筑物所有权人继续享有合法土地利用权原，且较之于法定地上权而言，自己借地权具有预防裁判纠纷之功效，更有利于当事人依意思自治原则明确建筑物或者土地单独抵押之后的土地利用权原问题的处理方法，而无须裁判所之司法介入。不过自己借地权倘若仍旧依民法典之意思主义原则而设定，有对交易安全产生重大妨害之虞，故而日本法务省认为，自己借地权即使被采纳，这种特殊借地权也必须采登记生效模式，即自己借地权须经登记才告生效，① 这一提案突破了日本所固有的登记对抗主义，具有前瞻性。采登记生效模式的主要理由是回应法学界有关自己借地权欠缺公示方法的批评，如日本民法学者村田博史曾言，"由于设定自己借地权是任意的，也由于只是设定自己借地权并不以建筑物的存在为必要，其结果使得仅以建筑物登记并不足以成为自己借地权的公示方法，因此第三人无法确定是否设定了自己借地权，也无法把握其权利的内容"② 。故而法务省转采登记生效主义，就自己借地权这一特殊借地权之登记单独赋予公信力，③ 以使第三人得通过不动产登记簿之查询而得知标的土地上是否负有自己借地权。不过饶是如此，自己借地权制度也并未为立法者所全盘接受。现行《借地借家法》第 15 条规定，自己借地权只能于借地权设定人（主要是土地所有权人）与他人共有一个借地权的情形下，以借地权之份

---

① ［日］法务省民事局参事官室：《关于借地·借家法改正的问题点》，别册 NBL17 号，第9 页，转引自沈宏峰《日本借地权制度研究》，上海社会科学院出版社 2011 年版，第 42 页。

② ［日］水本浩、远藤浩编：《基本法注释——新借地借家法》，日本评论社 2003 年版，第50 页，转引自沈宏峰《日本借地权制度研究》，上海社会科学院出版社 2011 年版，第 46—47 页。

③ 日本民法上的不动产登记通常无公信力，而只有对抗力，在日本不动产的物权变动并不以登记为生效要件，故而很多不动产交易并没有做登记，因此不动产登记簿上的登记情况并不一定反映出不动产权属的真正状态。参见七戸克彦「公示の原則と登記の効力 ドイツにおける不動産物権変動と登記」THINK 会報第 95 号（1999 年）42 頁；舟橋淳一『物権法』（有斐閣，1960年）100—103 頁。

额的形式存在。① 采纳此种立法例，一方面否定了土地所有权人或者地上权人单独设定自己借地权的可能性，另一方面则仍旧维持了民法典既有的权利混同规则，借地权设定人与他人共有之借地权因自己借地权的标的物同时为第三人权利的标的，故而依民法典但书的规定，该借地权整体性地不因混同而消灭。② 不过此时的自己借地权并不具有取代法定借地权之功效，可以说自己借地权在草案中所体现出的突破登记对抗主义与权利混同规则的制度野心最终并未得到实现。

尽管日本现行立法对自己借地权持消极态度，但私见以为，自己借地权无疑是日本民法学上的一大创新，其不仅力图解决实务中所存在的建筑物或者土地单独抵押而产生的土地利用权原缺位问题，而且以此为契机，进一步探讨了实行登记生效模式与权利混同规则之否认的可能性，具有突破旧有民法典体系的理论勇气与智慧，从发展趋势来看具有鲜活的生命力。自己借地权较之于法定地上权制度而言更为灵活，当事人也可依其自由意思而以设定自己借地权的方式安排未来，具有明确性，同时也无须裁判所的必然介入；同时自己借地权倘若能自由设立，则无疑将增强借地权的可流通性，土地所有权人或者地上权人通过设定自己借地权可使自己获得可待价而沽的土地权利商品，这对于活跃社会经济，促进土地的效率化多层次使用也颇有裨益。

二　依《罹灾都市借地借家临时处理法》取得的土地租赁权

《罹灾都市借地借家临时处理法》（简称《借地借家临时处理法》）是日本于1924年关东大地震之后，为使失去住所的借地人或者借家人③能够迅速再次获得居住用建筑物而出台的临时性法规，主导该法律制定的日本民法学者末弘严太郎认为仅仅对土地径行不当的过度保护有失偏颇，法律不能对社会及经济意义上均具有重大价值之借地权和借家权漠然视之，对借地权和借家权在法律上给予周全的救济有利于东京灾后的复兴。④ 在

---

① 稲本洋之助＝澤野順彦『コンメタール借地借家法』（日本評論社，2010年）109頁。

② 同上。

③ 在日本民法上借家人指以居住为目的而租赁他人房屋的人，参见山本敬三『民法講義Ⅳ—1契約』（有斐閣，2005年）609—610頁。

④ 稲本洋之助＝小柳春一郎＝周藤利一『日本の土地法—歴史と現況—』（成文堂，2009年）33—34頁。

此主旨之下，针对地震后居住用建筑物十分匮乏的现状，为防止地主（即土地所有权人）借机更新借地借家契约，以收不合情理之利益，《借地借家临时处理法》规定，原借地人或者借家人可依法令的直接规定而在原建筑物所附着的基地上获得借地权名义下的土地租赁权，以便于有条件有意愿筑造建筑物的原借地人或者借家人能够尽早新建住宅以安居乐业。

依《借地借家临时处理法》第 3 条之规定，原借家人或者借地人（包括临时建筑物所有权人）可依如下规则直接依照法律规定取得借地权：首先，符合条件的原借家人可向土地所有权人或者其他土地物权人提出租赁申请，且在该标的土地上出现新建筑物之前拥有优先租赁的权利；倘若标的土地权利人在知晓该租赁申请后两周内作出拒绝的意思表示，则直接视为作出接受该租赁申请的意思表示；并且，即使标的土地权利人未在两周内拒绝该租赁申请，倘若嗣后仍为拒绝而该拒绝欠缺正当理由的，则不为法律所认可，原借家人或者借地人得直接取得借地权。① 由此可以看出日本立法者为使关东大地震后出台的帝都复兴计划②得以施行，而将意思自治原则与契约自由原则置于借家人等弱势群体利益之下，从而对私权施加了必要限制。尽管《借地借家临时处理法》赋予裁判所径行干预实体法之权力的问题甚至引发了该法是否违宪的争议，③ 但从社会效果来看，该法的确能够使原借家人等弱势群体较为迅速地重建家园而不至于流离失所，从而有助于社会秩序的安定与国家的复兴。《借地借家临时处理法》中对契约自由与意思自治原则的限制可以说是《日本民法典》于1947 年增设"私权必须适合公共福祉"与"权利不许滥用"之条款在法

---

① 借地借家臨時処理法（大正 13 年 7 月 22 日法律 16 号）第 3 条　大正十二年九月ノ震災ニ因リテ滅失シタル建物ノ借主ハ其ノ建物ノ敷地又ハ其ノ換地ノ上ニ新ニ築造セラレタル建物ニ付其完成前賃借ノ申出ヲ為シタルトキハ他ノ者ニ優先シレ之ヲ賃借スルコトヲ得滅失シタル建物ノ敷地又ハ其ノ換地ノ上ニ築造セタレタル仮設建物ノ借主亦同シ② 前項ノ申出ヲ受ケタル者申出ヲ受ケタル日ヨリ二週間内ニ拒絶ノ意思ヲ表示セサルトキハ申出ヲ承諾シタルモノト看做ス③　第一項ノ申出ハ正当ノ理由アルニ非サレハ之ヲ拒絶スルコトヲ得ス；稲本洋之助＝小柳春一郎＝周藤利一『日本の土地法—歴史と現況—』（成文堂，2009 年）33 頁を参照。

② 日本の土地百年研究会『日本の土地百年』（大成出版社，2003 年）80 頁。

③ 鈴木俊光「罹災都市借地借家臨時処理法第十五条による借地権設定に関する裁判の合憲性と同条による裁判の効力」，2017 年 10 月 6 日，https：// m—repo. lib. meiji. ac. jp// dspace/ bitstream/ 10291/11846/1/horitsuronso_ 32_ 4_ 113. pdf。

制史上的萌芽。①

三　依《都市再开发法》于区分所有建筑物用地上成立的地上权

在日本，传统上的借地关系均较为单纯，不外乎借地人向土地所有权人租借一块土地，然后在这块土地上修筑房屋以供自己居住，如图 3-1，A 拥有甲地，B 拥有乙地，B 将乙地贷给 C，C 在乙地上修筑了房屋，甲地与乙地尽管相连，不过 A 与 B、C 均无权利义务上的牵连关系，B 与 C 之间也仅存在十分单纯的借地关系。

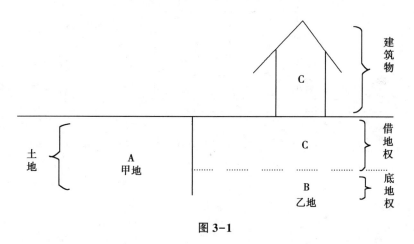

图 3-1

不过日本在 1969 年颁行了《都市再开发法》，以实现"在都市对土地的合理而健全的高度利用与更新都市功能"② 之目的，一旦标的土地被纳入都市再开发的范围，则原有房屋将被拆除，取而代之的是在利用土地方面具有更高效率的，可供区分所有的高层建筑物。而为使都市再开发得以顺利展开，《都市再开发法》径行以法律形式预先规定将来建筑物区分所有人与土地所有权人之间直接依法律成立土地利用关系，建筑物区分所有人取得一项由各建筑物区分所有人共有的借地权。依《都市再开发法》于区分所有建筑物用地上成立的借地权在性质上系属地上权，而非土地租赁权（参见《都市再开发

---

①　赵万一：《民法的伦理分析》（第二版），法律出版社 2012 年版，第 205 页；渠涛：《最新日本民法》，法律出版社 2006 年版，第 3 页。

②　铃木禄弥『借地法』（青林书院，1984 年）314 页。

法》第88条第1款①）。如图3-2，甲地与乙地在城市再开发进程中被纳入了《都市再开发法》的适用范围，因土地的再开发而需要将甲地与乙地合并使用而筑造区分所有的高层建筑时，土地所有关系与借地关系均会复杂化，此时在土地上形成原甲地所有权人A与原乙地所有权人B对新划归之一宗土地的共有，同时，在新划归土地之上所修筑的建筑物，依建筑物区分原理，而为A、B、C、X、Y所区分所有，同时A、B、C、X、Y也依《都市再开发法》而准共有一项借地权。当然法律虽然使各建筑物区分所有人依法律而共有一项借地权，不过这项借地权的取得并非无偿，各借地权共有人还须对土地所有权人作出补偿。②

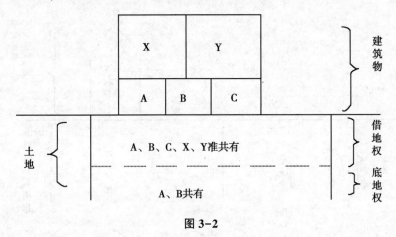

图 3-2

　　在此须指出的是，A和B作为土地所有权人而与他人共同共有一项借地权，此即为日本现行立法唯一承认的自己借地权形式，即借地权设定人得设定同他人一起共有之自己借地权。③

四　依取得时效而产生的借地权

借地权名义下的地上权与土地租赁权均属财产权之列，④ 依《日本民

① 鈴木禄弥『借地法』（青林書院，1984年）316頁。

② 同上。

③ 稲本洋之助＝澤野順彦『コンメタール借地借家法』（日本評論社，2010年）109頁。

④ 在《借地法》出台后，借地权名义下的土地租赁权具有了较大的让渡自由，从而具有了财产权的属性，这被日本法学家称为土地租赁权（借地权）的财产权化。参见鈴木禄弥『借地法』（青林書院，1984年）111頁。

法典》第 162 条、第 163 条的规定，① 借地权之取得时效基于占有人主观心态善意与否，分为两种：倘若占有人以拥有地上权之意思而占有土地，其占有开始时为善意且无过失时，则于 10 年间平稳且公然实现占有并使用土地的，取得借地权；倘若不问占有主观心态善意与否，则即使占有人以拥有地上权之意思而占有土地，其占有开始时知道或者应当知道自己无合法之借地权权原，即占有人为恶意，则于 20 年间平稳且公然占有并使用土地的，亦可取得借地权。兹就地上权与土地租赁权分而述之，以求明晰两种借地权在时效取得方面的差异。

（一）借地权之地上权的取得时效

如本文在第二章所述，地上权作为物权的一种，属于当然的财产权之列，日本立法、判例乃至学说对地上权可适用取得时效的问题不存争议，如在大正年间，寺院住持未经监督官厅许可而设定地上权的，依当时之法令，该设定行为无效，而占有人倘若以地上权人之身份长久占有土地并为使用收益，则该占有人得依取得时效而获得地上权。② 地上权取得时效的构成要件根据民法典第 316 条通常为 "以为自己的意思而平稳且公然地占有土地满 20 年（占有为恶意且有过失的场合）或者满 10 年（占有为善意且无过失）" 而行使了地上权，而所谓 "为自己的意思" 而行使地上权，实务上通常将其解释为 "除了存在对土地的继续使用的外在事实以外，还存在对出于地上权行使之意思而使用土地的客观表现"③。这种解释彰显了一种客观主义的占有解释立场，利害关系人倘若意欲通过取得时效而取得地上权，则须具备对土地为占有·使用的外观。不过以下情形还须进一步分析。

第一，在乙并未占有甲的土地的场合，而甲与乙已经在登记簿上作了地上权登记，且乙虽然没有占有土地，但一直反复地请求甲将土地交付给自己，此时若按民法典第 163 条为机械解释，则不能认为乙对土地存在客观上之占有·使用外观；④ 私见以为，此时若机械适用民法典第 163 条有违朴素的公平正义理念，因为此等情形下的乙比之恶意占有并经取得时效

---

① 渠涛：《最新日本民法》，法律出版社 2006 年版，第 38 页。

② 大判大元 10·30 民録 18 卷 931 頁。

③ 最判昭 45·5·28 判時 596·41。

④ 鈴木禄弥『借地法』（青林書院，1984 年）322 頁。

而取得地上权的人更值得保护。不过从法理来说，乙获得了地上权登记，因此也就使其地上权获得了对抗第三人的效力，且倘若乙已经与甲订立地上权设立契约，则通常情形下乙已经根据《日本民法典》第 176 条依意思主义而取得了地上权，因此彼时乙乃拥有对抗一切人效力之地上权权利人，乙已经切实取得了地上权，故而并无适用地上权取得时效之余地。不过自请求权基础竞合角度视之，承认乙拥有主张因取得时效而取得地上权的权利也有其合理性，因为从外观上看，乙固然没有对土地为占有·使用，不过乙反复请求甲交付土地之事实得解释为乙以为自己的意思而行使地上权，此应属地上权取得时效之核心构成要件，而不必拘泥于一定要当事人对土地实现客观且可供识别的占有与使用，因为在日本物权法上，登记尽管不具有公信力，但登记却是不动产物权变动与归属的公示方法，①客观上能够起到和对土地为实际占有·使用一致的效果。故而依愚见，此种特殊情况亦可解释为可得适用取得时效。

　　第二，倘若乙仅仅是对甲所有的土地为单纯占有，而无从知晓乙究竟是以行使何种权利的意思而对土地为占有使用的，则在此究竟适用所有权取得时效还是适用地上权取得时效（在债权领域甚至还有土地租赁权取得时效）乃颇费思量之事，盖因此时并无地上权行使之客观外形，②若依《日本民法典》第 163 条及判例之意旨，则此时似应排除地上权取得时效之使用余地，而在占有权与所有权之取得时效之间做出裁量。不过日本民法学者铃木禄弥认为，此时应将该实体法问题付于程序法上之举证责任制度予以解决，如在土地占有人行使何种权利之意思处于暧昧不清状态时，倘若土地占有人主张对土地所有权的取得时效，而土地所有权人举证证明土地占有人仅为他主占有的，此时可考虑土地占有人因取得时效而取得地上权；倘若土地占有人一开始便主张地上权取得时效的，土地占有人如无法举证推翻这一主张的，土地占有人也可依取得时效而取得地上权。③这种"由所有权而至他物权"的顺序处理法颇具说服力。

　　第三，在借地关系场合，何种行为应视为行使地上权的客观外形呢？就借地权的构成要件而析之，土地占有人单纯占有一块土地而不为任何作

---

① 加藤雅信『新民法大系Ⅱ物権法』（有斐閣，2005 年）51 頁。

② 铃木禄弥『借地法』（青林書院，1984 年）322 頁。

③ 同上书，323 頁。

为，其即使最后取得了地上权，该地上权也不属借地权之列，因为借地权依《借地借家法》之规定，必须以建筑物所有为目的，故而土地占有人占有土地且在土地上修筑了建筑物并为之所有，其依地上权取得时效所取得的地上权才是借地权，否则该地上权不能发生借地权之效力，无法适用《借地借家发》《借地法》等特别法。

（二）借地权之土地租赁权的取得时效

土地租赁权得适用取得时效在日本判例与学说上并无争议，[①] 因为土地租赁权在性质上大致可纳入债权体系，系属《日本民法典》第 163 条所规定的"所有权以外的财产权"之列，当然，在日本民法上，如无记名债权之类债权并不当然适用取得时效，[②]不过土地租赁权，尤其是借地权名义下的土地租赁权在性质上已经很接近地上权，且客观上存在可得识别的对土地为占有使用的客观外形，因此借地权之土地租赁权适用取得时效并无障碍。不过，也有日本学者指出，租赁本质上是双务有偿契约，土地占有人基于取得时效并非单纯取得权利，其同时也负有向土地所有权人给付地租的义务（反观之，地上权便不存在这样的问题，因为地上权可以是无偿取得的），同时，土地所有权人也并非仅仅丧失了一项土地权利，其还负有依民法典上有关租赁之规定，对标的物为修缮等积极义务——土地租赁权之时效取得本质上乃是在土地租赁权时效取得者与土地所有权人之间以时效方式而成立了一个租赁契约，从这个角度来解释，不应认为土地租赁权得适用取得时效，[③] 否则有违契约自由与意思自治原则。不过日本学者铃木禄弥认为，土地所有权人因土地租赁权之时效取得而负有的积极义务实际上并无太大重要性，因为即使在土地租赁权被他人时效取得的情势下，也存在土地所有权人并不负有积极义务的解释余地，且时效取得者的地租支付义务并非与对土地的占有·使用相分离的独立债务，一旦时效取得者主张土地租赁权的时效取得，即负有给付地租的义务，故土地租赁权可以适用取得时效。[④] 诚哉斯言，依笔者对铃木先生论述的理解，因土地租赁权时效取得而发生地租支付义务乃是因取得时效而触发租赁

---

① 铃木禄弥『借地法』（青林書院，1984 年）第 325 页。

② 同上书，第 326 页。

③ 同上。

④ 同上。

相关条款而产生的债务，与通常因租赁契约而产生的地租支付义务仍存在一定差异，故而土地租赁权适用取得时效的问题与租赁契约的性质问题不应联系在一起，并以此为据否定土地租赁权可适用取得时效。

五　土地所有权人滥用土地返还请求权场合中借地关系的成立

土地所有权人原则上对于在土地所有权人所有土地上的建筑物享有所有权，但对无有效土地利用权原的人而言，享有基于所有权的妨害排除请求权，具体表现为建筑物除去请求权与土地返还请求权，[①] 不过，倘若土地所有权人行使妨害排除请求权存在权利滥用的情形时，无权原之建筑物所有权人亦得依《日本民法典》第1条第3款"权利不许滥用"之规定[②]对抗土地所有权人的妨害排除请求，从而继续在土地所有权人土地上拥有建筑物。从这个意义上来说，可以认为此时建筑物所有权人取得了一项基于法律规定而取得的借地权，不过这种借地权在性质上究竟为地上权还是土地租赁权是模糊不清的，且从长远来看，长期维持土地所有权人与建筑物所有权人这种非常态借地关系也不利于双方权利义务关系的稳定性，且从法律后果上看，禁止土地所有权人滥用妨害排除请求权从而使建筑物所有权人得继续使用土地并不意味着建筑物所有权人占有使用土地即转变为有权原，其所获得的"借地权"与其说是一项权利，不如说是法律禁止土地所有权人滥用权利的反射效果，这种效果并不能免除建筑物所有权人因无权原占有使用土地而产生的侵权行为与不当得利债务。因此土地所有权人与建筑物所有权人的借地关系最终由借地契约予以明确，实有必要。[③] 在建筑物所有权人依禁止权利滥用条款对抗土地所有权人妨害排除请求权而获得一项借地权时，因建筑物所有权人是否全然无权原而存在不同的处理方式。

（一）建筑物所有权人并非全然无权原的场合

在建筑物所有权人对土地并非全无权利之时，土地所有权人的妨害排除请求权在法律适用上会受到更大的限制，如甲与乙订立了一个借地

---

① 铃木禄弥『借地法』（青林书院，1984年）第334页。

② 渠涛：《最新日本民法》，法律出版社2006年版，第3页。

③ 铃木禄弥『借地法』（青林书院，1984年）335頁。

契约，约定甲在自己土地上为乙设定一个借地权之土地租赁权，不过该借地权没有在不动产登记簿上做登记；而后甲将自己土地出卖给丙，因该借地权并未登记，故而不具有对抗丙的效力，丙原则上享有依土地所有权而产生的建筑物除去请求权与土地返还请求权；① 不过在这种情形中，丙的行为被认定为存在权利滥用的因素也不在少数，故而乙仍得依禁止权利滥用条款而获得借地权。不过从实务来看，乙与丙的借地关系通常最终转变为在内容上和甲与乙所订立的借地契约相同的借地关系，② 即在事实上实现了纵然乙未作借地权登记，仍得享受"买卖不破租赁"所带来的益处。

（二）　建筑物所有权人全然无权原的场合

在建筑物所有权人对其建筑物所附着之土地完全没有权利的情形下，建筑物所有权人的行为首先成立无权占有，同时区分建筑物所有权人对占有土地的不同主观心态，可进一步将建筑物所有权人对土地的占有分为善意占有与恶意占有。③ 所谓善意占有，是指占有人确信自己对占有物的占有存在权原，④ 而所谓恶意占有则从善意占有之反面可归纳为自己对占有物为占有是否存在权原并无确信的占有。⑤ 于善意占有的场合而言，因建筑物所有权人乃是确信自己对占有土地有正当权原之故，因此日本法律对建筑物所有权人这种无过失之善意心态持谅解态度，并对善意占有进行相当程度的保护，如在占有人善意的场合，占有人对占有物之生孳息享有收取权，且在本权诉讼败诉之前，对孳息享有所有权。⑥ 而对于土地恶意占有人而言，其不仅没有孳息取得权，而且其恶意占有行为还可能因侵犯作

---

① 相比之下，我国《合同法》所确立的"买卖不破租赁"规则在适用上要宽松得多，其不仅适用于不动产与动产，同时也没有公示方面的要求。

② 铃木禄弥『借地法』（青林書院，1984 年）335 頁。

③ 川島武宜編集『注釈民法（7）物権（2）』（有斐閣，1968 年）34 頁。

④ 大判大 8・10・13 民録 25・1863 頁。

⑤ 川島武宜編集『注釈民法（7）物権（2）』（有斐閣，1968 年）34 頁。

⑥ 《日本民法典》第 189 条一方面规定善意占有人有权收取占有物孳息，不过另一方面又在 189 条第 2 款规定"善意占有人在本权之诉中败诉的时，视为恶意占有人"即倘若善意占有人在诉讼上败于本权人之手，此时应认为本权人有权请求善意占有人返还以本权之诉起诉之时为基准时间的孳息。不过日本学界认为，尽管此时善意占有人被拟制为恶意占有人，但是并无适用不法行为的余地。川島武宜編集『注釈民法（7）物権（2）』（有斐閣，1968 年）34、67 頁。

为财产权的土地所有权构成侵权行为，① 从而须向土地所有权人负损害赔偿责任。不过倘使土地所有权人依物权请求权而向建筑物所有权人请求排除妨碍，则无论建筑物所有权人为善意抑或恶意，严格依物上请求权原理为解释，则应由建筑物所有权人自行或者依强制裁判拆除建筑物而使土地所有权人重回对土地之完满支配状态。不过从实务上看，以拆除建筑物的方式保护土地所有权人之权益对双方来说并非最佳解决途径，因此有学者认为此时应承认土地所有权人有权以时价购买建筑物所有权人之建筑物的权利。② 不过铃木禄弥则谨慎地指出，这种所谓的土地所有权人建筑物买取请求权并未在法律条文上予以释明，该权利是否存在不无疑问。③ 私见以为，检索《日本民法典》《借地法》《借地借家法》等相关法律，也仅仅规定了借地权人的建筑物买取请求权与地上权消灭时土地所有权人的工作物买取请求权，前者适用于借地权（包括借地权之地上权与借地权之土地租赁权）于存续期间届满之际，借地权人请求土地所有权人等借地权设定人依时价购买建筑物的场合，④ 而后者则适用于地上权消灭时，土地所有权人请求以时价购买附着于地上之工作物（包括建筑物）时，地上权人无正当理由不得拒绝土地所有权人的请求的场合，可知建筑物买取请求权将存在合法的借地权或者地上权作为构成要件之一，且只有在地上权的场合，土地所有权人才享有包括建筑物在内的工作物买取请求权，而"建筑物所有权人没有任何土地利用权原"这一情形不具备适用建筑物买取请求权的要件，因此于法律规定本身而言，不应认为土地所有权人对不具有任何土地利用权原的建筑物所有权人享有建筑物买取请求权。

在以上分析基础上，我们发现此时建筑物所有权人所拥有的"借地权"是极不稳定的，甚至可以说建筑物所有权人所获得的"借地权"只是因土地所有权人被禁止行使权利而产生的一项反射效力而已。但从维护既有土地利用秩序，减少社会资源浪费的角度出发，妥善处理好此时的建

---

① ［日］圆谷峻：《判例形成的日本新侵权行为法》，赵莉译，法律出版社 2008 年版，第 79—80 页。

② 铃木禄弥『借地法』（青林書院，1984 年）336 頁。

③ 同上。

④ 参见《日本民法典》第 269 条；《借地法》第 10 条；《借地借家法》第 14 条；渠涛《最新日本民法》，法律出版社 2006 年版，第 3 页；水本浩＝遠藤浩＝田山輝明『基本法コンメンタール借地借家法』（日本評論社，2009 年）46、226 頁。

筑物所有权人与土地所有权人的关系也属应重视之事。日本有民法学者认为，为妥协解决这种特殊的借地关系，首先应当承认建筑物所有权人对土地所有权人的借地权申请设立权，同时可以考虑将该权利设定为形成权，即可使建筑物所有权人一旦行使借地权申请设立权，即在建筑物所有权人与土地所有权人之间成立一般借地关系，建筑物所有权人即可获得基于借地契约的借地权。① 不过依愚见，选择形成权作为解决混沌法律关系之权利方式应持慎重态度，盖因形成权（Gestaltungsrecht）乃"私法中的权力"②，是为依权利人一方之意思表示，得使权利发生、变更、消灭或产生其他法律上效果之权利，③ 于诸种权利④之中，形成权乃是唯一令相对人在某种程度上负有服从义务之权利，⑤ 其对相对人之利益具有干涉效力，⑥ 在理念上同作为民法根基之私法自治（Privatautonomie）存在冲突，因为私法自治原则承认个人的自我决定原则并为保障个人自我决定的权利而令法律规范承认个人的自我决定原则，⑦ 故而形成权只能成为民法上的绝对例外，而不能使其泛化，否则民法有蜕变为以"权力—服从"关系为规范对象之法，民法纵然不至于必然成为公法，但显然有倾覆自近代以来所确立的民法之平等精神内核之虞；况且具体到该特殊"借地关系"的处理问题上，土地所有权人仅因自己滥用权利之事实便要承受期限长达数十年甚至因为更新而可能绵延上百年的借地权，诚有失偏颇，有过度保护建筑物所有权人利益之嫌，因此笔者不赞成为建筑物所有权人设定形成

---

① 鈴木禄弥『借地法』（青林書院，1984 年）336 頁。

② 申海恩：《私法中的权力：形成权理论之新展开》，北京大学出版社 2011 年版，第 2 页。

③ 史尚宽：《民法总论》，中国政法大学出版社 2000 年版，第 27—28 页。

④ 此处"诸种权利"乃指基于权利作用而划分出的支配权、形成权、抗辩权与请求权。参见史尚宽《民法总论》，中国政法大学出版社 2000 年版，第 27 页。

⑤ 德国法学家伯蒂歇尔甚至早在 1964 年就开始尝试将形成权视为一种权力，并研究与之相对应的"服从"（Unterwerfung）。参见申海恩《私法中的权力：形成权理论之新展开》，北京大学出版社 2011 年版，第 2 页。笔者赞同将形成权视为私法上的一种使相对人负有服从义务的特殊权力，其仅仅出于私法体系的考虑而将这种权力称为权利。

⑥ *Steiner*, Das Gestaltungsrecht, Dissertation, Zürich, 1984, S. 55. 转引自申海恩《私法中的权力：形成权理论之新展开》，北京大学出版社 2011 年版，第 36 页。

⑦ *Werner Flume*, Allgemeiner Teil des Bürgerlichen Rechts, Bd. Ⅱ: Das Rechtsgeschäft, 3. Aufl. Belin, 1979, S. 1, 8, 12. 转引自申海恩《私法中的权力：形成权理论之新展开》，北京大学出版社 2011 年版，第 35 页。

权性质的借地权申请设定权。该学者大概也觉得设定形成权对于土地所有权人来说负担过于沉重，故而也提供了其他方案，即将借地权设定请求权设计为令土地所有权人负有承诺义务的请求权,[1] 但这种令土地所有权人负有承诺义务之请求权与形成权并无实质性差异，最终结果均为建筑物所有权人一旦行使借地权申请设定权，建筑物所有权人与土地所有权人之间即告形成依借地契约而生之借地关系，建筑物所有权人获得合法土地利用权原（当然土地所有权人不履行承诺义务的情形会被视为承诺进行处理），因此令土地所有权人负有承诺义务的请求权与形成权在法律效果上并无差异。诚如铃木禄弥先生所言，违反土地所有权人之意思而仅依建筑物所有权人之意思而在双方之间成立契约性的借地关系是否妥当，不无疑问。[2]

　　综上所述，在土地所有权人之行为构成权利滥用之际，土地所有权人不能依妨害排除请求权而请求建筑物所有权人除去建筑物并返还土地，但同时建筑物所有权人也不能获得真正意义上的借地权，其在让渡建筑物方面可能受到因土地利用权原缺省而产生的限制（如第三人因担心该建筑物无合法且稳定之借地权而不愿意购买该建筑物）。当然，倘若土地所有权人与建筑物所有权人依意思自治的原则而订立借地契约，土地所有权人为建筑物所有权人设定契约型借地权，从而结束因土地所有权人被禁止滥用权利而产生之特殊借地关系者，其正当性自不待言。不过仍须注意的是，在土地所有权人先行向无权占有土地之建筑物所有权人要约，希望为其设定借地权，但遭到建筑物所有权人拒绝时，土地所有权人继而请求建筑物所有权人除去建筑物并返还土地的，原则上不认为是滥用权利,[3] 此时应确认土地所有权之物上妨害排除效力。

---

① 铃木禄弥『借地法』（青林書院，1984 年）336 頁。
② 同上。
③ 同上。

第四章

借地权的存续、更新与消灭

没有任何东西如财产权那样能如此广泛地引起想象与激发人类情感,[1] 而财产权的稳定与长期则是权利人矢志不渝的追求。借地权的存续与更新乃是借地关系中的核心问题,事实上,从立法论的角度而言,强化借地权之效力,使其向物权化的方向发展,主要是通过延长借地权的存续期间与赋予借地权人更新权的方式实现的。借地权人获得长期存续并且具有可更新性的借地权,其意义有二。

第一,借地权人相对弱势地位之增强。在传统民法典体系中,借地权人,尤其是土地租赁权人在法律地位方面于强大的土地所有权人面前处于弱势之境,土地租赁权人至多可获得为期 20 年的租赁权,且通常土地所有权人为缩短租赁期以便增多订立借地契约的机会,从而趁机提高地租等借地权取得之对价计,通常也不会以 20 年为标准为借地人设定土地租赁权,这使得在借地权诞生之前,土地租赁权人通常只能获得较 20 年期为短的土地利用权利,这对于以建筑物所有为目的之土地租赁权人尤为不利,令其无法达成为占有、使用、收益建筑物而长期占有使用土地之目的;即使借地权人之借地权在性质上系属地上权,但民法典上的地上权条款较少,且无更新条款,并且还赋予了土地所有权人在地上权消灭时以时价购买附着于地上之工作物或者请求地上权人除去工作物的选择权,这对于作为借地人的地上权人而言也是相当不利的。有鉴于此,《借地法》与《借地借家法》首先将借地权的存续期间大为延

---

[1] Richard Pipes, *Property and Freedom*, New York: a division of Random House, Inc., 1999, p. 1.

长（主要较之于土地租赁权而言），从而可以减少土地所有权人另行订立借地契约的机会，延迟土地所有权人收回土地的时间，[1] 以确保借地人利用土地之安定性，同时赋予借地人更新权，令借地人于借地权期间届满之际，得使土地所有权人在无正当理由之情势下依法律规定而必须给予借地人之借地权一个新的存续期间（对于土地租赁权与地上权都很重要）。存续期间的延长与更新权的赋予使借地人的弱势地位得到了极大的增强，有利于缓和借地人与贷地人之间的矛盾，保障借地人赖以生存的住所。

第二，借地权的财产化与借地权人资本投入之回收成为可能。在民法典时代，因地上权本身便属于例外，故而对于以土地租赁权为主要权利形式之建筑物所有而言，因土地租赁权的不稳定性、短期性与人格性（转让的受限性），使得土地租赁权可转让性程度低，财产属性也不明晰，这不仅使得借地人无法方便地单独转让土地租赁权，甚至对借地人转让自己所有的建筑物也造成了一定障碍。尽管在《借地法》出台前日本便出台了《建筑物保护法》，规定以建筑物所有为目的之地上权或者土地租赁权，倘若地上权人或者土地租赁权人在标的土地上存有经过登记的建筑物，该地上权或者土地租赁权即可以该登记对抗第三人，这在一定程度上增强了土地租赁权的财产属性，但这一规定本身也蕴含将土地租赁权与地上权变为建筑物所有权从属性权利的趋势，反而有削弱借地权物权性效力之嫌。《借地法》《借地借家法》出台后，借地权因其存续期间的延长与借地权人更新权的获得，其财产权属性和独立性均得到了较大提高，以至于"对于土地所有权人来说，一旦将土地借出就无法收回了，形成了借地权就是半永久性权利的观念"[2]，这使得借地权成为真正意义上的财产权，具有可转让价值。不过随着"租赁权多样化"理念[3]的提出，借地权物权化也并

---

[1]　岩田真一郎＝山鹿久木「借地権保護と建物の維持管理」住宅土地経済秋季号 NO. 74（2009）16 頁。

[2]　［日］水本浩、远藤浩编：《基本法注释——新借地借家法》，日本评论社 2003 年版，第 67 页，转引自沈宏峰《日本借地权制度研究》，上海社会科学院出版社 2011 年版，第 13 页。

[3]　水本浩＝遠藤浩＝田山輝明『基本法コンメンタール借地借家法』（日本評論社，2009 年）6 頁。

非借地权修正的唯一方向，例如在定期借地权中，这种特殊借地权尽管期限至少为 50 年，却不具有更新可能，从而事实上缩短了借地权的存续期间。尽管如此，定期借地权却以其灵活性而成为日本借地领域实务中最为活跃的权利形式。①

第一节　借地权的存续期间

虽然借地权中存在地上权与土地租赁权两种性质上存在差异的分支，不过在存续期间的问题上，《借地法》与《借地借家法》仍旧予以统一规定。不过以平成四年（1992 年）八月一日为时间上的界分点，借地权的存续期间因分别适用《借地法》或者《借地借家法》而存在不同，② 且《借地借家法》中的定期借地权与普通借地权（或称一般借地权）在存续期间上也存在差异；故笔者决定先以《借地法》与《借地借家法》为标准阐述普通借地权的存续期间，而定期借地权的存续期间留待后续有关定期借地权的章节再行叙述。

一　法定存续期间

所谓借地权的法定存续期间，是指借地人与贷地人所订立的以建筑物所有为目的之借地契约中，借地人所获得的借地权之存续期间所应达到的最短期间。在借地权出现之前，民法典体系下的地上权本身并无存续期间的上限或者下限方面的规定，不过土地租赁权受 20 年最长期限的限制。③但在借地权诞生之后，为借地人利益计，《借地法》等特别法延长了以建筑物所有为目的之土地使用权的法定最低存续期。所谓法定最低存续期，是一种对当事人意思自治予以单向规制的国家立法干预之制度产物，倘若借地人与贷地人所约定之借地权存续期间超过法律所定之最短期间，则法

---

① 黒田憲司「最新定期借地権の活用状況」ジュリストNO. 1060（1995 年）8 頁。

② 内田勝一＝山崎俊彦『借地・借家の裁判例—生活紛争裁判例シリーズ』（有斐閣，2010年）315 頁；稲本洋之助＝澤野順彦『コンメタール借地借家法』（日本評論社，2010 年）334頁を参照。

③ 稲本洋之助＝澤野順彦『コンメタール借地借家法』（日本評論社，2010 年）13 頁。

律对此等约定之效力予以认可，① 不过倘若贷地人依凭自身享有土地所有权等权利的优势地位，而为借地人设定较法定存续期间为短的存续期间，则应被解释为对借地人不利而无效，② 不过此间所谓的无效仅仅是指借地人与贷地人所为之借地权约定存续期间的条款无效，借地契约本身仍为有效，而随之而出现的借地权存续期间约定的缺位则由法律所定之最低存续期间弥补，③ 盖因依借地人契约目的为解释，借地人之真实意思在于借入贷地人之土地而为建筑物的所有，纵然存续期间因违反法律的强制性规定而无效，但也不应使无效之效力扩张至整个契约，因为法定存续期间之本旨乃在于保护借地人得长期使用土地，而非使借地人契约目的落空，故而仅使约定存续期间条款无效而代之以法律的直接规定，对于借地人而言最为有利。以 1992 年 8 月 1 日为界分点，于此之前的借地权法定存续期间适用《借地法》的相关规定，于此之后的借地权法定存续期间适用《借地借家法》的相关规定，兹分而述之。

（一）适用《借地法》之借地权法定存续期间

在制定《借地法》之前的民法典时代，土地租赁权通常期限较短且始终处于不稳定的境况中，故而以土地租赁权为土地利用权原的借地人通常不会在标的土地上修筑质量方面可以持续超过 20 年的建筑物，因为即使借地人修筑了质量不错的建筑物，在其土地租赁权期限届满之后，借地人通常承受除去建筑物之义务，故而没有必要将建筑物修筑得十分牢固。这种社会现实导致了大量劣质建筑物的出现，同时也是对资源的极大浪费。为减少劣质建筑物的数量，鼓励借地人修筑质量上乘的建筑物并使其长期保有土地利用权，《借地法》第 3 条规定，倘若是以石制、砖瓦制、土制或者与之相类似材料修筑而成的坚固建筑物的所有为目的而设立的借地权，其法定存续期间为 60 年，而其他普通建筑物（就日本国情而言主要是木制建筑物），其法定存续期间为 30 年。由此，在《借地法》规则体系中，建筑物因是否为坚固建筑物而在存续期间规

① 《借地借家法》第 3 条规定，"借地权的存续期间为 30 年。不过，依契约而定有更长期间者，以约定期间为存续期间（借地権の存続期間は、三十年とする。ただし、契約でこれより長い期間定めたときは、その期間とする）。"水本浩＝遠藤浩＝田山輝明『基本法コンメンタール借地借家法』（日本評論社，2009 年）16 頁。

② 稲本洋之助＝澤野順彦『コンメタール借地借家法』（日本評論社，2010 年）14 頁。

③ 渡辺晋『最新借地借家法の解説』（住宅新報社，平成 22 年）50 頁。

定上存在不同，而这种差异所导致的法律后果也存在巨大差异：坚固建筑物的法定存续期间比非坚固建筑物的法定存续期间超出 30 年，前者存续期间是后者的两倍。因此，适用《借地法》之借地关系所涉及的建筑物是否为坚固建筑物就与当事人之利益联系异常紧密。但就实务操作来看，坚固建筑物与非坚固建筑物之区分完全是脱离现实的形而上学机械划分，在判例上，坚固建筑物与非坚固建筑物的区分存在事实性困难，如非以石料、砖瓦或者黏土修筑之建筑物到底在何种程度上可被认为与石制、砖瓦制、土制建筑物同样坚固，这一裁量尺度难以把握，[①]故而也有裁判所转而以建筑物除去程度之难易为标准用语判断建筑物是否为坚固建筑物。[②] 此外，还存在木制建筑物造价甚至比以石料、砖瓦或者黏土修筑之建筑物造价高得多的情形存在，司法机关也有将造价高低作为标的建筑物是否为坚固建筑物之判定标准的判例，[③] 由此可知坚固建筑物与非坚固建筑物之间的差异在司法实务中并不十分明显，这种区分因司法自由裁量的缘故而显得相对柔性。此外，建筑物的存在状态在现实生活中也呈多元化态势，如一楼以钢筋结构修筑，而二楼却以木质结构修筑的建筑物，实务上很难将之归类于坚固建筑物或者非坚固建筑物，[④] 还有虽然是以钢铁与玻璃为建筑材料修筑而成，却十分容易拆卸的建筑物，实务上也难以对之进行归类。[⑤]

　　由上述所列举的判例可知，虽然《借地法》区分坚固建筑物与非坚固建筑物，以便鼓励借地人多修筑质量良好之坚固建筑物，以达至保障建筑物所有权人，尤其是坚固建筑物所有权人使用土地之安定性，减少资源浪费之目标，但由于坚固建筑物与非坚固建筑物在判定基准上存在模糊性，且在坚固建筑物日益普及的趋势下，不坚固建筑物已经越来越少，即使将不坚固的建筑物并入坚固建筑物统一规定存续期间也不会引起土地所有权人的很大抵触，[⑥] 因此坚固建筑物与非坚固建筑物的类型化区分已然

---

① 東京地判昭 40・1・28 判時 412 号 51 頁。

② 東京地判昭 38・11・27 下民集 14 卷 11 号 2308 頁；東京高判昭 41・8・8 東高民時報 17 卷 8 号 176 頁。

③ 東京地判昭 45・5・22 判時 608 号 153 頁。

④ 東京地判昭 40・1・28 判時 412 号 51 頁。

⑤ 最判昭 48・10・5 民集 27 卷 9 号 1081 頁。

⑥ 沈宏峰：《日本借地权制度研究》，上海社会科学院出版社 2011 年版，第 21—22 页。

没有太大意义，这也为《借地借家法》统一借地权的法定存续期间埋下了伏笔。

（二）适用《借地借家法》之借地权法定存续期间

由前述可知，《借地法》所进行的依建筑物不同类型而规定不同法定存续期间的立法是不成功的，因此，1991 年出台 1992 年施行的《借地借家法》在总结《借地法》的立法经验上，将坚固建筑物与非坚固建筑物借地权的法定存续期间统一为 30 年。① 但存有疑问的是，为什么不将借地权的法定存续期间统一为 60 年呢？将原本坚固建筑物借地权存续期间缩短为 30 年是否是对借地权人权利的削弱？日本立法者给出的解释是，"考虑到更新和正当理由制度的存在，30 年已经使得建筑物同土地的利用关系在必要的安定性方面得到了基本保障，而 30 年的期限也是普通建筑物在社会和经济上比较合适的使用年数"②，不过反对意见则认为，从"良好的都市建筑群所应当给予的建造和维修建筑物的法律保障"角度，或者"高龄化时代的生活保障"等角度来看，短期的法定存续期间制度是不太合适的。③

综合两方面的见解，私见以为，纵使坚固建筑物与非坚固建筑物在现代社会经济条件下殊难析分，但此缘由并不成其为将统一的借地权法定存续期间缩短为 30 年的坚实理由，因为倘若将借地权法定存续期间统一为 60 年亦得解决实务上建筑物无法类型化处理之难题。恰如王泽鉴先生在评论司法裁判理由中如是谈到"'最高法院'判决理由详尽者有之；仅具虚像理由（Scheinegründung）者有之；机械式适用法条不叙述理由者，亦属不少"④ 那样，所谓因建筑物类型化失败而为借地权设定较短法定存续期间的说辞系属虚像理由，而所谓 30 年存续期间已经能够保障借地权人对安定性的期待亦属自我安慰式的欠缺坚实论证的言

---

① 参见《借地借家法》第 3 条的规定；水本浩＝遠藤浩＝田山輝明『基本法コンメンタール借地借家法』（日本評論社，2009 年）16 頁。

② ［日］寺田逸郎：《新借地借家法的解说（2）》，NBL 第 489 号，第 40 页，转引自沈宏峰《日本借地权制度研究》，上海社会科学院出版社 2011 年版，第 22 页。

③ ［日］原田纯孝：《借地权的存续期间》，《法学家》939 号，第 73 页，转引自沈宏峰《日本借地权制度研究》，上海社会科学院出版社 2011 年版，第 22 页。

④ 王泽鉴：《"司法院"例变字第一号之检讨》，载王泽鉴《民法学说与判例研究》（修订版）第三册，中国政法大学出版社 2005 年版，第 13 页。

论；事实上，真正促使借地权法定存续期间缩短的理由在于土地所有权人对借地权愈发丧失兴趣的所谓社会经济意义上对借地权的抵制；为使自身获得对土地利用的主动权，日本土地所有权人越来越倾向于在自己土地上修筑建筑物，而将这些建筑物以整体或者区分［主要体现为在自己土地上修建公寓（アパート）出租给他人①］方式租赁于他人，即借家关系逐渐开始成为借地关系的制度替代品，在借家关系中，土地所有权人同时具有土地所有权人与建筑物所有权人之双重身份，较之于借地关系而言，土地所有权人更具有优势地位，且借家关系之存续期间通常情况下也较借地关系存续期间为短，《借家法》与《借地借家法》中也没有有关借家权的法定最低存续期间的限制，故而土地所有权人在借家关系中能够更为灵活地处分自己的土地。此外，由于旧有之《借地法》规定了较长的借地权法定存续期间，于人类寿命有限性考量的情势下，借地权人反而成为事实上的土地所有权人，原来的土地所有权人事实上沦为地租收取债权人，一旦为他人设定借地权，土地所有权人几乎终其一生都不能恢复对土地的完全支配，因此较之于借地，土地所有权人宁愿将土地所有权本身对外让渡以求获取更高的回报。倘若我们将法律与其所规范的社会现实视为系统与环境的关系，② 则对借地权法定存续期间缩短最为合理的解释应当作如下表述，即为了适应借地领域社会经济环境的变化，借地法律系统被迫做出调整以挽救自己，从而保持自身的制度竞争力，激励土地所有权人更多地选择借地这一法律形式处分自己的土地，以避免借地权制度在社会现实中逐渐消亡。当然，从利益衡量的角度来看，借地权法定存续期间的缩短也是为了平抑借地权人与土地所有权人之间的利益分配，以便不过分地侵夺土地所有权人的固有权益，缓和日本法制史上"租赁权物权化"思潮之狂飙突进所带来的一些负面影响。

二　约定存续期间

借地权系属私权，因此原则上法律准许借地权之存续期间由借地人与

---

① 矢島忠純ほか『全図解わかりやすい借家の法律』（自由国民社，2011 年）11 頁。

② ［德］卢曼：《社会的法律》，郑伊倩译，人民出版社 2009 年版，第 73 页。

贷地人依私法自治原则自由约定。不过基于保护作为经济上弱者①之借地人的考虑，《借地法》与《借地借家法》对贷地人基于自身经济优势而任意约定借地权存续期间的自由进行了限制：《借地法》第 2 条第 2 款规定，以契约方式约定坚固建筑物借地权存续期间为 30 年以上，其他建筑物借地权存续期间为 20 年以上的，得排除《借地法》第 2 条第 1 款有关借地权法定存续期间的规定，② 即在满足 30 年与 20 年最低年限的基础之上，当事人得自由约定借地权的存续期间；而《借地借家法》第 3 条在统一借地权法定存续期间的基础之上，规定凡约定超过 30 年期限的借地权，法律得确认其约定效力。③ 与《借地法》的规定相比，《借地借家法》将其他建筑物（即非坚固建筑物）约定年限的限制提高到了 30 年，并维持了坚固建筑物 30 年期间的最低约定限制，一方面统一了借地权的法定存续期间，另一方面也将法定存续期间确定为借地权的最短存续期间，结束了《借地法》中法定存续期间与法定的约定最短期间的二元分立，于立法技术上更显简洁，至于 30 年之年限设定是否妥当，则依前述见解，见仁见智。

三　借地上建筑物的命运与借地权的消长

在《借地借家法》作出修正之前，借地权虽然具有了长期性、可更新性与对抗性，成为一项效力强大的权利，但在《借地法》的体系中，借地权并没有形成一项抽象的独立权利，其毋宁更加类似于建筑物所有权的从权利。及至《借地借家法》出台后，废除了"借地权存续期间届满前，建筑物即告朽废者，则借地权当然消灭"的制度，从而将借地权塑造为了独立的抽象土地利用权。④ 但纵使如此，在借地法律制度中，建筑物的状况始终与借地权存有密切关联，建筑物的命运在一定程度上影响着借

---

① 现代契约法为平衡契约双方之利益，而普遍对契约自由原则进行了限制，其中"为保护经济上的弱者"，现代契约法承认对具有优势地位的当事人的缔约自由、决定契约内容的自由、决定契约方式的自由甚至选择契约相对人的自由均进行了限制。参见陈华彬《债法总论》，中国法制出版社 2012 年版，第 74—76 页。

② 水本浩＝遠藤浩＝田山輝明『基本法コンメンタール借地借家法』（日本評論社，2009年）164 頁。

③ 同上书，第 16 页。

④ 同上。

地权的存续。鉴于《借地借家法》附则第 5 条仍然维持了《借地法》在
1992 年前的有关建筑物与借地权关系之条文的效力,① 兹以《借地法》与
《借地借家法》二元体系为划分标准,分析借地上建筑物与借地权的
关系。

(一)《借地法》上建筑物与借地权的关系

《借地法》第 2 条第 1 款明确规定,倘若建筑物在借地权期间届满之
前即告朽坏的,则借地权当然消灭。考究这一规范的意旨,不难发现彼时
建筑物所有权与借地权乃构成主权利与从权利之关系;传统民法理论认
为,从权利乃是以其他权利的存在为基础或者没有其他权利的存在就没有
意义的权利,② 没有作为主权利的他权利,从权利便不能存在,③ 而《借
地法》第 2 条第 1 款的文本正是基于主从权利的一般理论,令借地权与建
筑物所有权同命运,一旦建筑物所有权因朽坏而灭失,借地权随之消灭。
不过由于借地权消灭的具体要件为"建筑物朽坏",因此何为"建筑物朽
坏"便是《借地法》上建筑物与借地权关系的核心问题。

1. 借地上建筑物朽坏与借地权

(1) 建筑物朽坏制度的合理性及质疑

《借地法》之所以规定借地权因建筑物朽坏而消灭,主要基于现实考
虑,具体来说,因《借地法》赋予坚固建筑物借地权长达 60 年的法定存
续期间,非坚固建筑物借地权长达 30 年的法定存续期间;且即使当事人
约定借地权的存续期间,也以坚固建筑物借地权存续期间不低于 30 年、
非坚固建筑物借地权存续期间不低于 20 年为必要,故通常情形下未及借
地权期间届满,建筑物即告朽坏,而借地权制度说到底,其本旨乃在于保
护建筑物所有权,④ 故一旦建筑物所有权因建筑物朽坏而消灭,借地权即
完成其使命,故随之消灭乃自然之理。

不过这项制度也有其固有缺陷,如日本学者铃木禄弥便认为建筑物朽
坏是一项十分微妙暧昧的法律要件,具体到各种建筑物的现实存续状态而
言,难以判断其是否朽坏,不过徒增当事人之间的纷争而已,故不如废除

---

① 稲本洋之助=澤野順彦『コンメタール借地借家法』(日本評論社,2010 年)345 頁。

② 李永军:《民法总论》(第二版),法律出版社 2009 年版,第 105 页。

③ 龙卫球:《民法总论》(第二版),中国法制出版社 2002 年版,第 132 页。

④ 鈴木禄弥『借地法』(青林書院,1984 年)350 頁。

之，① 且在实践中坚固建筑物的存续期间在 60 年以上也是常有之事，② 故此规定的适用空间十分有限。

（2）朽坏的概念

所谓建筑物的朽坏，乃指建筑物随时间的经过，自然地丧失了其作为建筑物的效用的情形。③ 朽坏与灭失不同，所谓灭失乃指因地震、火灾、水灾等事故造成的建筑物效用丧失的情形，因此建筑物朽坏自然也就不包括借地人自己或者他人人为毁坏建筑物的情形。从保障借地权人权益的角度出发，认定灭失与毁灭不属于朽坏的范畴具有现实意义。④

不过具体到现实，建筑物朽坏是一项极难把握的要件。判例方面，有极为丰富的有关建筑物朽坏的认定，如东京地方裁判所认为，所谓建筑物的朽坏非仅指建筑物在物理意义上倒塌或者不能使用，建筑物因其建材受到腐蚀而丧失社会经济意义上的效用者，且经修缮也无法恢复其效用的，可认定为朽坏，⑤ 最高裁判所则认为应更为灵活地认定建筑物是否朽坏，即应对建筑物做整体观察，从修理该建筑物是否于经济上有利角度而非仅仅从该建筑物能否修理的角度综合判断建筑物是否朽坏，⑥ 东京高等裁判所则认为所谓建筑物朽坏仅为建筑物之效用自然腐朽颓废而致，不包括人为造成建筑物灭失的情形，且具体而言：第一，倘若建筑物因自然腐朽而致需要大修缮才能恢复效用的，则可认为建筑物已然朽坏；⑦ 第二，建筑物之一部分出现腐蚀状态，就全体建筑物而言依通常保存、修缮方法无法维持或者恢复建筑物的社会经济价值，则此时可因建筑物丧失其价值而认定建筑物已然朽坏。⑧ 虽然实务部门已经勠力解析建筑物朽坏的内涵，但其实上述阐述在复杂的现实面前仍显捉襟见肘，现实永远比理论丰富多彩：例如在借地上存在多栋建筑物的场合，如甲与乙共有一个借地权，甲之建筑物并没有朽坏，而乙之建筑物已然朽坏，则此时甲乙共有之借地权

---

① 鈴木禄弥『借地法』（青林書院，1984 年）350 頁。

② 同上。

③ 同上书，第 351 页。

④ 同上。

⑤ 東京地判昭 31·5·21 下民集 7 卷 5 号 1302 頁。

⑥ 最判昭 35·3·22 民集 14 卷 4 号 491 頁。

⑦ 東京高判昭 39·9·9 東高時報 15 卷 9 号 184 頁。

⑧ 東京高判昭 30·6·1 東高時報 6 卷 6 号 140 頁。

命运如何？倘若甲之建筑物与乙之建筑物在效用上并无牵连，则实务部门通常采取的做法是使乙与甲共有借地权的关系得以存续，乙之借地权并无消灭；[①] 而倘若甲与乙之建筑物存在效用上的牵连关系，考诸甲乙所有建筑物之间在效用上的主从关系，倘若乙所有之朽坏建筑物为其主效用者，则全体借地权消灭，倘若乙所有之朽坏建筑物仅起次要效用，则此时甲与乙共有之借地权并不消灭。[②] 不过问题在于，甲与乙所有之建筑物纵然存在效用上的牵连关系，但并无主从之分，则此时借地权是否存续呢？且私见以为，乙之建筑物所有权既然已然丧失，根据《借地法》第 2 条的规定，只需灵活地令乙所拥有的借地权权利份额消灭即可，为何要使乙仍旧与甲一道共有一个借地权而且还要负担地租呢？倘若乙在其建筑物灭失后不欲再于借地上修筑建筑物，则实务部门的处理对于乙来说非谓正义，故而窃以为：

第一，于甲与乙建筑物在效用上各自独立的场合，乙建筑物朽坏者，乙之借地权权利份额消灭，甲独立享有一个借地权，但其不必负担原本由乙之建筑物占有土地的借地负担，甲之借地权效力上仅及于甲之建筑物所占有的必要土地，即甲与乙共有之借地权在转变为甲单独享有后标的物范围有所限缩，自然甲也不必支付与先前甲与乙共同向土地所有权人支付的地租同等额度的地租，即甲享有地租减少请求权。

第二，在甲与乙之建筑物效用上有牵连关系时，倘若朽坏的乙之建筑物起主要效用，且甲之建筑物的存续不具社会经济上的价值时，得令甲与乙共有之借地权消灭，不过甲之建筑物具有继续存续价值的，则令甲独立享有一个效力上仅及于其建筑物占用土地的单独借地权，而甲与乙共有借地权的借地关系即告终结，乙之权利份额消灭；倘若朽坏的乙之建筑物仅起次要效用的，则原则上由甲径行以其建筑物占有土地为限单独享有一个借地权，但甲之建筑物丧失且乙之建筑物辅助既无继续存续的社会经济价值，且乙不愿意再建建筑物的，则甲与乙之全体借地权消灭。

（3）对建筑物加以修缮情形下的建筑物朽坏判断问题

虽然依据建筑物的性质，建筑物（尤其是日本普遍存在的木制建筑物）逐渐朽坏乃是十分自然之事，不过法律上也并未禁止借地权人得以人

---

① 東京地判昭 39・4・22 判夕 163・188 頁。

② 大判明 39・11・28 民録 12・1665 頁。

力介入之方式延缓建筑物朽坏的过程，质言之，借地权人得修缮处于朽坏过程中但尚未完全朽坏的建筑物，以使该建筑物恢复大致完满的状态，从而避免建筑物朽坏之结局，而借地权人借此也可继续享有借地权，从而使借地权免于因建筑物朽坏而消灭之命运。不过诚如铃木禄弥所言，经由修缮而延长建筑物的寿命从而延长借地权的做法似与《借地法》的规范意旨相违背，①，因此修缮与建筑物朽坏问题并非如上述描述的那样简单。

通常，为保存建筑物而实施的必要修缮是法律所认可的，判例与学说对此并无争议，② 不过具有争议性的问题在于，倘若借地人乃是为了使自己的借地权予以存续而修缮处于朽坏过程甚至已然朽坏的建筑物，即对建筑物为大修缮时，此时应否认定借地权人的借地权已然消灭？对此日本有三种学说予以解释：第一，当然消灭说。早期日本判例的态度十分鲜明，即建筑物之朽坏程度需要大修缮时，则借地权因建筑物朽坏而消灭，③ 也有学者支持此种观点。④ 第二，同一性说。该学说认为，在大修缮的场合，倘若原建筑物经修缮后失其同一性，即原建筑物经修缮后已经可以认定为是新建筑物的，则借地权即告消灭，⑤ 此为学界有力说。第三，贷地人异议主张说。该学说抛弃了对修缮进行客观判断的做法，转而主张在借地权人对其建筑物为大修缮时，倘若贷地人并未提出异议，则尽管建筑物已然朽坏，但借地权人仍得在大修缮之后继续享有借地权；反之，倘若贷地人提出异议认为借地权人对其建筑物所为修缮为大修缮且建筑物已然朽坏的，在该异议得到裁判所认可的情况下借地权人的借地权即归于消灭。⑥

考诸以上三种学说，当然消灭说在要件构成上最为简单，即一旦建筑物所需要的修缮超过一般社会理念中为保存建筑物所为修缮之程度，则认定该建筑物非经大修缮无法恢复原有完好状态，则顺势认定该建筑物为朽坏建筑物，最终消灭借地权，但仔细分析会发现，倘若采纳该学说，则不

---

① 鈴木禄弥『借地法』（青林書院，1984 年）356 頁。

② 同上。

③ 大判昭 13・2・9 民集 14 卷 193 頁；大判昭 9・10・15 民集 13 卷 1901 頁。

④ 薄根正男『借地借家法コンメンタール』（三省堂，昭和 8 年）100 頁。

⑤ 高島良一『判例借地借家法（下）』（判例タイムズ社，昭和 7 年）914 頁；広瀬武文『借地借家法の諸問題』（日本評論社，昭和 34 年）52 頁。

⑥ 鈴木禄弥『借地法』（青林書院，1984 年）357 頁。

仅会加剧借地权人进行大修缮的困难，妨碍建筑物的合理利用，且最为重要之处在于，依《借地法》第 7 条之规定，在借地权因朽坏以外的原因而灭失的，倘若借地权人新建造了存续期间在借地权存续期间以内的新建筑物的，贷地人不得反对；且即使借地权建造了存续期间超过借地权剩余期间的新建筑物，但贷地人未表示异议的，借地权的存续期间还可依法律的直接规定，自建筑物灭失之日起重新计算，在坚固建筑物的场合为 30 年，非坚固建筑物则为 20 年，[①] 两相比较而言，在建筑物灭失的场合与在建筑物朽坏的场合借地权人的权利配置差异太大，有失平衡。[②] 而贷地人异议主张说在程序上则显得较为复杂，[③] 且通常在借地权因建筑物朽坏而消灭而导致借地权人与贷地人之间发生纠纷的场合，贷地人均会提出异议，而此种异议最终均由裁判所判定是否合理，因此仅就法律效果而言，贷地人异议主张说在本质上与当然消灭说并无本质差别，虽然当然消灭说认为不经贷地人主张借地权即告消灭，而贷地人异议主张说则以贷地人主张为必要，但从实务角度考虑，两者在判断建筑物是否朽坏的基准上均是一致的，即建筑物朽坏程度是否需要进行大修缮。真正触及修缮与借地权存续实质问题的是同一性学说，该学说不以建筑物是否需要进行大修缮为标准判断借地权是否消灭，而是以建筑物经修缮后是否得维持同一性来判断被修缮之建筑物是否达到朽坏的程度，较之于当然消灭说与贷地人异议主张说，在理论上更为可取，不过理论上的合理恰如苏格拉底在《理想国》中提到的画中的美男子那样，尽管我们不能否认其逻辑完满性，但由于现实与理论总是难以完全契合，现实较之于理论远为丰富，故同一性学说在实务运用方面也存在困难。[④] 不过较之于另外两种学说，同一性学说的优点在于将由原来对修缮是否为大规模修缮的判断转换为建筑物经修缮是否具有同一性，相较而言在判断上更为容易，且日本在导入美国法学之后，越发重视判例的作用，[⑤] 随着判例的日渐丰富，同一性学说也许会得到实务上更好的诠释。当然，随着日本 1992 年 8 月 1 日之前设定的借地

① 水本浩 = 遠藤浩 = 田山輝明『基本法コンメンタール借地借家法』（日本評論社，2009 年）187 頁。

② 鈴木禄弥『借地法』（青林書院，1984 年）357 頁。

③ 同上。

④ 同上。

⑤ 沈宏峰：《日本借地权制度研究》，上海社会科学院出版社 2011 年版，第 103 页。

权的不断减少，适用《借地借家法》的借地权将不会为建筑物朽坏问题所困扰。

不过须注意的是，倘若借地人与贷地人在借地契约中约定了借地权的存续期间，则根据《借地法》第 2 条第 2 款之规定，可排除建筑物朽坏而致借地权消灭的法定条款，而使借地权直至约定期间届满时才告消灭。①

2. 借地权的法定更新：最初借地契约期间内建筑物灭失与借地权的存续

前述已经提及，日本《借地法》将建筑物的命运区分为因建筑物自然性质而导致的建筑物朽坏与因人为因素或者除建筑物自然性质之外的自然因素而导致的建筑物灭失，那么在建筑物灭失的情形下，借地权之命运又将归墟何处呢？《借地法》第 7 条对最初借地契约（即未经过更新的借地契约）期间内建筑物灭失与借地权存续的关系作出了规定："于借地权消灭前而建筑物灭失之场合，筑造超过借地权残存期间的建筑物的，土地所有权人迟延提起异议者，则以建筑物灭失之日起计算，坚固建筑物借地权为 30 年，其他建筑物为 20 年。"② 其规范意旨分述如下。

（1）建筑物的灭失与借地权的消灭

依《借地法》第 2 条之意旨，建筑物因其自然性质而朽坏的，借地权随之消灭，当然当事人得以特约排除之。而在建筑物因火灾、地震等其他原因而灭失时，借地权原则上并不消灭。③

（2）建筑物灭失的范围

所谓建筑物的灭失，乃指建筑物因第三人或者自然力的原因，于建筑物自然寿命完结前而致建筑物消灭的事实，④ 而存有争议的地方在于，因借地权人自己的原因而致建筑物灭失的，是否能涵摄入《借地法》第 7 条的效力射程。

第一，因城市规划而须换地处分的，借地权人撤去建筑物而后又再行修筑建筑物的，应认为具有正当性，⑤ 不过根据《日本民法典》第 1 条

---

① 水本浩＝遠藤浩＝田山輝明『基本法コンメンタール借地借家法』（日本評論社，2009年）188 頁。

② 同上书，第 187 页。

③ 同上。

④ 同上。

⑤ 東京控判昭 9・4・30 新聞 3713 号 5 頁。

"权利不许滥用"之意旨与同一性学说（与建筑物朽坏同一性学说一致），借地权人不得趁机用新材料建筑新建筑物，唯有借地权人仅用原有建筑材料或者与原有建筑物材料在质料、种类相同且复建了与原建筑物在构造上也一致的新建筑物，即新建筑物与原建筑物具有同一性时，借地权人主张借地权不因先前因借地权人自己原因而致建筑物灭失而消灭的，方为合理。[1]

第二，在借地权人任意毁灭建筑物的场合，日本法上判例认为此时不应将借地权人任意毁灭建筑物之事实认定为《借地法》上的建筑物灭失，[2] 学说上亦采相同见解，[3] 不过也有学者认为，一概将借地权人任意毁灭建筑物的行为排除在《借地法》第 7 条的效力范围之外有失公允，因此也应将此种绝对的见解予以缓和。[4] 不过从保障建筑物存续的角度来看，借地权人倘若任意毁灭建筑物的，确实与《借地法》第 7 条的立法者原意存在不契合之处，盖《借地法》第 7 条意在使借地权人免受因地震、火灾等无妄之灾而致其建筑物灭失最终导致借地权消灭之不利益，而非保障借地权人任意处置其建筑物的权利，在《借地法》体系下借地权作为在某种程度上从属于建筑物所有权的权利，在借地权人以自己意思而毁灭建筑物的场合下，将借地权人之意思及行为理解为对建筑物所有权的抛弃不无不可，则此时借地权附随于建筑物所有权之消灭而消灭也具有逻辑上的可演绎性，故而不应认为借地权人任意毁灭建筑物之时，仍然得享《借地法》第 7 条所规定之法定更新效果。

不过以上分析均建基于借地权从属于建筑物所有权的预判，倘若借地权在性质上系属地上权，则其无疑自动拥有独立于建筑物所有权的强大效力，此时借地权人任意毁灭建筑物而为新建的，土地所有权人并不能提起异议，当然于借地契约中有特约的除外。

（3）贷地人之异议权

在建筑物灭失的场合，倘若借地权人仅新建了使用寿命在残余借地权

[1]　星野英一『借地・借家法』（有斐閣，昭和 44 年）98 頁；水本浩＝遠藤浩＝田山輝明『基本法コンメンタール借地借家法』（日本評論社，2009 年）187 頁を参照。

[2]　最判昭 38・5・21 民集 17 巻 4 号 545 頁。

[3]　広中俊雄『借地借家判例の研究』（一粒社，昭和 40 年）183 頁以下；水本浩＝遠藤浩＝田山輝明『基本法コンメンタール借地借家法』（日本評論社，2009 年）187 頁を参照。

[4]　水本浩＝遠藤浩＝田山輝明『基本法コンメンタール借地借家法』（日本評論社，2009 年）187 頁を参照。

存续期间以内的新建筑物，则原则上贷地人（主要是土地所有权人）对此须负容忍义务，而不能对借地权人的行为予以妨碍；不过从实务角度而言，在借地权人以住宅、商业用房等建筑物所有为目的之借地情形中，借地权人一旦选择新建建筑物，为其居住与营业计，通常建筑物的寿命会采通行标准，则可以说，新建建筑物使用寿命超过残存借地权存续期间乃是常态；而在借地权人新建建筑物寿命超过残存借地权期间的时候，贷地人享有异议权，一旦贷地人行使异议权，则可排除《借地法》第7条有关借地权存续期间延长的法律效果，借地权人的借地权存续期间仍只余残存期间而已。不过贷地人的异议权在行使方式方面受到了法律规制，即贷地人必须毫不迟滞地向借地权人提出异议，而所谓迟滞，是指贷地人在知晓借地权人新建建筑物之后的相当期间内未提出异议，[1] 不过相当期间是一个极具弹性的时间标准，在具体判断上仍须委诸裁判所依自由裁量权参酌案件的具体情况确定。同时，在异议的具体表现方面，学说认为，应承认多元化的异议方式，倘若贷地人作出了反对借地权人新建建筑物的意思表示，即可认为贷地人行使了异议权，而并不要求贷地人必须作出反对借地权存续期间法定延长的意思表示。[2]

（4）借地权法定更新的法律效果

尽管在学理上将《借地法》第7条归纳为"借地权的法定更新"制度，[3] 不过在性质上借地权的法定更新与借地权的更新权仍然存在一系列的不同：第一，发生阶段不同。借地权的法定更新发生在借地权存续期间，而借地权更新权发生在借地权存续期间届满之时。第二，构成要件不同。借地权的法定更新以建筑物灭失为要件，而借地权更新权无此要求。第三，贷地人异议权行使要求不同。在借地权法定更新的场合，贷地人只需不迟滞地作出异议的意思表示即可，而在借地权人行使更新权的场合，贷地人行使异议权须具备正当理由。第四，发动程序不同。借地权法定更新依法律规定而直接发生作用，而借地权更新权则以借地权人主张为必

① 水本浩＝遠藤浩＝田山輝明『基本法コンメンタール借地借家法』（日本評論社，2009年）189頁。

② 星野英一『借地・借家法』（有斐閣，昭和44年）100頁；鈴木禄弥『借地法』（青林書院，1984年）369頁。

③ 水本浩＝遠藤浩＝田山輝明『基本法コンメンタール借地借家法』（日本評論社，2009年）187頁。

要。因此，经由比较，可知借地权的法定更新制度更多只是借地权存续的特别情形，而与更新权并无太多共通之处，不过在效果上两者却有一致之处：一旦借地权实现法定更新，则依建筑物的不同类型，坚固建筑物借地权存续期间顺延 30 年，非坚固建筑物借地权存续期间顺延 20 年,① 而借地权人于借地权存续期间届满之际行使更新权成功的，则借地权的存续期间自更新之日起计算，坚固建筑物借地权存续期间为 30 年，非坚固建筑物借地权为 20 年。②

不过，倘若贷地人于借地权发生法定更新之前行使异议权的，则不发生借地权存续期间因法定更新而顺延的法律后果，那么此时借地权人是否有权再行修建建筑物呢？日本学者铃木禄弥认为虽然借地权人之借地权没有能够顺延而获得更长的存续期间，但是在建筑物灭失的场合，借地权人依其借地权而新建建筑物乃是其固有权利，不可妄称彼时借地权人已丧失其建筑物再建权，唯借地权人新建建筑物超过借地权残存期间者，已然构成借地契约之违反，借地权人自应负债务不履行之责，故借地权法定更新失败并不意味着借地权人丧失建筑物再建权。③ 此说殊为合理，可资借鉴。

（二）《借地借家法》法上建筑物与借地权的关系

1. 建筑物朽坏制度之废除

《借地借家法》对《借地法》于建筑物与借地权关系领域所作出的最大修正是因建筑物朽坏而致借地权消灭制度的废除。在 1960 年的借地法改正纲要案中，立法者认为，建筑物朽坏之判定于现实中存在困难，与之相关的借地关系终止问题也十分繁复难解,④ 继续保存该制度不利于维护借地权人的利益，且易滋生纠纷，故不如废除。学界也有意见认为，从借地权存续保障的角度讲，倘若借地权期间确定，则当事人（包括借地权人与贷地人）对借地权均存有预期可能性，但建筑物之朽坏是一个微妙的概念，对朽坏所做出的不同解释乃是引起当事人之间纠

---

① 水本浩＝遠藤浩＝田山輝明『基本法コンメンタール借地借家法』（日本評論社，2009年）187 頁。

② 同上书，第 172 页。

③ 鈴木禄弥『借地法』（青林書院，1984 年）375 頁。

④ 稲本洋之助＝澤野順彦『コンメタール借地借家法』（日本評論社，2010 年）16—17 頁。

纷的重要诱因，故而应当废除该制度。① 据此，依《借地借家法》而设立之借地权不再依建筑物朽坏而消灭，建筑物朽坏的情形被立法者纳入了原本与"建筑物朽坏"相区分的"建筑物灭失"的概念内涵中，② 一旦建筑物出现朽坏事由，则应依《借地借家法》有关建筑物灭失的规范处理。

2. 建筑物灭失与借地权消灭制度之修正与补充

《借地法》第 7 条对建筑物灭失情形下借地权命运的规定十分简单，故《借地借家法》在此基础之上进行了修正与补充。

（1）法定更新期间之统一

《借地借家法》废除了《借地法》将建筑物类型化为坚固建筑物与非坚固建筑物的做法，转而将两者予以统一，为建筑物设定了统一的借地权法定存续期间。为了贯彻这种统一性，《借地借家法》在第 7 条没有保留《借地法》第 7 条关于法定更新之后，坚固建筑物借地权存续期间为 30 年，非坚固建筑物借地权存续期间为 20 年的规定，而是统一规定建筑物灭失后新建，构成法定更新的，借地权存续期间顺延 20 年。③

须注意的是，借地权法定更新而顺延的 20 年期间与之后借地权人行使更新权后的更新期间并不重合，在借地权因法定更新而顺延 20 年，于该 20 年期间届满之际，借地权人仍得行使第一次性之更新权，从而使借地权因更新而再延长 20 年。④

（2）贷地人承诺制度之创设

《借地法》在制度设计方面极为简陋，其第 7 条规定，在贷地人迟延行使异议权的场合，借地权人得依法律规定直接获得借地权法定更新之效果。而《借地借家法》在反思《借地法》的基础之上，认为贷地人的意思也应当成为借地权法定更新所考虑的因素，故其规定借地权人建造超过借地权残余期间的新建筑物的，唯有取得借地权设定人的同意，借地权人方可获得借地权因法定更新而顺延 20 年的法律效果。不过须注意的是，贷地人同意虽然是借地权法定更新的构成要件，但并非借地权人于基地上

---

① 鈴木禄弥『借地法』（青林書院，1984 年）349 頁。
② 稲本洋之助＝澤野順彦『コンメタール借地借家法』（日本評論社，2010 年）17 頁。
③ 同上书，第 18 頁。
④ 原田純孝「借地権の存続期間」シュリ1006 号（1992 年）40 頁。

新建建筑物的要件,① 借地权人未取得借地权设定人的承诺仍得于基地上新建建筑物，只是无法使借地权发生法定更新而已。

（3）贷地人异议权除斥期间之设定

《借地法》第 7 条对于贷地人行使异议权的期间规定，仅仅使用了"不迟延地「遅滞ナク」"的文字,② 仅从文本上难以判断贷地人异议权行使的确定有效期间，只能解释为法律将贷地人行使异议权是否迅速的判断委诸裁判所依社会一般观念与具体案情自由裁量之。故《借地借家法》明确规定贷地人异议权的行使期间为 2 个月，倘若贷地人不行使异议权，则视为其作出同意借地权人新建建筑物并获得法定更新效果的承诺。

（4）法定更新之缓和

《借地法》第 7 条十分生硬地规定在发生借地权法定更新的场合，借地权自动顺延 20 年，而没有回旋余地。但在实务中，也存在借地权人之借地权残存期间长于 20 年或者借地权设定人与借地权人约定法定更新后借地权顺延期间长于 20 年的情形，倘若依《借地法》第 7 条，则会出现缩短借地权存续期间与干预当事人意思自治的弊端。故此，《借地借家法》在读 7 条增设但书规定，确认借地权剩余期间超过 20 年或者当事人约定超过 20 年的，则以剩余期间与约定期间为基准顺延。③

（5）借地权设定人未为承诺之时的处理规则

在《借地借家法》第 7 条为借地权法定更新增设借地权设定人承诺之要件后，借地权发生法定更新以借地权设定人同意为必要。倘若借地权人未获得借地权设定人之承诺，则其仍得于基地上修建新建筑物，不过原借地权存续期间不发生顺延，在借地契约约定的借地权期间届满之际，借地权的命运存在下列三种可能性：第一，借地权期间届满，借地权人未行使更新权的，借地权消灭；第二，借地权期间届满，借地权人行使更新权，且借地权设定人无正当理由抗辩或者没有抗辩的，借地权实现更新，期间得依法律规定延长；第三，借地权期间届满，借地权人行使更新权，但借地权设定人不认可借地权人的更新请求，认为自己收回土地具有正当理

① 水本浩＝遠藤浩＝田山輝明『基本法コンメンタール借地借家法』（日本評論社，2009年）187 頁。

② 同上。

③ 稲本洋之助＝澤野順彦『コンメタール借地借家法』（日本評論社，2010 年）46 頁。

由，且该正当理由为裁判所所支持的，则借地权因更新失败而归于消灭。通常，倘若借地权设定人以其未对借地权人为建筑物再建承诺为由而主张自己收回借地权标的土地存在正当理由，继而否定借地权人的更新请求，这一理由通常可以获得司法上的支持。而对于借地权人于基地上修建的建筑物的处理而言，借地权人得依《借地借家法》第 13 条之规定，请求借地权设定人以时价购买该建筑物，以便收回投入之资本。①

（6）建筑物灭失后于存续期间内新建建筑物须于基地上设置虚拟建筑物

根据《借地借家法》第 10 条之意旨，借地权在一定程度上摆脱了建筑物所有权的禁锢，其在建筑物所有权灭失的情况下仍得继续存在，不过借地权人负有将即将新建的建筑物之必要事项、灭失时间以及自己将新建建筑物的意思以明显方式揭示于标的土地之上，② 实务中借地权人通常采取在不动产登记簿上登记即将新建的建筑物，并且在标的土地上以告示牌的方式予以公示，即此时基地上存在一个虚拟的建筑物。③ 且新建的时间被限定为自建筑物灭失之日起两年，④ 两年期间经过，借地权人即丧失建筑物再建的权利。由此可以看出，《借地借家法》中的借地权已经与建筑物所有权呈分离趋势，不过这种分离并不彻底。

3.《借地借家法》修正之评论

从《借地法》到《借地借家法》，立法者对建筑物与借地权的关系进行了较大幅度的修正，首先，就建筑物所有权与借地权之间的权利关系而言，《借地法》认为借地权本身是为建筑物所有权服务的，因此一旦建筑物朽坏，则借地权自然随之而消灭。在此，借地权的效力被严重削弱了。笔者在第二章曾提及在《借地法》时代，正是借地权向物权化乃至所有权化的方向大步前进的时期，不过在建筑物所有权与借地权关系的设置上，《借地法》仍旧没有脱离《建筑物保护法》之窠臼，仅将借地权设定为建筑物所有权的从权利，借地权会随因建筑物朽坏而引起的建筑物所有权消灭而归于消灭。这种处理方法自然是结合日本当时地租支付之实务习

---

① 稲本洋之助＝澤野順彦『コンメタール借地借家法』（日本評論社，2010 年）96 頁。

② 同上书，第 70 页。

③ 沈宏峰：《日本借地权制度研究》，上海社会科学院出版社 2011 年版，第 27 页。

④ 稲本洋之助＝澤野順彦『コンメタール借地借家法』（日本評論社，2010 年）70 頁。

惯而拟定的条款，彼时日本借地权地租乃是分期缴纳，在借地权存续期间，主要有一月一缴（通常在每个月的最后一天给付）与一年一缴（日期由当事人依合意定之）两种形式，① 一旦借地权因建筑物朽坏而消灭，则借地权人即不再负有给付地租之义务，借地权设定人亦得顺利回收土地，逻辑上亦有合理之处。不过地租通常受到公法之干预而无法任由土地所有权人设定，因此于地租之外，借地权设定人通常还会巧立名目，收取权利金、更新费等费用，以弥补因土地价格上涨而地租相对低廉所产生的相对利益损失。② 而权利金甚至具有借地权设定对价、部分地租预付、借地权让渡权获得对价的性质，③ 且权利金的额度在土地价格高企时期通常占到了借地权市场价格的七到八成，且为一次性支付，④ 其价格甚至一度逼近土地所有权的价格，因此倘若坚持借地权因建筑物朽坏而消灭，就可能使付出巨大代价的借地权人蒙受金钱上的巨大损失，有违公平正义，也不利于借地权制度的发展。况且《借地法》本身也没有贯彻将借地权设计为建筑物所有权之纯粹从权利的旨趣，其在建筑物灭失时仍例外地承认借地权不消灭，且可能因法定更新而得于存续期间上顺延，从而在建筑物朽坏与建筑物灭失上采取了截然不同的态度，人为造成了权利义务配置的失衡。因此，《借地借家法》在参酌《借地法》的缺陷与权利金等借地权新对价在社会上流行的事实，为适应社会环境的新变化⑤而做出了前述调整，其有如下特点。

第一，《借地借家法》较之于《借地法》而言，在立法技术上更为精湛，其不仅将贷地人异议权的行使期间以除斥期间的方式明晰化，而且将

---

① 不動産法実務研究会『最新版借地借家の法律常識』（日本実業出版社，2011 年）41 頁。

② 沈宏峰：《日本借地权制度研究》，上海社会科学院出版社 2011 年版，第 75 页。

③ 不動産法実務研究会『最新版借地借家の法律常識』（日本実業出版社，2011 年）42 頁。

④ 沈宏峰：《日本借地权制度研究》，上海社会科学院出版社 2011 年版，第 82 页。

⑤ 诚如尼古拉斯·卢曼所言，"法律就是一种为社会适应其环境服务的调节机制"（参见［德］卢曼《社会的法律》，郑伊倩译，人民出版社 2009 年版，第 292 页），在此亦得由微观处窥知日本借地权制度的相关概念始终在与灵活多变的社会环境的交流中进行着自我省视与内涵及外延的变迁，这种法律与社会的结构性耦合的变迁关系贯穿了日本借地权制度发展的始终，由此可以印证法律与社会主要乃是系统与环境的关系。

当事人残余借地权期间或者约定借地权期间超过 20 年的情形纳入考量范围，从而避免了出现立法目的与条文机械适用之间可能发生的抵牾。

第二，《借地借家法》较之于《借地法》更为注重利益衡量，在有关借地权法定更新的场合将贷地人与借地人之间的利益进行了再平衡，从而令法定更新不至于仅仅因贷地人怠于行使异议权即告发生，以便克服法条概念法学适用所带来的利益失衡后面，《借地借家法》对《借地法》的修正也反映出昭和时代日本法学方法论由大正时代的概念·注释法学转向利益·自由法学的历史痕迹。①

第三，就精神气质而言，《借地借家法》的意思自治性格更为突出，其更为注意当事人意思自治的效果，不再由法律强行预定行为方式与法律后果，转而将贷地人之意思作用引入借地权法定更新之场合，以便减少法律对作为市民社会事务之借地关系的直接强制性干预，从而在法的支配性与私的自治之间实现了平衡。②

第二节　借地权的更新

在日本借地权法律制度中，最富有特色的制度应当算是借地权的更新制度。所谓借地权的更新，亦称借地契约的更新，乃指借地权存续期间届满之后，借地人向贷地人请求以原借地契约为基准更新借地契约，贷地人无正当理由不得拒绝借地人更新请求之制度。借地权所附之更新权使借地权（包括借地权名义下之土地租赁权与借地权名义下之地上权）在性质上发生了巨大变化。

就存续期间而言，在日本物权体系中，唯所有权具有恒久性之特点，其亦不因消灭时效届满而消灭，仅可能因取得时效之反射效力而灭失，③

---

① 礒村哲「利益法学をめぐって」法政研究 40 号（1974 年）156 頁以下。

② 日本在司法改革的进程中认为裁判所万能的思想是极为错误的，因此应当进行改革，为私的自治尽量留下广泛的空间，市民纠纷主要应由 ADR（非诉讼纠纷解决机制）得以化解，而将受法律支配的领域局限在重要领域即可，不必令法律及司法裁判包罗万象，否则可能产生抑制市民权益的不利后果。吉田勇「司法制度改革と ADR」熊本法学 112 号（2007 年）1 頁以下を参照。

③ 加藤雅信『新民法大系 II 物権法』（有斐閣，2005 年）251 頁。

而其他他物权，包括地上权、永佃权、抵押权、质权等为自己利益而支配他人之物的物权均不具有恒久性的特点，盖因他物权倘若具有恒久性，纵使所有权人得从他物权人处获致金钱对价，但由于所有权人近乎永久无法恢复对所有物之完满支配状态，即所有权弹力性①之丧失，则事实所有权人已经变为他物权人，而非所有权人。比较法与法制史上并非没有此等先例，如英国，名义上土地所有权皆归于英王，②但随后，随着地产权制度的不断发展，非限嗣地产权的出现令保有该产权的权利人几乎拥有的土地所有权，而英王的所有权事实上仅仅成为一种主权表征，而不具有私法意义上的占有、使用、收益与处分权能，在英美法上，一项非限嗣地产权等同于一项完整的所有权。③而对于债权而言，因债之关系具有期限性，④故一切债权均不可能永久存续，其缘由主要在于尽管在金钱债权处于优越地位的时代，正如拉德布鲁赫所言，债权本身就是目的，⑤但不可否认，于一般社会理念尤其是对于非商事之私的关系而言，债权主要还是实现物权及其他利益的手段，故不宜赋予债权恒久性的特点。而在日本借地权的法度范围内，更新权的设计使借地权的存续期间在理论上有无限绵延之可能，以《借地法》规范为例，坚固建筑物借地权法定存续期间为 60 年，非坚固建筑物借地权法定存续期间为 30 年，⑥而在借地权存续期间届满之际，借地人行使更新权成功者，其借地权自更新之日起，坚固建筑物

---

① 加藤雅信『新民法大系Ⅱ物権法』（有斐閣，2005 年）250 頁。

② 1066 年征服者威廉带领他的诺曼侵略军在哈斯丁战役中打败益格鲁-撒克逊人后，成为英国国王。威廉作为国王剥夺了反对自己的撒克逊贵族的土地，或者通过委身制（commendation）而令其他土地所有权人将土地所有权让渡给自己，从而威廉成为全英国土地的所有者。自此，英国土地所有权在名义上尽归英王所有。参见 ［美］约翰·G. 斯普林克林《美国财产法精解》，钟书峰译，北京大学出版社 2009 年版，第 87 页。

③ 非限嗣地产权（fee simple），又称不限嗣继承地产权，是英美法中最重要的一种地产权，其具有占有性与绝对性，是英国法上对土地权益范围最大的地产圈，其接近甚至几乎等同于大陆法系的不动产所有权。参见吴一鸣《英美物权法——一个体系的发现》，上海人民出版社 2011 年版，第 69、300—301 页。

④ 陈华彬：《债法总论》，中国法制出版社 2012 年版，第 10 页。

⑤ 我妻栄『近代法における債権の優越的地位』（有斐閣，1953 年）1—4 頁。

⑥ 水本浩＝遠藤浩＝田山輝明『基本法コンメンタール借地借家法』（日本評論社，2009 年）167 頁。

借地权存续期间为 30 年，非坚固建筑物借地权存续期间为 20 年，[①] 这样，倘若借地人之借地权为坚固建筑物借地权，且适用法定存续期间 60 年之规定与更新后 30 年之顺延规定，则在借地人仅行使一次更新权的情形下，借地权存续期间已然为 90 年！且原则上倘若作为贷地人的土地所有权人主张正当理由不能者，则借地人理论上得无限次更新借地权，从而使借地权之存续期间近乎为恒久！无怪乎铃木禄弥先生在评论《借地法》时代的借地权时，认为借地权不仅处于财产权化的趋势之中，甚至已然走向了所有权化。[②] 借地权凭借更新权制度一度成为一种比土地所有权更为强势的权利，从而造就了"土地所有权虚化"的现象，令土地所有权徒有其名。[③] 借地权（在此乃指普通借地权，不包括作为特别借地权的定期借地权）凭借更新权在期限方面取得了近乎所有权的效力，于时间维度上视之，土地所有权人之支配权在借地权的长期存续过程中逐渐丧失了其原有意义，其所谓对物之完满支配效力仅仅于漫长的等待中始有恢复之可能，于大多数时间里，土地所有权均以地租收取权之面貌而存续，土地所有权人如非有正当理由，难于收回自己所有之土地。

而就所有权制限理论角度而视之，借地权更新权制度，尤其是《借地法》中的更新权制度对土地所有权的制限程度是非常大的。理论上，对所有权的制限包括所有权的内在制限、外在制限与政策制限，[④] 其中《日本民法典》第 1 条所确立的"禁止权利滥用"原则所要求的所有权于行使时不得被滥用[⑤]、《德国基本法》第 14 条所主张之"所有权负有社会义务，其行使须契合社会公共之福祉"[⑥] 几可纳入所有权内在制限的范畴内，而所谓所有权的外在的制限，是指国家为国民之生命与健康计，为实

① 水本浩＝遠藤浩＝田山輝明『基本法コンメンタール借地借家法』（日本評論社，2009年）181—182 頁。

② 鈴木禄弥『借地法』（青林書院，1984 年）111 頁。

③ 沈宏峰：《日本借地权制度研究》，上海社会科学院出版社 2011 年版，第 7 页。

④ 鷹巣信孝「所有権の内在的制限・外在的制限・政策の制限（三）―憲法二九条と民法二〇六条・二〇七条」佐賀大学経済論集 31 巻 7 号（1999 年）183 頁以下。

⑤ 同上书，第 184 页。

⑥ 佐藤岩夫「国民の住宅保障と所有権の制限」行政社会論集 1 巻 1・2 号（1988 年）158 頁。

现特定的经济及社会政策而以公法手段限制所有权的手段，[①] 主要体现为公法领域内的有关环境保护、消费者权益保护等方面的立法。所有权的内在制限，主要是基于"消极目的之规制"[②] 理念，通过立法之合理初始权利义务分配，令当事人得依自己决定权而行事，并最终令各方获得大致公正的结果。而所有权之外在制限与政策制限则强调国家与政府的积极作为，即国家与政府应依"积极目的之规制"[③] 采取各种手段，勠力维护国民之权益。而就借地权制度而言，其对所有权的制限应属前者。众所周知，虽然《日本民法典》原本设立了以建筑物所有为目的而为借地的法律形式——地上权与以耕作为目的而借地的永佃权体系以规范建设用地与农用地使用，不过，在现实中，土地所有权人往往凭借自身社会及经济地位凌驾于不得不向其借地的人之上，[④] 而土地所有权人在借地中采纳土地租赁的形式则是土地所有权优势的一大体现，因为在土地租赁形式之下，土地所有权人享有诸多优势。故而立法者希望凭借立法而强化租赁权人的地位，同时因借地主要属于市民社会内部之私的事务，故日本立法者认为不宜过多强调公权力的积极主动介入，只需增强租赁权人的私权效力即可。从对所有权的制限方式来说，日本立法者事实上持相对宽容的态度，不过就《借地法》的实施现实来说，则《借地法》对借地权名义下土地租赁权的效力强化到了威胁土地所有权本身的地步，尤其是更新权制度，几乎使所有权完全虚化，土地所有权人反而有演变为地租债权人的趋势。在《借地法》时代，在土地所有权与借地权的对立中，土地租赁权一反民法典时代的颓势，反而占据了上风，不过这种法律意义上的胜利却带来了深刻的社会影响：土地所有权人因担心无法收回土地而不愿意将土地投放到借地市场，而单纯将土地租赁权物权化事实上在经济学上也未必对借地人有利，[⑤] 因此有借地意愿的人反而因借地权在法律上的强势而无法找到适当的地源。这种现象的出现乃是因立法对所有权的过分限制而出现的

---

① 鷹巣信孝「所有権の内在的制限・外在的制限・政策の制限（三）—憲法二九条と民法二〇六条・二〇七条」佐賀大学経済論集 31 巻 7 号（1999 年）184 頁。

② 同上书，第 188 页。

③ 同上。

④ 内田貴『民法Ⅲ債権各論』（東京大学出版会，2008 年）178—179 頁。

⑤ 瀬下博之=山崎福寿『権利対立の法と経済学：所有権、賃借権、抵当権の効率性』（東京大学出版会，2007 年）103—110 頁。

土地所有权人以经济手段规避法律风险的缘故，由此，立法者也对以更新权制度为代表的强化借地权效力的制度进行了反思，进而在"租赁权多样化"理念下，认为租赁权在性质上既不应维持民法典式的纯粹债权性格，也不应进一步将其物权化，而是应在物权性格与债权性格之间寻求一个平衡点，即租赁权应以中立性为归依，在经济学上寻求到得以使土地所有权人与借地权利益达至均衡的点，以便衡平各方利益并促进借地市场的繁荣与发展。① 据此，新的《借地借家法》对《借地法》之更新权制度进行了全面的修正，其不仅创设了不具有更新效力的定期借地权，② 而且就普通借地权而言，除第一次更新可使借地权存续期间延长 20 年外，其余更新仅令借地权延长 10 年，③ 从而削弱了借地权的存续效力，而反射性地增强了所有权的效力。由于立法者在租赁权性质的中立态度，因此可以预判，借地制度随着社会经济条件的变迁仍然会发生一系列的修正。"尽管法律是否能够以及是否应该引导社会变迁或者法律是否应该谨慎地跟随社会变迁的步伐，这一问题一直是而且仍然是法学界争论的焦点问题，英国的社会改革家边沁与德国法学家萨维尼为这一历史悠久的论争提供了两个截然对立的经典范式"④，即法律改造社会之范式与法律应历史性地适应社会之范式，不过私见以为，在崇尚私权的社会气氛中，立法者对市民私权的限制手段极为有限，其必须将尊重市民得不受他者约束而可为自由之意思决定，即将私的自治原则⑤设定为第一性原则，故而难以通过法律方式实现社会的变迁，因为以法律方式推进社会变迁通常伴随着公权力的扩张与私权的抑制甚至受损；故而，就日本借地制度的变迁来看，社会自发性变迁带动法律修正的痕迹较为明显，而法律对社会的改造痕迹较弱，这也从侧面体现了日本立法者对私权的尊重。

---

① 瀬下博之＝山崎福寿『権利対立の法と経済学：所有権、賃借権、抵当権の効率性』（東京大学出版会，2007 年）110—126 頁。

② 根据《借地借家法》第 22 条之规定，设定存续期间为 50 年以上借地权的，可以约定排除契约的更新，稲本洋之助＝澤野順彦『コンメタール借地借家法』（日本評論社，2010 年）156 頁を参照。

③ 稲本洋之助＝澤野順彦『コンメタール借地借家法』（日本評論社，2010 年）18 頁。

④ ［美］史蒂文・瓦戈：《法律与社会》，中国人民大学出版社 2011 年版，第 246 頁。

⑤ 松岡久和＝中田邦博『新コンメンタール民法（財産法）』（日本評論社，2012 年）13 頁。

　　不过纵使《借地法》更新制度产生了一系列的弊端，但为了最大限度地维持社会稳定，不令借地各方当事人预期落空，日本立法者在颁布《借地借家法》时恪守了"法不溯及既往"之原则，其以不厌其烦的附则方式基本上排除了《借地借家法》对 1992 年以前设立之借地权的适用。[1]故就更新权制度而言，仍然存在《借地法》与《借地借家法》的二分体系。兹分述如下。

一　《借地法》上的更新权制度

　　根据《借地法》第 4 条之规定，于借地权因存续期间消灭之情形，以建筑物存在为限，倘若借地权人向贷地人提出更新请求而贷地人（土地所有权人）并无正当理由抗辩者，则视借地权以与原借地契约同一之条件而设定。[2] 据此，当借地权存续期间届满时，如若借地人有效行使更新权，而贷地人没有成功为更新拒绝，则发生借地权更新的法律效果。[3]

（一）更新权的构成要件

1. 当事人之间存在长期而稳定的借地关系

　　借地人行使更新权以借地人与贷地人之间存在法律上之借地关系为前提，因此纵使基地上建筑物所有权人对特定土地为占有，倘若其对土地的使用为全然无权原之状态，则其无缘得享更新权应无疑问。[4] 不过也并非所有依《借地法》而设立的借地权均附有更新效力，根据《借地法》第 9 条之规定，一时的借地权被排除在更新权制度适用范围之外。[5] 所谓一时的借地权，乃指当事人以临时性建筑物所有为目的，而自土地所有权人处获得的短期借地权。一时的借地权多采土地租赁权形式，以应借地权人灵

---

　　① 《借地借家法》附则第 6 条明定于《借地借家法》施行前设定之借地权就契约更新之事项，从前法。稻本洋之助＝澤野順彦『コンメタール借地借家法』（日本評論社，2010 年）348頁を参照。

　　② 水本浩＝遠藤浩＝田山輝明『基本法コンメンタール借地借家法』（日本評論社，2009年）172 頁。

　　③ 鈴木禄弥『借地法』（青林書院，1984 年）418 頁。

　　④ 同上。

　　⑤ 《借地法》第 9 条规定《借地法》第 2 条至第 8 条之 2 的规定不适用于一时的借地，因此一时的借地不具有更新效力。水本浩＝遠藤浩＝田山輝明『基本法コンメンタール借地借家法』（日本評論社，2009 年）206 頁を参照。

活性之需求。在实务上，一时的借地权通常由借地人（即借地权人）与贷地人（通常为土地所有权人）意思表示合致的方式创设，不过是否成立一时的借地权，在法解释上却不能囿于借地契约的条款及内容，即使契约书中虽然明定土地所有权人所创设之借地权乃为临时性目的（如临时工场）所设立，但经由契约缔结的过程、地上建筑物使用目的、规模构造、契约内容有无变更等诸情势之考量，则纵使契约书明定借地权为一时的借地权，裁判所亦会依职权否认该借地权的一时性。[①]

仅就理论视角而观之，一时性的借地权原本也兼具债权性格与物权性格，其中所蕴含的租赁物交付请求权与租赁物使用收益权仍旧以结构性耦合之状态存续，不过较普通借地权而言，一时性的借地权存续时间短，稳定程度较低，倘若赋予一时性的借地权以更新效力，反而使一时性的借地权长期化了，有违一时性借地权设立之本旨，且存在借地人借一时性借地权之设立而获取普通借地权，进而损害贷地人权益的可能性。职是之故，立法者基于政策上的考量，对一时性的借地权之物权性格进行了限制，而不赋予其更新权。一时性的借地权虽然没有更新权，但其能够适应借地权人短期使用土地和回收资本以及贷地人短期内意欲收回土地之社会需求。[②] 不过倘若借地人非为一时的用益目的而租赁不动产，而是为继续性的用益目的而与不动产所有权人订立租赁契约，则该承租人在该不动产上不仅存在经济上的使用收益权益，且也包含了为生活安稳而长期而稳定地使用不动产之利益诉求，[③] 故就普通借地权而言，其作为借地人与贷地人间长期而稳定的借地关系之制度媒介，为维护借地人的安定性利益需求，而由立法者委诸更新效力，以应社会之真实需求。

就"当事人之间存在长期而稳定的借地关系"这一要件的判断基准而言，实务上主要是以反射性判断基准予以判定。所谓反射性判断基准，即指倘若某一借地权不属于一时性的借地权（适用《借地借家法》的借地权还须不属于定期借地权），则其就属于普通借地权，即附有更新效力，具体标准为：第一，借地权约定存续期间为超过 5 年的长期期间；第

---

① 東京高判昭 61・10・30 判時 1214 号 70 頁。

② 内田勝一＝山崎俊彦『借地・借家の裁判例—生活紛争裁判例シリーズ』（有斐閣，2010年）6 頁。

③ 平野義太郎『民法に於けるローマ思想とゲルマン思想』（有斐閣，昭和 27 年）372 頁。

二，建筑物客观上并非临时性房屋；第三，就契约是否更新的问题，契约书对契约更新予以了确认；第四，存在权利金授受的情形；第五，在借地契约终了之时，土地的具体规划权不属于土地所有权人一方。① 裁判所通常依据以上标准判定一项借地权是否为一时性的借地权，倘若该借地权具有以上一项或者数项特点，则裁判所得依自由心证而认定该当借地权非为一时性的借地权，转而反射性地认定其为普通借地权，具有更新效力。②

2. 原初借地权已然消灭

根据《借地法》第 4 条之规定，借地权人须在借地权已然消灭的情形「借地権消滅ノ場合ニ」下行使更新请求权，③ 仅就文本含义来看，借地权人凭借更新权而获得的借地权似乎是一项新借地权，这引发了有关借地权更新（尤其是借地权名义下租赁权的更新）于法学上究竟系属何种性质之法律事实的争论。日本有学说认为，应当区分租赁契约更新与租赁权存续期间更新这两大概念，前者为契约更新，更新后的租赁契约与原契约并无同一性，因此租赁契约更新乃是以一个新的契约替代了原有契约，而后者则保持了前后之同一性，租赁契约并未发生同一性上之变动，原有租赁权仅仅因更新而获致存续而已。④ 不过就《借地法》第 4 条本身的条文表述来看，⑤ 借地人因更新而获得的借地权似乎是在原有借地权消灭的基础上，因行使更新权的缘故而获得的一项新借地权，该项借地权与原有借地契约没有关联，乃是基于《借地法》之规定，依借地人行使更新权成功之要件事实，而由新的借地契约设立的权利，尽管前后借地契约在内容上具有同一性，但前后两项借地权的效力根源却大相径庭。故仅从文本角度为法解释，则不难得出借地权（主要指土地租赁权）之更新在性质上

---

① 野辺博『借地借家法の法律相談』（学陽書房，2011 年）14 頁。

② 最判昭 43・3・28 民集 22 巻 3 号 622 頁。

③ 鈴木禄弥『借地法』（青林書院，1984 年）419 頁。

④ ［日］我妻荣：《我妻荣民法讲义・债权各论》（中卷一），徐进、李又又译，中国法制出版社 2008 年版，第 206 页。

⑤ "借地権消滅ノ場合ニ於テ借地権者カ契約ノ更新ヲ請求シタルトキハ建物アル場合ニ限リ前契約ト同一ノ条件ヲ以テ更ニ借地権ヲ設定シタルモノト看做ス。（于借地权消灭之场合，以存有建筑物为限，倘若借地权人为更新请求者，则视为以原契约之同一条件设定借地权）"水本浩＝遠藤浩＝田山輝明『基本法コンメンタール借地借家法』（日本評論社，2009 年）172 頁を参照。

系属契约更新①而非租赁权存续期间的更新。但问题在于倘若将前后两项借地权视为基于不同借地契约而设立的权利，则可能产生一个连带问题，即原借地契约上的担保效力是否延续到新的借地契约上？就比较法观之，早期德国通说认为担保效力应继续有效，② 瑞士则持相反态度，③ 而法国则在其民法典第 1740 条明确规定在契约更新的场合，"为租赁契约提供的保证，不扩大至因租赁期延展而产生的义务"④。《日本民法典》亦采相同见解，依《日本民法典》第 619 条之规定，租赁期间届满后，倘若承租人继续对租赁物为使用租赁，而出租人又提出异议的，则法律推定承租人乃以同一条件继续租赁，不过该租赁上的担保不及于继续的租赁之上。⑤但是倘若强行将《日本民法典》第 619 条的规则适用于借地权更新之领域则十分牵强，原因在于：第一，民法典之租赁更新在法效果上仅成就不定期租赁，而借地权更新具有确定的更新后存续期间，于借地权人而言，在更新后的确定期间内，借地权人仍旧对担保具有合理的期待利益；第二，借地权的更新乃为法律所明定之规则，不似民法典之租赁更新具有偶发性，为借地权人提供担保之人必定对此了然于胸，此时令其于借地权更新后仍负担保责任非谓严苛，盖因与不定期租赁中若令担保人继续负担保责任相比，担保人并未因此而蒙受不测之害，令担保人继续负担保责任并未超出其原初预期。故私见以为，对借地权之更新而言，原担保效力应延展至更新后的借地契约上，不过这样一来，借地权之更新在性质上也与契约更新出现了一定程度的偏离。日本民法巨擘我妻荣则认为，因在《借地法》等特别法上更新之当事人意思已然完全丧失了重要性，因此也就没有必要拘泥于借地权更新是契约更新还是期间的更新，对该问题采取存而不论的态度即可，并因作出更新的借地关系原则上不丧失同一性，有关担保

---

① 从法制史上看，罗马法上仅有契约更新而没有契约下某种权利存续期间的更新。*See* J. T. Abdy, Bryan Walker, *The commentaries of Gaius and Rules of Ulpian*, Cambridge：At the University of Press, 1885, pp. 248—249.

② ［日］我妻荣：《我妻荣民法讲义·债权各论》（中卷一），徐进、李又又译，中国法制出版社 2008 年版，第 206 页。

③ 同上。

④ 罗结珍译：《法国民法典》，北京大学出版社 2010 年版，第 408 页。

⑤ 松岡久和＝中田邦博『新コンメンタール民法（財産法）』（日本評論社，2012 年）899 頁。

均应与更新前的借地契约（租赁契约）做相同处理。[①] 此一见解可资借鉴。

此外，唯须注意之处在于，学说上对借地权消灭原因进行了类型化，并认为并非在借地权消灭的任何情况下借地权人均享有更新权，通常享有更新权的借地权人，系身处其借地权因存续期间届满而消灭之事态，而以下两种情形则不应赋予借地权人更新权：第一，依合意解除借地契约的场合。因此时借地权人并无继续使用土地之意思，故无须赋予其更新权。[②] 第二，在作为债务人的借地权人因不履行债务而致贷地人解除借地契约，故而令借地权消灭的场合，因更新权在性质上类似于形成权，且为纯为借地权人利益而设置之权利，故在借地权人有过失之情形下，反而令其享有一项效力强大的权利，则有违诚实信用原则。[③]

3. 借地权消灭时基地上存有建筑物

借地权的更新除须借地权人主观上有为更新请求之事实外，亦有客观外观的要件要求，借地权的更新须以借地权消灭时标的土地上仍存有建筑物为前提，由此演绎可知倘若借地权消灭时标的土地上之建筑物已然灭失或者朽坏，则借地权人并无更新权。当然，在《借地法》的体系下，倘若建筑物灭失是发生在借地权存续期间者，则借地权人还有机会通过法定更新继续利用土地、享有借地权，不过倘若建筑物乃因自然原因而朽坏，则借地权人之借地权无论是否处于借地权存续期间内，均告消灭。

借地权是否可得更新限于标的土地上存有建筑物，其理论根源在于，日本立法者认为对借地权的保护从根本上讲，主要是为了满足借地权人对建筑物为所有的目的，包括对建筑物的占有、使用、收益与处分，由借地权"以建筑物所有为目的之地上权与土地租赁权"之定义可知，借地权本身便是为建筑物所有权服务的一项权利。将借地权设计为建筑物所有权的从权利是日本立法者的一贯做法，如在早期的《建筑物保护法》中，

---

① ［日］我妻荣：《我妻荣民法讲义·债权各论》（中卷一），徐进、李又又译，中国法制出版社 2008 年版，第 206—207 页。

② 高島良一『判例借地借家法（下）』（判例タイムズ社，昭和 7 年）863 頁；広瀬武文『借地借家法の諸問題』（日本評論社，昭和 34 年）53 頁；鈴木禄弥『借地法』（青林書院，1984 年）420 頁。

③ 水本浩＝遠藤浩＝田山輝明『基本法コンメンタール借地借家法』（日本評論社，2009 年）174 頁。

其第 1 条便规定："以建筑物所有为目的之地上权或者土地租赁权，若地上权人或者土地租赁权人于此土地上拥有已经登记的建筑物，则该地上权或者土地租赁权得以该登记对抗第三人。"[1] 由此，借地权的对抗力依附于建筑物所有权的对抗力上，而《借地法》第 4 条以建筑物存有为限设置的更新权制度更强化了借地权对建筑物所有权的依附性，即使以借地权独立化为目标而出台的《借地借家法》，在第 5 条与第 10 条也维持了更新须以建筑物存有为限及借地权对抗力依附于建筑物所有权对抗力的规则。[2] 由此，借地权虽然一度极大地扩张了其权能，但其强大效力仍旧依附于建筑物之上，并非一项完全独立的权利，[3] 问题的症结在于，借地权人对自己所有的建筑物所有权为登记没有任何障碍，但倘若借地权人意欲令其借地权也获得对抗力，则需要贷地人的配合，因此于立法上是否赋予借地权人对贷地人的登记协助请求权便是需要审慎考量之事，而立法者为避免违背贷地人之意思，增加其义务，引起其反感，因此采取变通办法，令借地权的对抗力依附于建筑物所有权的对抗力上，实属无奈，却在事实上令借地权成为建筑物所有权的从权利，因此借地权的从权利性质包含了立法政策与策略的考虑，而非仅由单纯学理设计所致。有关借地权对抗力的问题将在以后章节详述。

（二）阻却更新的正当事由

立法者设置借地权更新权之初衷在于维护借地权人对土地的长期稳定的占有使用，以便令借地权人得安居乐业，不至于因土地所有权人的任意意思而丧失安身立命之所。不过出于利益衡量的考虑，《借地法》仍然赋予了贷地人（主要是土地所有权人）阻却更新的抗辩权。贷地人阻却更新之抗辩权有两种：一者为更新权不成立之抗辩权，即土地所有权人得举证证明借地权人行使更新权欠缺有效要件，实务中最为常见的是土地所有权人举出借地权人所租赁之土地上，已然没有建筑物，以抗辩借地权人行使更新权。二者为贷地人具有收回土地之正当理由的抗辩权，即指虽然借地上存有建筑物，借地权人有权行使更新权，但贷地人因具备阻却借地关系更新之实质要件，故而得阻止借地权更新之抗辩权。当然，严格来讲，

---

① 沈宏峰：《日本借地权制度研究》，上海社会科学院出版社 2011 年版，第 25 页。

② 稲本洋之助 = 澤野順彦『コンメタール借地借家法』（日本評論社，2010 年）24、70 頁。

③ 沈宏峰：《日本借地权制度研究》，上海社会科学院出版社 2011 年版，第 26 页。

更新权不成立之抗辩权在性质上系属权利障碍的抗辩，而非严格实体法上之抗辩权。① 唯贷地人具有收回土地之正当理由的抗辩权系属实体意义上之抗辩权，学理上称为贷地人更新拒绝权，谓为以一定正当事由存在为要件而得拒绝借地人更新请求之权利；② 而构成其核心要件的就是阻却更新的正当事由。

所谓阻却更新的正当事由，乃指于借地上存在建筑物的场合，贷地人得阻止借地关系发生更新的实质要件。③ 就历史沿革而言，《借地法》于大正十年（1921 年）出台时，并未规定借地权更新制度，倘若借地权存续期间届满，则贷地人享有收回土地之自由，而唯有贷地人不行使该自由时，才可能发生更新，且即使借地权获得了更新，其更新后之期间亦无确定性保障。④ 可以说，大正十年之《借地法》上的借地权更新仍依附于《日本民法典》所确立的不定期租赁制度之上，土地所有权人彼时享有是否决定更新之权利，而借地权人则欠缺相应的保障。及至昭和十六年（1941 年），《借地法》作出修正，增设了更新权制度，理由在于，大正十年《借地法》只关注了作为资本家的借地人这一社会现象，而忽视了随着住宅用地的紧张，许多借地人并非为资本主义事务经营，乃出于居住之目的而租赁土地的事实。⑤ 故缘于社会之变迁，立法者为保障借地人居住之安定性期待，而创设更新权制度，令其得安居乐业。不过为避免利益

---

① 德国法上区分抗辩与抗辩权，抗辩（Einwendung）分为权利障碍抗辩及权利毁灭的抗辩，前者在于主张请求权根本不发生，而构成权利障碍抗辩的事由，主要有契约不成立、法律行为的当事人为无行为能力人和限制行为能力人、限制行为能力人订立契约未获法定代理人之同意、法律行为有悖于公共秩序或者善良风俗、法律行为不依法定之方式、无权代理未得本人承认等，而后者在于主张请求权虽然一度发生，唯因嗣后已然归于消灭，而构成权利毁灭抗辩的事由主要有清偿与代物清偿、提存、抵销、免除、混同、不可归责于双方当事人事由的给付不能、撤销权的行使与权利之不当行使。此两种抗辩乃使对应之请求权归于消灭，故在诉讼中当事人纵然未提出，法院亦应为审查，如有抗辩事由存在，则为当事人利益，须依职权作有利裁判，而对于抗辩权而言，其乃针对乙存在的请求权而得对抗之权利，义务人是否主张由其自由决定。参见王泽鉴《民法总则》，北京大学出版社 2009 年版，第 76—77 页。

② 我妻栄＝有泉亨＝清水誠＝田山輝明『我妻・有泉コンメタール民法—総則・物権・債権—』（日本評論社，2010 年）1115 頁。

③ 鈴木禄弥『借地法』（青林書院，1984 年）430 頁。

④ 同上。

⑤ 同上。

失衡，修正后的《借地法》仍旧以但书形式对借地权人的更新权进行了限制，即土地所有权人得以自己存有收回土地之正当理由为据，阻却更新权效力之实现；故更新权制度甫一诞生，便具有维护借地人安定性利益与兼顾贷地人土地所有权恢复期待利益之双重性格。① 仅就理论而言，正当理由要件似乎对更新权构成了较大制限，然则因《借地法》并未给出"正当理由"之适当而精准的定义，也未提示判断正当理由所应考虑的诸情事，故于实务上，有关正当理由的判例极为丰富，实有必要依据判例对正当理由于法律上是否存在之问题予以深入分析。

1. 正当事由是否存在之判断

【纷争之源起】② A 于昭和二十八年在自己土地上为 Y1（被告）设定了地上权，并规定该地上权乃以建筑物所有为目的。嗣后，A 与其妻死后，负担地上权的土地中有六分之三变为 X1（原告）所有，而另外三名原告（X2—X4）共有土地的六分之一。X 们在本件土地邻接处拥有一栋用于居住、质押营业的四层建筑物，但因该建筑物不能满足其营业与居住需求，故又于邻近处租赁了建筑物。而在借地人一方，作为借地人的 Y1 在本件土地上构造了一栋两层木制建筑物用于居住与营业，其中一楼的一部分用于古物买卖营业，而剩余部分则由 Y2（被告）与 Y3（被告）租赁用于同业（古物买卖）经营。现在，Y2 居住在二楼，而一楼则由 Y1、Y2 与 Y3 为各自营业而占有使用。昭和四十八年，借地契约上约定的借地权存续期间届满，X 们以自己具有使用本件土地之必要性为由提出己方具有收回土地之正当理由，而以对 Y 们行使土地返还请求权为内容提起了诉讼。③

【裁判所判断】就以建筑物所有为目的之借地契约的更新拒绝而言，须判断是否存在《借地法》第 4 条第 1 项所规定的正当事由，而正当事由之有无，须就土地所有权人与借地人双方情况为比较考量而决定，当此判断之际，除当初借地契约明定对建筑物承租人及借地人特定事项土地所有

---

① 铃木禄弥『借地法』（青林书院，1984 年）431 页。

② 诚如中国台湾著名民法学家王泽鉴先生所言，"实例研习对于训练培养法律人的能力，具有重大功能"（参见王泽鉴《法律思维与民法实例：请求权基础理论体系》，中国政法大学出版社2001 年版，第 18 页），故而王泽鉴先生倡导对法律实例的分析与研究，以化解纯法律理论所生之抽象离悖之感。本书引入实例，意在帮助论证，特此说明。

③ 最判昭 58·1·20 民集 37 卷 1 号 1 页。

权人负有容忍义务以外，借地人一方之情事不应予以斟酌，因此，撤销否定土地所有权人收回土地存在正当理由之原审判决。①

诚如德国法儒古斯塔夫·拉德布鲁赫所言，"法在极端对立的紧张之间保持平衡"②，涉及借地权更新的问题上，土地所有权人与借地权人之间存在非常严重的利益对立，就上述案例所述，土地所有权人与借地权人在该基准时点上，均存在较为充分的用地理由，而究竟满足土地所有权人抑或借地权人则是裁判者必须作出的选择。从裁判所裁判内容来看，裁判所力图在维护《借地法》所体现的借地权存续保护精神的基础上又对其为一定限制，而这一限制具体体现为：在判断土地所有权人回收土地是否具有正当理由的问题上，虽然须对双方事由为比较考量，但将借地权人一方的特定事由纳入考量须满足一项准入性条件，即唯有该事前为借地契约所载之土地所有权人对此负有容忍义务之时，借地人及借地人下的建筑物承租人的特定事由才应纳入考量范围；由该裁判意见推导，则可知在正当理由的判断问题上，裁判所主要依据土地所有权人一方之情势为判断，而借地权人一方的情事对土地所有权人收回土地是否具有正当理由之判断仅具辅助性作用。

不过究竟土地所有权人一方具有何种情势方具备收回土地之正当理由要件，判例呈现出十分丰富的立场（具体判例以括号后之"有/无"表示裁判所是否承认贷地人收回土地具有正当理由）。

第一，贷地人自身具有迫切的住宅用地需求。在土地所有权人具有迫切的用地需求场合，裁判所通常会倾向于满足土地所有权人自身的土地使用要求，如因第二次世界大战结束，家族人口的增加而亟须收回住宅用地（有），③ 虽然先前房屋能满足家人居住要求，但因公法征用之原因而致生活之维持产生困难（有），④ 因两位妹妹与妻子交恶无法共同居住，因此需要收回土地以便新筑建筑物而供妹妹们与妻别居（无）⑤，等等。

---

① 最判昭 58・1・20 民集 37 卷 1 号 1 頁。内田勝一＝山崎俊彦『借地・借家の裁判例―生活紛争裁判例シリーズ―』（有斐閣，2010 年）25 頁を参照。

② ［德］古斯塔夫・拉德布鲁赫：《法律智慧警句集》，舒国滢译，中国法制出版社 2001 年版，第 4 页。

③ 京都地判昭 25・3・25 下民 1・3・407 頁。

④ 横浜地判昭 34・7・30 下民 10・7・1576 頁。

⑤ 仙台高判昭 38・10・12 高民 16・7・531 頁。

第二，贷地人自身具有迫切的营业用地需求。亟须收回土地为服装经营业务（无），[①] 因扩大经营牛肉铺、子女婚嫁而致家庭人口增加而需收回土地以满足居住需求（无），[②] 为供养妻子及父亲而欲收回土地开展牙医营生（有），[③] 具有迫切收回土地开展公司业务之需求（无），[④] 本件土地邻接土地为土地所有权人经营焊接业之处所，为交通之便利计而须收回土地（无），[⑤] 因自己原有的营业用地被他人收回，而迫切地意欲收回土地以供营业（有），[⑥] 作为大资本家的贷地人因为统辖电影院、木材业等营业而须收回土地修筑大厦以供办公（无），[⑦] 个人小公司因营业地过于狭窄而意欲收回土地扩大营业（无），[⑧] 贷地人一方为扩大公司经营而须收回土地建设仓库和车库，不过只需收回 90 坪土地，而不必收回所有土地（该 90 坪土地的收回请求被确认为具有正当理由），[⑨] 贷地人之母为病人，而贷地人之妹妹亦为贷地人所供养，为营业以供养家人，故须收回土地（有）。[⑩]

第三，贷地人意欲收回土地出卖给他人。如邻地的中华料理店欲扩大经营而想购买标的土地，故贷地人请求收回（无）。[⑪]

第四，贷地人没有明确收回土地之理由，但对借地人作出了补偿。如贷地人一侧没有收回土地的必要理由，不过贷地人一方愿意以 150 万日元的价款换取借地人一方交还土地，而裁判所则认为如果贷地人愿意向借地人给付 450 万日元，则可以认为贷地人收回土地具有正当理由（有）。[⑫]

从《借地法》时代的判例来看，尽管法律文本上并未明确规定正当理由之构成要件，不过也可大致得出以下结论：第一，贷地人收回土地必

---

① 東京高判昭 30・5・30 判時 57 号 8 頁。

② 東京高判昭 31・9・19 判夕 63 号 56 頁。

③ 東京地判昭 32・3・29 下民 8・3・629 頁。

④ 東京地判昭 34・8・17 下民 10・8・1680 頁。

⑤ 東京高判昭 34・10・19 判夕 98 号 46 頁。

⑥ 東京地判昭 35・1・29 判時 227 号 28 頁。

⑦ 東京地判昭 36・7・3 下民 12・7・1563 頁。

⑧ 最判昭 37・6・6 民集 16 巻 7 号 1265 頁。

⑨ 歧埠地判昭 39・9・22 判夕 166 号 207 頁。

⑩ 東京地判昭 43・1・31 判時 520 号 64 頁。

⑪ 大阪高判昭 40・4・27 判時 419 号 30 頁。

⑫ 東京地判昭 39・10・19 判夕 170 号 236 頁。

须基于自己使用土地之需求。从判例中可知，贷地人倘若收回土地是为第三人使用（如给其妹妹使用，出卖予他人供其扩大营业），则通常无法获得裁判所的认同。第二，贷地人收回土地须具有迫切性，从判例中可知，即使贷地人收回土地是为自己使用之便，不过倘若贷地人使用土地并不具有迫切性（如为扩大营业而收回土地等），则通常不被认为具有收回土地的正当理由。第三，特殊情况下，贷地人收回部分土地的请求能够得到裁判所认同，如在歧埠地方裁判所的判例中，因贷地人只欲收回 90 坪土地以供其修建仓库和车库，且收回 90 坪土地并未危及借地人的营生，因此收回土地之一部分的请求得认其具有正当理由。第四，即使贷地人并无收回土地的正当理由，但是贷地人对借地人作出了充足补偿的，亦可认为其收回土地具有正当理由。

　　虽然实务上裁判所就贷地人收回土地有无正当理由的问题主要是基于贷地人是否具有土地使用的必要性、贷地人一方的特殊情事与贷地人做出的有利于借地人一方的事情三大因素①之综合考量而为判断，不过借地人一方的诸种情事一般也应作相当的权衡，以实现贷地人与借地人之间的利益平衡。②

---

①　鈴木禄弥『借地法』（青林書院，1984 年）430 頁。

②　司法中的利益衡量是一个极端复杂难解的问题，学理上，美国大法官本杰明·卡多佐提出在为司法上的利益衡量过程中，须考虑法律之内与法律之外两大标准，法律之内的利益衡量主要是在多种法律渊源中找寻能够证明法官心中符合正义的结论的法律依据，而法律之外的标准则主要涉及法律的目的，法官正是在法律之内与法律之外两大标准的指引下，艰难地在各种不同而又冲突的利益之间作出衡量的。参见王红霞《司法过程中的利益衡量——卡多佐的法律哲学研究》，博士学位论文，吉林大学，2010 年。而德国则以罗伯特·阿列克西的理性式利益衡量方法最令人瞩目。相比卡多佐理论的自由与经验性格，阿列克西主要从理性角度，基于对规范与原则目的实现的公式化协调目的，提出了"衡量法则""分量公式"与"论证负担"三个命题，以便在架构出利益衡量结构的前提下进行理性的利益衡量论证。参见余净植《利益衡量理论发展源流及其对中国法律适用的启示》，《河北法学》2011 年第 6 期。也有学者认为，利益衡量主要适用于疑难案例之裁判，并提出"标准相对性原则"以应案件的特殊性（参见杨力《民事疑案裁判的利益衡量》，《法学》2011 年第 1 期），不过从反面推论之，似乎在非疑难案件中，利益衡量应受到限制。而日本民法学界主要由加藤一郎与星野英一提出了两种民法利益衡量理论，前者强调利益衡量较之于普遍原则的非偏离性，后者则更看重对市民正当利益的保护。福田達也「法学方法論としての利益考（衡）量についての若干の考察」東亜大学紀要第 6 巻（2006 年）103 頁以下を参照。

2. 正当理由有无的基准时

由于正当理由之有无直接关切贷地人能否收回土地与借地人能否继续利用土地，对于双方而言均有重大利害关系，故在法律上确定正当理由存在的基准时，即划定正当理由得具备阻却借地权更新之法律效力的时间范围具有实益。就实务而言，正当理由有无的基准时主要在两种情形下为判断：第一，于借地权邻近消灭但其存续期间尚未届满之际，借地人即向贷地人请求更新；第二，于借地权已然因存续期间届满而消灭之际，借地人向贷地人请求更新。第一种情形是日本借地实务中的常有现象，不过从《借地法》第 4 条的规范意旨来看，借地人的更新权之发生本须以借地权消灭为要件，此时借地人对贷地人并无更新权，其更新请求行为在法律上可得解释为更新权未来行使之提示，即借地人向贷地人作出了其未来于借地权消灭之际将行使更新权的意思表示，虽然该意思表示并不发生借地权更新的法律效果，不过在未来可得作为借地人具有行使更新权的一大证明。而在借地权邻近消灭之时间范围内，倘若贷地人所具有的收回土地的正当理由消灭的，则应确认贷地人嗣后于借地权消灭之际，主张阻却更新的正当理由并不成立。而在第二种情形，则略显复杂：首先，倘若在借地权消灭之后，贷地人未提出收回土地，借地人也未提出更新请求，但却继续使用土地的，依照《借地法》第 6 条之规定，则认定贷地人因未立即表示异议而视双方以原借地契约的同一条件再次设定了借地权。①从法律效果来看，借地人因贷地人的懈怠而事实上获得了更新的利益，且因这种更新并不需要贷地人的承诺，而于借地权已然新生之际，贷地人方为主张其具有收回土地的正当理由的，则不能被认可，盖因借地人已经重获借地权，贷地人收回土地并无法律上的正当名义。而在实务中难以确定基准时的情形尤以涉及诉讼时最为典型，因为广泛存在着诉讼过程中正当理由的消灭、再生、变更等诸种情形。日本学说与判例就这种复杂情形有两种观点：第一，以起诉为判断正当理由有无的基准时。依照该观点，起诉之际，于此基准时点存在正当理由的，即使嗣后于土地返还诉讼事实审之最终口头辩论期日完结之际正当理由已然消灭，也

---

① 水本浩＝遠藤浩＝田山輝明『基本法コンメンタール借地借家法』（日本評論社，2009 年）184 頁。

应认可贷地人收回土地具有正当理由；而起诉之际没有正当理由者，即使嗣后于土地返还诉讼事实审之最终口头辩论期日完结之前已然具备正当理由的，也不应认可该正当理由，裁判所应当作出更新拒绝无效与更新成立之裁判。① 第二，以土地返还诉讼事实审之最终口头辩论期日完结之际为基准时。② 这种观点认为正当理由是否存在应当以裁判所认定纠纷事情之际为时间点，且唯其如此，才不至于令贷地人处于十分不利之境。③ 私见以为，倘若以起诉为基准时，则嗣后贷地人纵然具有十分迫切的收回土地的正当理由，而裁判所在确认这种正当理由的同时又否认其具有阻却更新之法律效力，则有失公平正义，此时应以更灵活的方式延长正当理由具备阻却更新效力的时间范围，盖因日本司法实务中正当理由之认定原本便较为严苛，倘若过于限缩正当理由的效力时限，则有失偏颇，故应采第二种观点。

此为，唯须注意的是，根据《借地法》第4条第1款的规定，贷地人主张自己具有正当理由而为更新拒绝，须在权利行使上满足"毫不迟滞"的时间要件，④ 即贷地人须立即表示更新拒绝之异议，否则可能无法产生更新拒绝的法律效果。

（三）成功行使更新权的法律效果

根据《借地法》第4条、第5条的规定，借地人成功行使更新权而致借地权更新的，将产生以下法律效果。

1. 借地权以原借地契约之同一条件再次设立

尽管学理上更新后的借地权与更新前的借地权是否具有同一性存在较大争议，⑤ 但法律却明确规定更新后的借地权至少在内容上与更新前的借地权具有一致性，具体而言，有关原借地权的一切契约条款，如地租的约定、救济方法的约定、存续期间的约定、借地目的之约定、权利金给付之

① 鈴木禄弥『借地法』（青林書院，1984年）453頁。

② 内田貴『民法Ⅱ債権各論』（東京大学出版会，2008年）240頁。

③ 鈴木禄弥『借地法』（青林書院，1984年）454頁。

④ 水本浩＝遠藤浩＝田山輝明『基本法コンメンタール借地借家法』（日本評論社，2009年）172頁。

⑤ 如在学理上我妻荣、广赖武文、星野英一均赞同更新前后的借地权具有同一性，而后藤清、薄根正男、伊东秀男则持同一性否定说。参见鈴木禄弥『借地法』（青林書院，1984年）494頁。

约定、建筑物增建改建约定、违约金的约定①等条款原则上对更新后的借地权发生效力，不过原借地契约上所附之第三人的担保是否仍旧顺延到更新后的借地权上则存在一定争议，日本学界对此问题分为两派，一派认为第三人应当于借地权更新后负担保责任，以我妻荣为代表；另一派则认为借地权更新后，原借地契约所约定之第三人负有担保责任之约定不再对第三人发生效力，这一派以薄根正男为代表。② 而认为第三人应负担保责任之观点处于通说地位。③

根据《日本民法典》第619条第2款之规定，第三人为承租人提供担保的，其担保责任因租赁期间届满而消灭，仅对第三人所负之押金担保责任不予免除，④ 盖因押金本为担保承租人依约给付租金而事先由第三人或者承租人本人给付给出租人的一定金钱，在承租人依《日本民法典》第619条第1款得享不定期租赁权之际，其仍然对租赁物为使用收益，仍须向出租人给付租金，故此时为出租人利益计，不宜免除第三人的押金担保责任，而得使出租人得继续持有价金。不过因通常情况下第三人为担保仅限于租赁契约存续期内负有担保责任之预期，故法律为保障第三人的此种信赖，原则上于租赁契约期间届满之后免除其担保责任。那么，民法典上的一般规则是否得径行适用于借地权之上呢？对此问题，日本民法学家我妻荣持否定态度，其认为《借地法》上的更新制度是客观存在的制度，第三人在为借地权人承担担保责任时，理应对借地权存在更新可能性这一点有所认知，故应认为第三人具有为更新后之借地权继续负担保责任之预期，而排除《日本民法典》第619条第2款规定之适用。⑤ 也有学者认为，就《日本民法典》第619条条文本身所透露出的信息而言，似乎更新后的租赁契约乃是被法律拟制为与原契约为同一条件的，然则事实上，

---

① 不動産法実務研究会『最新版借地借家の法律常識』（日本実業出版社，2011年）56—57頁。

② 鈴木禄弥『借地法』（青林書院，1984年）475頁。

③ 同上。

④ 我妻栄＝有泉亨＝清水誠＝田山輝明『我妻・有泉コンメタール民法—総則・物権・債権—』（日本評論社，2010年）1135頁；商事法務（編集）『民法（債権関係）改正法新旧対照条文』（商事法務，2017年）168頁。

⑤ 我妻栄＝有泉亨＝清水誠＝田山輝明『我妻・有泉コンメタール民法—総則・物権・債権—』（日本評論社，2010年）1136頁。

倘若租赁契约双方租赁关系的不定期延续具有合理性，则应当承认这种继续性关系之合理性并进而认为不唯押金担保责任，只要性质上租赁契约当事人间在租赁契约期间届满之后的租赁关系之存续具有合理性，则均不免除第三人的保证责任等担保责任，① 依此见解，依民事特别法之规定而得享更新权的借地人于借地权消灭时行使更新权而致借地关系存续，则具有法律条文授权下的法律关系继续之合理性，故而在借地权更新后，第三人仍须对借地人负担保责任。以上两种观点分别从《借地法》与《日本民法典》角度出发导向了同一结论，不过前者主要是承认民法典规范合理性前提下的特别法诠释，后者则对民法典第 619 条第 2 款进行了超越立法者原意的目的解释，就私法规范体系之维持角度而言，宜采我妻荣之观点，不过后述学说以租赁关系继续是否具有实质上的合理性作为第三人是否应继续对承租人负担保责任之基准，具有新意，但尚欠缺翔实而富有说服力的论证。

反对第三人于借地权更新后应负担保责任观点的学者，主要是从借地权更新前与更新后的借地权并无同一性的角度来论证第三人不应负担保责任的，其逻辑为：前后两个借地权并非一个权利，尽管二者在内容上几乎一致，但究其根本，也是异质的两种权利，因此不应令第三人为一项新权利负有担保责任。②

赞成说与反对说均具有一定道理，不过赞成说的理论成熟度更高，且其既有体系解释进路的诠释，又有目的解释式的创新，较之于反对说固守更新前后借地权不具有同一性因而第三人不对新借地关系负担保责任的教条而言，赞成说更具有说服力，且在民众的法律观念中，借地关系早已演变为一种半永久的法律关系，③ 此时令第三人对更新后的借地人继续负担保责任不可谓之为严苛。

2. 更新后借地权的存续期间

根据《借地法》第 5 条之规定，更新后的借地权存续期间分为两种情形。第一，借地人行使更新权而贷地人表示承诺或者经裁判而不具有收回土地之正当理由的，倘若借地人与贷地人约定的更新后借地权的存续期间

---

① 松岡久和＝中田邦博『新コンメンタール民法（財産法）』（日本評論社，2012 年）899—900 頁。

② 薄根正男「借地法上の更新・買取請求権」『総合判例研究叢書民法（11）』（有斐閣，昭和 33 年）220、230 頁。

③ 鈴木禄弥『借地法』（青林書院，1984 年）475 頁。

长于 30 年（对于坚固建筑物而言）或者长于 20 年（对于非坚固建筑物而言），则从其约定。[1]

第二，如果借地人与贷地人依合意确定之新借地权存续期间较之于 30 年或者 20 年法定存续期间为短者，则借地权存续期间延长为 30 年或者 20 年。[2]

（四）特种更新方式

《借地法》上所设计的更新权制度为借地权更新中最为典型的一种方式，不过借地人除依更新请求，即以行使更新权的方式实现借地权更新以外，也可以通过合意更新与默示更新的方式实现更新。

所谓合意更新，乃指借地关系双方依合意而决定更新借地权，从而使借地人得按原借地契约所定之条件，继续以建筑物所有为目的而使用标的土地。合意更新虽然原则上遵行当事人意思自治的原则，但《借地法》第 5 条所定之借地权法定存续期间条款系属强行性法律规范，其所定之期间为借地权法定最短期间，[3] 倘若当事人依合意所约定的更新后借地权期间短于法定最短期间，则该约定将归于无效，应径行认定新借地权的存续期间为法定最短期间。较之于更新权更新而言，合意更新形式上更为自由，例如借地关系双方得于借地权期间届满前即约定借地权期间届满则令借地权实现更新，而不必拘泥于更新权制度所定之借地权消灭这一基准时，[4] 且即使在借地权因期间届满消灭之际，借地上建筑物已然灭失，倘若合意更新契约中并未明定建筑物存续为必需要件者，那么原则上也应认定借地人取得了更新后的新借地权，盖因于合意更新的情形下，借地权再设定合意与借地权更新合意之间难谓泾渭分明，[5] 故为借地人利益计，不妨认定于建筑物灭失的场合，将事前的更新合意解释为单纯的借地权存续期间延长合意，[6] 借地权仍得依事前之合意更新而更新。[7]

---

① 水本浩＝遠藤浩＝田山輝明『基本法コンメンタール借地借家法』（日本評論社，2009 年）182 頁。

② 同上。

③ 内田貴『民法Ⅱ債権各論』（東京大学出版会，2008 年）197 頁。

④ 鈴木禄弥『借地法』（青林書院，1984 年）510 頁。

⑤ 同上。

⑥ 鈴木禄弥『借地法』（青林書院，1984 年）515 頁。

⑦ 当然，在建筑物灭失之际当事人约定仍以原借地契约之条件允许借地人新建建筑物而使用土地的，则属于纯粹的借地权再设定合意。

　　默示更新于前述稍有提及，其又称因继续使用而更新，意指借地权存续期间届满后，于借地人继续使用土地的场合，因贷地人不立即表示异议而强行推定贷地人具有承诺更新之意思，而致借地权存续期间更新为法定最短期间，[1] 依《借地法》第 6 条之规定，其要件为：第一，借地权已然消灭；第二，存在借地人继续使用土地之事实；第三，贷地人（土地所有权人）没有毫不迟滞地表示异议。与更新权更新不同，默示更新制度似与《日本民法典》第 619 条所规定的不定期租赁具有传承性，可称之为不定期租赁制度在借地特别法领域之投影。默示更新制度适用领域十分广泛，更新权更新主要适用于借地权因期间届满而消灭的领域（但也不限于此种借地权消灭原因），而默示更新制度虽然也以适用于借地权因期间届满而消灭这一情形为典型，但其也广泛适用于其他借地权消灭原因，如借地权因借地人与贷地人合意解除而消灭的情形、借地人不支付租金而致贷地人行使解除权解除借地契约而消灭借地权的情形、因建筑物朽坏而致借地权消灭的情形等。[2] 默示更新制度与更新权制度存在较大差异，最为明显的不同之处在于默示更新之实现并不以标的土地上存有建筑物为必要，这也使默示更新制度在性质上更加接近于不定期租赁效力在借地领域之延伸，而不像更新权制度那样具有保护借地人建筑物所有权之特定目的。不过在效果上，默示更新与更新权更新并无差异，一旦默示更新成立，即强制推定贷地人具有承诺更新之意思，[3] 并视借地权以原借地契约之条件发生更新，且得准用《借地法》第 5 条第 1 款之规定，[4] 即默示更新后的借地权存续期间为法定的借地权最短存续期间。

二　《借地借家法》上的更新权制度

　　1991 年出台的《借地借家法》在总结《借地法》施行以来的司法经验及学说积淀的基础之上，对更新权制度作出了一系列的变更，修正的根本诱因在于：第一，日本的社会经济条件发生了巨大变化。20 世纪 90 年

　　① 内田貴『民法Ⅱ債権各論』（東京大学出版会，2008 年）198 頁。

　　② 水本浩＝遠藤浩＝田山輝明『基本法コンメンタール借地借家法』（日本評論社，2009 年）185 頁。

　　③ 内田貴『民法Ⅱ　債権各論』（東京大学出版会，2008 年）198 頁。

　　④ 水本浩＝遠藤浩＝田山輝明『基本法コンメンタール借地借家法』（日本評論社，2009 年）184 頁。

代，日本进入了所谓经济景气时期，地价随之而高涨，社会的工业化、都市化程度不断提高，城市人口集中度也达至顶峰，有关城市土地利用以及住宅问题逐渐成为民法上的热点，立法界及学界均认为原有的《借地法》《建筑物保护法》等法律难以适应时代的变化。① 第二，《借地法》时代中的借地权效力过于强大，其不仅存续期间长，且通常可得通过更新而继续延长，令土地所有权人难以收回土地，土地所有权反而有被虚化的危险，造成借地关系双方利益过度失衡的局面。第三，更新权制度本身存在一系列不完善的地方。如更新权制度及特种更新制度中的正当理由要件于立法上未得以明晰，实务中裁判所所享有的自由裁量权太大，不利于形成有关正当理由的较为统一的认识。鉴于以上原因，日本立法者在《借地借家法》中对《借地法》更新权制度作出了一系列的修正。

（一）更新后借地权法定最短存续期间之限缩

根据《借地法》第 5 条之规定，坚固建筑物借地权更新后的法定最短存续期间为 30 年，非坚固建筑物借地权更新后的决定最短存续期间为 20 年，而在《借地借家法》上，不再坚持坚固建筑物与非坚固建筑物之区分，更新后借地权最短存续期间统一为 10 年。② 不过倘若该借地权为初次更新，则法定最短存续期间为 20 年，③ 盖因国会认为，每 10 年便令借地人承受若贷地人具备正当理由即可收回土地之用地风险，则对于借地人而言负担过于沉重，有损居住权之安定性，④ 故特设《借地借家法》第 4 条之但书，规定借地人第一次更新借地权成功的情形下，该借地权更新后的存续期间为 20 年。

《借地借家法》缩短借地权更新后存续期间的做法，连同前述提及的缩短借地权法定存续期间的修正，令《借地法》时代的借地权期间大为缩短，从而大大缓和了借地权的物权化趋势，在一定程度上回应了学界"租赁权多样化"的呼声，⑤ 借地权的物权性格在立法政策的调整下向债权化的方向回溯，从而使《借地借家法》上的借地权的物权与债权结构

---

① 吉岡祥充「新借地借家法における借地権の性格—「改正」過程と「定期借地権化」の論理—」奈良法学会雑誌第 8 巻 3・4 号（1996 年）282 頁。

② 稲本洋之助＝澤野順彦『コンメタール借地借家法』（日本評論社，2010 年）18 頁。

③ 同上。

④ 同上书，第 19 页。

⑤ 同上书，第 6 页。

性耦合的复杂构成形成物权性与债权性大致平衡的局面，不怪乎日本民法学界会用"租赁权多样化"一类的暧昧概念来解释借地权名义下土地租赁权复杂性格。不过从利益衡量角度来看，《借地借家法》更新后期间的缩短也可以视为立法者对土地所有权人利益的倾斜，但这种倾斜也有其限度，从日本国会的态度来看，虽然《借地借家法》将更新后借地权存续期间原则上缩短为 10 年，但唯恐借地人居住权安定性利益被过分损害，因此特设借地权首次更新时其更新后期间为 20 年的特殊条款，结合《借地借家法》所定之借地权法定最短存续期间 30 年，借地人得享 50 年期限利益，似可缓解因借地权物权性格消减而对借地人利用土地安定性利益所造成的不利影响。不过《借地借家法》对《借地法》的修正具有系统性，因《借地借家法》首次在立法上明确设置了更新权阻却事由——贷地人收回土地具有正当理由的相对具体标准，正当理由要件得以明晰化，① 从而令贷地人成功拒绝借地人更新请求不再如《借地法》时代那般具有偶然性，贷地人得相对容易地获得裁判所对其收回土地主张的认可;② 不过如此一来，借地人实务上便难以享有前述 50 年的期限利益。从《借地法》到《借地借家法》借地人的期限利益受到了很大限制，尽管立法者认为其所作出的利益权衡具有妥当性，而认为旧有的《借地法》利益调整不当，③ 但私见以为，从体系角度来看，《借地借家法》对借地人期限利益，或者说使用土地安定性利益的限制不仅体现于《借地借家法》第 4 条，也广泛体现于《借地借家法》对正当理由等借地法其他制度的修正中，对借地人利益的限制不可谓不严厉，故从利益衡量，尤其是从保护作为弱者的借地人利益角度出发，似应站在体系高度加强对借地人期限利益的保护。

（二）正当理由的明晰化

因《借地法》上的正当理由并未得到立法者的进一步明晰，故实务中裁判所在认定贷地人收回土地是否具有正当理由的问题上缺乏统一标准，这在事实上加重了贷地人对正当理由要件的证明责任，令贷地人收

①　吉冈祥充「新借地借家法における借地権の性格—「改正」過程と「定期借地権化」の論理—」奈良法学会雑誌第 8 巻 3・4 号（1996 年）288 頁。

②　稲本洋之助＝澤野順彦『コンメタール借地借家法』（日本評論社，2010 年）19 頁。

③　同上。

回土地变得十分困难。尽管客观上起到了维护借地人期限利益的作用，但"规范性语句作为规范的适当的语言表述必须被承认为是有意义的语句，其本身是可以和能够被理解的"①，而在此原则下，经由立法程序所形成的制定法原本应当具有减少法官自由裁量权，使其更多地执行法律，而不是解释法律的作用，② 故从维护市民社会成员对法律确定性的预期利益角度出发，实有必要明确《借地法》上正当理由的内涵及判断标准。

有鉴于此，《借地借家法》对正当理由的内涵与判定标准进行明晰化处理，③ 具体来说，《借地借家法》第 6 条设定了土地使用的必要性、与借地相关的过去情事、土地利用状况以及贷地人所作出的以一定金钱给付为代价收回土地的声明这四种正当理由的类型。从《借地借家法》第 6 条的条文内容来看，正当理由的类型化多取材于司法判例中所形成的为实务界与法学界所承认的有益经验，例如土地使用的必要性、贷地人所作出的以一定金钱给付为代价收回土地的声明两种正当理由均在前述提及的判例中有所反映，④ 同时，从借地人角度还将与借地相关的过去情事及土地利用状况也纳入了正当理由基准，一改过去司法实务中相对重视贷地人一方情形而相对轻视借地人一方情况的做法，从而使裁判所在判定贷地人有无正当理由收回土地的问题上能在更加全面的考察基础上做出判断。同时，还须注意的是，《借地借家法》第 6 条所规定的四种具体的正当理由严格来说并非真正的正当理由具体类型，毋宁称之为具有贷地人收回土地正当理由可能性的具体情事或者判断贷地人是否具有收回土地之正当理由的裁量标准，盖因：一方面《借地借家法》并未进一步明确规定这四种情形的构成要件及法律后果，另一方面也并未明定裁判所必须受四种情形的约束，贷地人虽然有权提出因自己存在这

---

① ［英］麦考密克、魏因贝格尔：《制度法论》，周叶蒙译，中国政法大学出版社 1994 年版，第 45 页。

② Raymond Wacks, *Philosophy of Law：a Very Short Introduction*，Oxford：Oxford university press，2006，p. 22.

③ 大坪稔「借地·借家法の改正論点」鹿児島大学法学論集 9 月号（1999 年）9 頁。

④ 京都地判昭 25·3·25 下民 1·3·407 頁；横浜地判昭 34·7·30 下民 10·7·1576 頁；東京地判昭 32·3·29 下民 8·3·629 頁；東京地判昭 35·1·29 時時 227 号 28 頁；東京地判昭 43·1·31 判時 520 号 64 頁；東京地判昭 39·10·19 判夕 170 号 236 頁を参照。

四种情形之一种或者数种因而具有收回土地正当理由之主张，但裁判所却有权对这种主张作出认可或者不认可的裁判，故严格来说，《借地借家法》第 6 条所规定的具体的正当理由类型只是实体法上供给法官判断贷地人是否具有正当理由的参考标准或者说判断材料，① 即所谓 "裁判例判断基准的明文化"②，因此贷地人在 "正当理由不被认可的场合，不得表示异议"③。接下来需要考察的是《借地借家法》第 6 条所定之四种正当理由的内涵。

1. 土地利用的必要性

《借地法》上对正当理由之内涵所作出的界定仅限于土地所有权人自己对于标的土地具有使用必要性，④ 意即倘若土地所有权人主张自己因具有使用自己土地的现实必要性，且这种必要性为裁判所所认可，则裁判所将裁定土地所有权人收回土地具有正当理由，土地所有权人得拒绝借地人的更新请求。⑤ 而《借地借家法》则认为，仅从土地所有权人角度考虑土地利用的必要性问题有失偏颇，而认为应当综合考虑贷地人、借地人乃至转借地权人的土地使用必要性，⑥ 以便能更加全面地权衡各利害关系人的诉求，实现各方利益的衡平。

就贷地人一方而言，学说上认为所谓贷地人一方的土地使用必要性较之于《借地法》而言，于《借地借家法》上实现了扩张，即贷地人的土地使用必要性并不限于自己使用土地，其家人具有使用土地必要性的，也

① 渡辺晋『最新借地借家法の解説』（住宅新報社，平成 22 年）70 頁。

② 内田貴『民法Ⅱ債権各論』（東京大学出版会，2008 年）239 頁。

③ "正当の事由があると認められる場合でなければ、述べることができない。"『借地借家法』の第 6 条を参照；稲本洋之助＝澤野順彦『コンメタール借地借家法』（日本評論社，2010 年）32 頁。

④ 虽然法律条文并没有将正当理由明确限定在土地所有权人自己具有土地使用之必要性这一点上，而是采用兜底性的手法，规定借地人请求借地权有权请求更新而令借地权因更新而顺延期间，"但是，于土地所有权人自己有土地使用必要或者其他政党理由之场合，且土地所有权人不迟滞地表达了该异议的，不在此限（但シ土地所有者カ自ラ土地ヲ使用スルコトヲ必要トスル場合其ノ他正当ノ事由アル場合ニ於テ遅滞ナク異議ヲ述ヘタルトキハ此ノ限ニ在ラス）"。水本浩＝遠藤浩＝田山輝明『基本法コンメンタール借地借家法』（日本評論社，2009 年）172 頁を参照。

⑤ 野辺博『借地借家法の法律相談』（学陽書房，2011 年）96—97 頁。

⑥ 同上。

属于贷地人具有土地使用必要性的范畴。① 此外，所谓土地使用的必要性并不局限于以生活居住为目的，也可以修建建筑物收益为目的。② 借地人及转借地人的土地使用必要性在内容上与贷地人并无二致，理论与实务上的难题乃是如何在权衡贷地一方与借地一方双方情事之轻重的基础上，作出贷地人有无正当理由拒绝更新，收回土地的司法裁判。③ 故此，《借地借家法》将土地使用的必要性考察范围扩大到贷地与借地的双方，从而使之前肇始于实务的，具有司法惯例性质的利益衡量成为法官所必须承担一项义务。如前所述，利益衡量问题本身在当今复杂难解的社会经济条件下殊难以十分确定之方式得以解决，不过理论与实务就该问题也展开了归纳与总结，具体而言：

第一，于单纯比较借地关系双方土地使用必要性之场合，倘若贷地人收回土地是为维持自身生计而迫切地需要收回土地以便生活与营业，且借地人一方相对而言对土地的使用需求并无迫切性，则应认为贷地人具有收回土地的正当理由，且无须支付立退金，④ 如年老者为自身生计问题而欲收回土地经营停车场，且这么做是其实现生活安定的唯一方法，而借地人则无此类似的迫切情势，故裁判所体认该年老者收回土地具有正当理由；⑤ 再者如贷地人希望收回土地以作医院与住宅使用，且基于日照与建筑物必要高度的需求，贷地人对收回土地以便利用的需求具有迫切性，而借地人于标的土地上之建筑物已然老朽化，其并没有对该建筑物进行真正利用，故权衡双方的使用必要性，裁判所认为贷地人有正当理由收回土地，⑥ 而单纯地在借地人因不使用借地上建筑物或者闲置借地，而贷地人因自身原因而欲收回土地的场合，倘若贷地人相对于借地人并无更为迫切的土地使用需求，则裁判所通常会以贷地人向借地人支付一定立退金为条件，认可贷地人收回土地具有正当理由。⑦

---

① 稲本洋之助＝澤野順彦『コンメタール借地借家法』（日本評論社，2010 年）35 頁；野辺博『借地借家法の法律相談』（学陽書房，2011 年）97 頁。

② 稲本洋之助＝澤野順彦『コンメタール借地借家法』（日本評論社，2010 年）35 頁。

③ 同上。

④ 同上。

⑤ 東京地判昭 59・7・10 判時 1159 号 130 頁。

⑥ 東京高判昭 59・11・8 判夕 552 号 178 頁。

⑦ 東京地判昭 63・5・31 判時 1303 号 93 頁。

　　裁判所在考察借地双方土地使用必要性时，就贷地人而言，通常其自己须利用土地修筑建筑物而居住、为家人而修建建筑物、利用土地上的建筑物为事业·营业活动、对土地进行再开发而实现土地上建筑物的高层化等是裁判所判断贷地人是否具有土地使用必要性之正当理由的重要材料，[①] 而就借地人而言，判断其土地使用必要性的材料与贷地人大体一致，不过如前述判例所提及的那样，其不使用土地上建筑物的事实将成为裁判所否定其继续使用土地的要因。[②]

　　第二，与土地使用必要性相关的附随要素也对正当理由的认定具有重要影响。如在贷地人一方给付给借地人一方立退金的场合，通常裁判所会提高贷地人收回土地具有正当理由的认可度，如借地人为经营烤鸡店与居住而利用借地，土地所有权人以自身需要收回土地修建大厦为由提出异议，虽然裁判所经由比较认为，并不能判断双方谁的土地使用必要性更高，但考虑到贷地一方以高达借地权价格六成的立退金（1700 万日元）作为借地人交还土地的对价，则裁判所认为得体认贷地人具有收回土地的正当理由。[③] 而在借地关系双方均无土地使用必要性的场合，则裁判所通常会径行以贷地人支付一定立退金为由即认定贷地人收回土地具有正当理由。[④] 此外，倘若贷地人一方具有高度利用土地之必要，如为员工在邻近地点修建职工宿舍等，而对应的借地人并无相应的土地使用必要性的，则裁判所亦得在贷地人向借地人支付足额立退金的条件下认定贷地人有正当理由收回土地。[⑤] 除立退金的给付以外，倘若贷地人能以自己所有的土地为借地人提供其他代替性的土地以满足其用地需求的，则认定贷地人收回土地具有正当理由亦无障碍。

　　2. 与借地有关的过去的情事

　　所谓与借地有关的过去之情事，系指自借地契约成立开始，到借地权存续期间届满为止，其间所发生的与当事人有关的各种情事；诸如权利金与更新金的授受、承租人的土地利用期间、租金的支付情况、契约存续期

---

① 渡辺晋『最新借地借家法の解説』（住宅新報社，平成 22 年）70 頁。

② 同上。

③ 東京地判昭 59·12·21 判夕 553 号 185 頁。

④ 名古屋高判昭 59·12·26 判夕 549 号 195 頁。

⑤ 東京地判平 7·2·24 判夕 902 号 101 頁。

间的背信行为等，均属判断与借地有关的过去之情事的射程范围。[1] 权利金乃是借地契约订立时，借地人为从贷地人处获得借地权而支付给贷地人的一定金钱对价，而更新金则是于借地契约更新时，借地人为使贷地人不提出正当理由之抗辩继而收回土地，而支付给贷地人的一定金钱对价，以便得以顺利更新。在实务上，权利金与地价之间的比例关系对正当理由的判断颇具影响，如东京地方裁判所在昭和六十三年时曾将没有权利金给付之事实作为贷地人收回土地具有正当理由的重要凭据，同时亦在昭和五十三年认为贷地人收受高达地价七成之多的权利金之情事足以构成否定贷地人收回土地具有正当理由的充分支持，[2] 故而权利金与更新金等对价给付事实对正当理由的影响分为两个层次：其一，单纯无给付的，如无其他情事，则否认贷地人收回土地具有正当理由；其二，纵然借地人有为给付，设若给付之对价与地价（以借地契约成立时为基准时）未达至合理比例，如无其他情事，贷地人收回土地亦无法获得裁判所的支持。所谓承租人的利用期间，主要是指承租人使用土地期间的长短问题，盖因承租人若长期使用该土地，势必已经以该土地为中心形成了稳定的生活、经营圈和人际关系网，裁判所在考察贷地人是否具备正当理由收回土地时，基于利益衡量的原则，应对承租人长期使用土地所形成了固有利益为充分考量。而所谓借地期间的背信行为，系指借地人在借地期间违背借地契约之约定或者违背信义诚实原则，破坏其与借地人之间信赖关系的行为，如借地契约明定借地人不得增建、改建建筑物，而贷地人明知不可为而为之，嗣后于借地人行使更新请求权之际，贷地人主张因借地人的失信行为而收回土地则易为裁判所认定具有正当理由，法理依据为"信赖关系破坏理论"[3]，"信赖关系破坏理论"主要作用域事实上为普通租赁契约解除，而在借地领域，贷地人以正当理由对抗借地人的更新请求权，亦得收获类似于解除借地契约的法律效果，即决然解除其与借地人之间的借地关系，故亦有该理论的适用空间。另外，租金的支付情况应分为两个方面：首先，不支付租金的行为已然构成背信行为，依情节之轻重，径行适用"信赖关系破坏理论"即可；其次，借地人依约支付租金的行为可得作为否定贷地人具有正

---

[1]　渡辺晋『最新借地借家法の解説』（住宅新報社，平成22年）71頁。

[2]　同上。

[3]　内田貴『民法Ⅱ債権各論』（東京大学出版会，2008年）239頁。

当理由的有力依据，裁判所据此得依利益衡量而作出对借地人有利的裁判。

3. 土地的利用状况

所谓土地利用状况，具体内容主要包括借地上是否存在建筑物，建筑物的种类、用途，建筑物的构造、规模，建筑物的老朽化程度，有无违反法令的事实，承租人对建筑物的利用状况，等等，[①] 而在实务上，将建筑物的老朽化程度作为土地利用状况的考察材料存在一定争议，[②] 这不仅是因为建筑物老朽化程度本身便是一个具有模糊性的概念，也因为建筑物老朽化作为收回土地之正当理由在某种程度上有回归《借地法》因建筑物朽坏即令借地权消灭这一严格律令的意味。

除土地本身的利用状况以外，"土地所存在的地域状况"也须考量，如城市规划上土地用途的变更、商业地域化、住宅地域化、周边建筑物高层化等也会被裁判所作为土地利用状况的附随因素予以考察，[③] 以便能够综合各种因素，不至于将视线仅局限于标的土地本身。

4. 贷地人所作出的以一定金钱给付为代价收回土地的声明（立退金）

在前述"土地使用的必要性"中已经提及贷地人若以一定足额金钱给付作为对借地人的补偿，则裁判所通常会认定贷地人收回土地具有正当理由。而就单纯之金钱给付而言，在《借地法》时代的判例中便已经透露出贷地人只需给付足额金钱，便可以获得裁判所对其收回土地具有正当理由在司法上的支持，即使贷地人并无紧迫的用地需求，不过裁判所在金钱给付的数额上具有变更权，倘若贷地人提出的金钱补偿数额于裁判所看来明显较低，则裁判所得依职权提高金钱补偿的数额。[④] 严格来说，单纯的金钱给付很难在性质上被纳入构贷地人拒绝更新，收回土地的正当理由之内涵，其本质上是在不损害借地人利益的基础上（借地人损失由贷地人足额补偿），为贷地人实现土地所有权利益诉求而由贷地人所为的赎买行为，在性质上与抵押物购买人代抵押人向抵押权人清偿抵押人之债务，从而涤除抵押权的行为极为相似，因此，与其称贷地人以立退金等形式给付

---

① 稻本洋之助=澤野順彦『コンメタール借地借家法』（日本評論社，2010 年）41—42 頁。

② 渡辺晋『最新借地借家法の解説』（住宅新報社，平成 22 年）72 頁。

③ 稻本洋之助=澤野順彦『コンメタール借地借家法』（日本評論社，2010 年）42 頁。

④ 東京地判昭 39・10・19 判夕 170 号 236 頁。

一定金钱给借地人之行为构成贷地人收回土地之正当理由，不如说贷地人乃是以一定金钱为代价，涤除了附于土地所有权之上的借地权更新效力负担。①

在金钱给付的计算方面，贷地人给付给借地人之立退金通常包括借地权的价额、借地上建筑物的价额以及借地人因无法及时找到替代性土地而产生的损失（如营业损失补偿价额），② 严格来说，此时的借地权存续期间已然届满，本无经济价值可言，仅因标的土地上仍负有借地权更新效力之法定物上负担，且在贷地人无正当理由而借地人行使更新权的场合下，贷地人仍无由收回土地而对土地为完满支配，故此时所谓的借地权之价额实为令借地人放弃更新权而须付出之对价。至于建筑物，则按其市价计算，且严格来说，固属借地权建筑物买取请求权的效力范畴，不过实务上将之纳入立退金计算的情况不在少数；而借地人因无法及时找到替代性土地而产生的损失则更是一个柔性概念，有关其范围及数额之确定还须由裁判所自由裁量之。此外，在金钱给付的数额方面，根据借家权的经验，贷地人须至少支付借地权价额三成才有获得正当理由认可之可能性。③

---

① 在此，可以认为借地权更新效力乃因《借地法》与《借地借家法》之强行规定，为土地所有权设定的、法定的物上负担（right or interest in the land）。物上负担主要是一个英美法上的概念，如有美国学者将物上负担定义为"第三人所享有的非占有性之权利或者利益，其降低财产的市场价格，限制所有人的使用方式或者令所有人负担其他义务"。参见 Malloy & Smith, *Real Estate Transactions: Problems, Cases, and Materials*, Aspen Law & Business, 1988, p. 338. 德国法上也有类似的概念，如德国物权法上的"实物负担"（Reallast），其便是指"对（实物负担这一限制物权之）权利人，'支付来自土地的继续性给付'"。较之而言，英美法系之物上负担概念较为贴近本书所使用的语境。同时，"物上负担"这一概念本身也是具有一定新颖性的概念，根据笔者的检索，中国知网上至今只有两篇论文题目中包含物上负担一词，即孟勤国、张淞纶：《英美法物上负担制度及其借鉴价值》，《环球法律评论》2009 年第 5 期；肖建国：《论民事执行中拍卖物上负担的处理》，《人民法院报》2005 年 5 月 25 日，其中后者并无使用"物上负担"这一概念之自觉，只是偶然涉及了物上负担中的具体类型，而前者则较为自觉地使用了"物上负担"这一概念，并认为物上负担概念得擎中国物权法思维体系变革之大旗，即所谓的"财产法的对抗力革命"（参见张淞纶《论物上负担制度——财产法的对抗力革命》，法律出版社 2012 年版）。物上负担与传统物权法理论之间的关系问题饶有兴味，涉及对物权及所有权根本观念认识上的差异，两者的融合、分立及法技术的比较问题值得进一步检讨。

② 野辺博『借地借家法の法律相談』（学陽書房，2011 年）101 頁。

③ 同上。

三　借地权的消灭

借地权并无特别的消灭原因，除更新失败消灭以外，同第二章中阐述的地上权与土地租赁权消灭的原因一致，故在此不作赘述。

第五章

借地权的效力

普鲁东曾谓："所有权是不能存在的，因为如果它存在，社会就将自趋灭亡。"① 而 A. N. 威尔森则认为："财产权过去、现在以及将来都不会被废除。问题仅仅在于谁拥有它而已。并且最为公正的制度设计乃是一个人乃至所有人——而不是没有人——均为财产权的拥有者。"② 前述两位大家的言论分别代表了对所有权（财产权）的两种态度，前者乃是对所有权的一种控诉，核心论点在于所有权的无中生有性③与增加了产品的生产成本；④ 而后者则可以说是现代产权理念的格言式表述。根据现代产权理论，产权特别强调产权拥有者对产权及其标的之使用、保留收益、改变形状和组成以及转让这些权利。⑤ 尽管产权的概念并不等同于个人所有权，其还包括集体所有权、公共所有权、国家所有权、担保所有权、专利权和著作权等⑥，但对比所有权所强调的占有、使用、收益与处分权能⑦而言，可知私的所有权至少为产权之一种具体类型。较之于第一种观点而

---

① ［法］普鲁东：《什么是所有权》，孙署冰译，商务印书馆 1963 年版，第 202 页。

② "Property never has been abolished and never will be abolished. It is simply a question of who has it . And the fairest system ever devised is one by which all，rather than none are property owners." Cited on Richard Pipes, *Property and Freedom*，New York：A Division of Random House，Inc.，1999，p. 1.

③ ［法］普鲁东：《什么是所有权》，孙署冰译，商务印书馆 1963 年版，第 179—188 页。

④ 同上书，第 188—196 页。

⑤ ［德］汉斯-贝恩德·舍费尔、克劳斯·奥特：《民法的经济分析》（第四版），江清云、杜涛译，法律出版社 2009 年版，第 531 页。

⑥ 同上书，第 531 页。

⑦ 王利明：《物权法论》（修订二版），中国政法大学出版社 2008 年版，第 108 页。

言，第二种观点更具有说服力，因为根据产权理论，倘若没有所有权，在产权过分稀释的状态下，过度使用可自由使用的资源或者共有商品将不可避免地造成"公用悲剧"①，因此无论是何种社会形态，产权清晰都是其秩序之基石，故而所有权有其存在之必要性。不过所有权之存在必要性却并不意味着其享有至高无上的法律地位，近代以来以《法国民法典》为代表宣扬的作为"最绝对地享用和处分物的权利"② 之所有权曾被置于神圣不可侵犯的至尊王座，但这只是对所有权的非理性崇拜而已，根据产权理论，"将一个资源在法律意义上分配给个人所有权也要受到许多他人权利的限制并由此被稀释"③，所有权固然有存在的价值，但是所有权人也在多种情况下须与他人分享所有权，以便使所有物得以物尽其用。在借地关系中，土地所有权人与借地人之间可以说是典型的产权稀释关系，借地人之借地权较之于传统的土地租赁权而言具有许多特别效力，从另一个角度观察，也可以说日本法上的借地权课以土地所有权更重的物上负担，土地所有权的产权较传统土地租赁权而言更加稀释化。因本书第二章对土地租赁权与地上权的一般效力予以了介绍，故不作赘述，同时，下文有关借地权特别效力的阐述也是以借地权名义下的土地租赁权为典型展开的，如非特别提示，下文所提及之借地权并非地上权。

第一节　借地权的对抗力

一　日本民法上的不动产登记对抗模式与对抗力

对抗力是日本民法上，尤其是物权法上较为有特色的概念，其意指物权变动一旦获得法定的公示外观，即获得对抗第三人对物权标的主张权利之效力。日本民法上的物权变动对抗力通常是以登记或者交付的方式获

---

① ［德］汉斯–贝恩德·舍费尔、克劳斯·奥特：《民法的经济分析》（第四版），江清云、杜涛译，法律出版社 2009 年版，第 536 页。

② 罗结珍译：《法国民法典》，北京大学出版社 2010 年版，第 404—420 页。

③ ［德］汉斯–贝恩德·舍费尔、克劳斯·奥特：《民法的经济分析》（第四版），江清云、杜涛译，法律出版社 2009 年版，第 532 页。

得，法律基础为《日本民法典》第 177 条与第 178 条。① 不过对抗力，尤其是不动产登记对抗力对物权变动所起的作用在性质上究竟为何物，在日本民法学界存在极大争议。

（一）学说对立状况

围绕登记对抗模式中物权变动效力的问题，日本理论界提出了如下几种学说。

1. 债权的效果说

债权的效果说认为，没有进行登记的所有权移转意思表示仅引致债权发生之法律效果，倘若在此之后发生了第二次进行登记的让渡，那么第二次让渡才最终导致物权变动。②

2. 相对的无效说

相对的无效说认为，没有进行登记的物权变动在交易当事人之间产生完全的物权变动效力，不过对第三人而言，物权并未发生变动。③ 因此倘若第三人为善意者，则完全可以再行和出卖人缔结买卖契约并为登记，以彻底获得物之所有权。

3. 不完全物权变动说

不完全物权变动说认为，没有进行登记的物权变动在当事人之间以及当事人与第三人之间均只产生不完全的物权变动效力，完全的物权变动效力必须在登记之后方产生。④

4. 第三人主张说

第三人主张说认为，没有进行登记的物权变动虽然在当事人之间以及对第三人均产生完全的物权变动效力，但是第三人却因之获得了主张当事人之间物权变动无效的权利。对这种权利的解释又在学理上分为两说：其一为否认权说。该说认为第三人主张当事人之间物权变动无效的权利是一种否认权，同时以主张登记欠缺之事实为必要。其二为反对事实主张说。该说认为第三人只需提出反对当事人之间的物权变动主张即可，而无须主

---

① 我妻栄=有泉亨=清水誠=田山輝明『我妻・有泉コンメタール民法—総則・物権・債権一』（日本評論社，2010 年）356 頁以下を参照。

② 松井宏興『民法の世界 2・物権法』（信山社，2002 年）59 頁。

③ 同上书，第 59 頁。

④ 松井宏興『民法の世界 2・物権法』（信山社，2002 年）60 頁。

张登记欠缺之事实。①

5. 法定证据说

法定证据说认为，登记乃是具有极强效力的法定证据。物权变动原则上仍然遵循意思主义，但是在发生不动产二重买卖的情况下，倘若出现后买受人先于前买受人获得登记外观的情形，则法官受此法定证据的拘束，必须做出后买受人获得所有权时间在先的事实认定。②

6. 公信力说

公信力说从德国民法学中汲取了理论素养，认为登记公示制度的采用乃是为了使物权变动产生公信力，而传统上将登记称为对抗要件的做法是令人迷惑且没有必要的。③ 在此基础上，该说认为，可以运用《日本民法典》第192条所规定的即时取得制度（即善意取得制度）构建对抗理论，其逻辑为首先权利人向第一买受人的物权变动完成后，第一受让人取得权利，同时权利人成为无权利人，以此为前提，因信赖登记而与原权利人再为交易并进行了登记的第二受让人，如果是善意且无过失的，则可以有效取得所有权。④

（二）评析与质疑

以上学说是对登记对抗模式中物权变动效力的性质解释。私见以为，以不动产买卖为例，在债权效果说之下，不动产所有权买卖契约效力的发生并未导致物权变动，买受人仅享有请求出卖人协助自己完成不动产登记以便完成物权变动的债权，而没有真正享有不动产所有权。因此采债权效果说将与日本理论及实务通说相悖，因为债权效果说与物权意思主义是根本对立的，债权效果说之下的登记与其说是物权变动完成之后对抗第三人的对抗要件，不如说是使物权最终发生变动的生效要件。虽然一些持债权效果说的学者认为《日本民法典》第176条中所规定的引起物权变动的意思表示乃是物权性的意思表示，并在此基础上进一步提出该意思表示便

---

① 松井宏興『民法の世界 2・物権法』（信山社，2002 年）60 頁。

② ［日］近江幸治：《民法讲义Ⅱ·物权法》，王茵译，北京大学出版社 2006 年版，第52 页。

③ 松井宏興『民法の世界 2・物権法』（信山社，2002 年）61 頁。

④ ［日］近江幸治：《民法讲义Ⅱ·物权法》，王茵译，北京大学出版社 2006 年版，第52 页。

是日本民法上的物权行为，① 从而使债权效果说得以周延，但代价也是高昂的：这种理论以有悖生活常识的法技术方式在契约之外创造了一个没有外观的物权行为，并最终背离了传统意思主义。基于此，也有学者认为，《日本民法典》第176条之意思表示的确是物权变动的意思表示，但是其通常体现为买卖契约订立意思中的效果意思，因此债权发生的意思与物权变动的意思是结合在一起的，并无必要作此区分，② 所谓的物权行为仅是一种学者拟制。③

而相对无效说则有悖于物权的基本概念，因为物权乃是"直接支配一定的物并由此享受物之利益的，具有排他性的权利"④，在相对无效说之下，欠缺登记要件的物权变动对第三人不发生效力，也就意味着从原物权人手中继受物权的新物权人所获得的物权是不具有排他效力的，仅对原物权人有效力的相对权；这显然与物权作为典型的绝对权、对世权的基本性质相悖。⑤

不完全物权变动说则进一步认为，没有进行登记的物权变动（尤其是不动产所有权）在当事人之间与当事人与第三人之间均只产生不完全的物权变动效力，这种不完全的物权变动效力可以在通常情况下对抗第三人，但倘若第三人是善意的，且从原物权人手中获得二次让渡且进行了登记，则真正的物权人反而因其仅有不完全的物权变动效力而无法对抗已经获得完全物权变动效力的第三人。

第三人主张说虽然在形式上颇具逻辑性，在承认物权变动的完全效力的基础之上，另行设定了一个类似于形成权的否认权，则缓和了物权绝对性与意思主义之间的矛盾；但是问题在于，否认权的存在是学者推导出的结论，而非法律的明文规定（《法国民法典》和《日本民法典》均无否认权具文），并且该否认权由于在性质上类似于形成权，则理论上需要有除斥期间、行使方式等具体制度予以规制，因此不宜经由简单解释便于某一制度上附加一项效力强大的权利。

---

① ［日］近江幸治：《民法讲义Ⅱ·物权法》，王茵译，北京大学出版社2006年版，第38—40页。

② 我妻栄『新訂物権法』（岩波書店，1983年新訂第一刷）56、57页。

③ 広中俊雄『現代法律学全集6·物権法』（第二版）（青林書院，1985年版）50页。

④ 我妻栄『新訂物権法』（岩波書店，1983年新訂第一刷）9页。

⑤ 王泽鉴：《民法物权》，北京大学出版社2009年版，第30页。

颇具匠心的法定证据说则造成了实体法与诉讼法的分裂，并且在司法效果上颠覆了物权变动的意思主义，其实质上是将登记设定为了物权变动的生效要件。

最后，就公信力说而言，登记具有公信力与日本民法的基本精神相违背，[①] 同时用即时取得的原理来解释登记对抗效力似与即时取得本身的性质不符，因为"即时取得乃原始的取得新所有权也"[②]，是非基于法律行为的所有权取得的特殊方式，将这种特殊规则用于解释一般性的物权变动效力问题则有片面之虞。

从以上的论述中可以得知，登记对抗模式无法像登记生效模式那样形成一个较为完整的理论制度体系。倘若对登记对抗模式进行理论构建，则要么与物权与债权二分划分规则下物权的绝对性、对世性原则相悖，要么需要引入形成权、即时取得等其他制度对登记对抗模式进行补正。因此，单纯从理论上来说，登记对抗因两大原因而无法成立：其一，在不借助外在制度改造的情形中，登记对抗模式的代价是将物权相对权化，这将在根本上危及民法体系，因而只能做反向解释，即不存在物权变动不登记则不能对抗善意第三人的可能；其二，在借助外在制度改造的情形中，即借助形成权与即时取得制度，第三人的确在事实上"对抗"第一受让人成功，但是此时登记对抗在性质上并无独立性可言，登记本身的效力无法得到确切的解释。登记对抗模式无法成为与登记生效模式并立的完整物权变动模式，在理论及制度上显得破碎而零散。

（三）登记对抗模式之检讨

有关登记对抗模式的理论解说远较登记生效模式丰富，但是各种理论学说在处理登记对抗模式内生的各种问题时，均难以获得令人满意的效果。其缘由在于登记对抗模式与物权的绝对性（或者说物权债权二元划分原则）、交易安全理念存在内在的紧张关系。

1. 学说体系之忧：登记对抗模式与物权的绝对性

有学者认为，登记对抗模式没有对债权与物权进行明确的区分，并在承认物权与债权二元划分原则的前提之下，认为仅凭特定当事人之间的具

---

① ［日］近江幸治：《民法讲义Ⅱ·物权法》，王茵译，北京大学出版社 2006 年版，第 53 页。

② 梅仲协：《民法要义》，中国政法大学出版社 2004 年版，第 537 页。

有兼容性的债权意思表示即可产生具有排他性的物权变动的法律效果在理论上是矛盾的。① 不过从民法历史沿革的角度看，登记对抗模式诞生之初，法国民法并未对物权与债权进行严格区分，② 严格来说，法国民法上只有相当于德国民法上物权的财产权，而债权则是直接通过规制契约等债因的方法而获致调整的。因此，在时间维度上，登记对抗模式早于物权债权的二元划分。那么，由后来坚持物权债权二元划分原则的《德国民法典》最终选择登记生效模式这一事实出发，真正值得思考的乃是登记对抗模式与物权绝对性原则能否共存的问题。

日本民法因其特殊的继受法经历，同时受到了法国民法与德国民法的影响，③ 并将物权债权二元划分原则与登记对抗模式均引入其民法典中，但从日本实务现状来看，两者并没有做到完美融合。在不动产二重买卖中，判例多认为真正取得不动产所有权的乃是现行登记的后买受人，而前买受人所获得的所有权是残缺的，其无法对抗对不动产有正当利益的第三人，④ 也有承认第三人的否认权，⑤ 或者物权变动相对于第三人无效的判例，⑥ 但均在事实上将仅通过意思表示实现变动的物权视为不具备对抗一切人的受限权利，可以说，日本判例的态度否认了物权绝对性而坚持了登记对抗模式。

而法国民法学界从德国民法学引入物权与债权的二元划分原则之后，也发现自拿破仑时代民法典所确定的所有权转移的"即时性原则"的确与物权的绝对性存在无法克服的矛盾，⑦ 因此转而通过严格的公告制度，

---

① 于海涌：《论不动产登记》，法律出版社 2007 年版，第 42 页。

② 直至今日，法国民法理论界仍存在对物权债权二元划分的质疑，如有学者认为物权事实上就是债权（对人权）的一种特殊类型，两者本质上都是人与人之间的权利，区别只是物权的内容体现为社会上所有物权人之外的人的"否定性给付"，而债权的内容仅为特定债务人的给付。参见 [法] 弗朗索瓦·泰雷、菲利普·森勒尔《法国财产法》（上），罗结珍译，中国法制出版社 2008 年版，第 90—91 页。

③ 渠涛：《最新日本民法》，法律出版社 2006 年版，第 366—368、391—392 页。

④ 牧野英一ほか監修，八木胖編集『新判例体系·民事法編·民法 4』（新日本法規出版株式会社，昭和 26 年）一〇六ノ一六頁。

⑤ 同上书，第 106—115 页。

⑥ 松井宏興『民法の世界 2·物権法』（信山社，2002 年版）62 頁。

⑦ [法] 弗朗索瓦·泰雷、菲利普·森勒尔：《法国财产法》（上），罗结珍译，中国法制出版社 2008 年版，第 478—479 页。

对原先的物权变动意思主义进行了限制，从而使这种矛盾得到了一定程度的缓和。①

从逻辑上看，登记对抗模式之下，因物权变动纯凭当事人之间的意思表示而引致，所以物权变动的情况通常仅为当事人知晓，这种物权变动因缺乏必要的外观而难于为第三人所知。就不动产二重买卖而言，在登记对抗模式之下，前买受人的物权的确受到了侵害，但基于保护善意第三人，维护交易安全的理念，民法被迫做出了法益衡量，承认前买受人的物权缺乏对抗善意第三人的效力。作为绝对权的物权人原本拥有对抗除自己以外一切人的强大效力；反观之，登记对抗模式一方面承认当事人经由单纯意思表示所获得的权利是物权，而另一方面却涤除了该物权对抗善意第三人的效力，从而实质上将物权降到了相对权的位格，十分自然地否认了物权的绝对性，违反了物权债权的二元划分原则。因此，日本与法国的现实做法绝非偶然，反而十分明晰地印证了登记对抗模式与物权的绝对性原则无法共存于同一法律体系这一事实。

2. 法律实益之惑：登记对抗模式与交易安全

登记对抗模式最为吸引人之处在于其全凭当事人之间的意思即可引致物权变动，从交易便捷性的角度上来讲，这将极大地促进社会商品经济的发展，最大限度地使潜在交易得以转变为现实交易，其可以成为市场繁荣的制度诱因。不过，登记对抗模式的这一优点同时也有其消极的一面，即它可能诱发大量商业不道德交易的出现，从而引发市场交易秩序的紊乱，降低市场参与者对交易的信赖程度。以最为经典之不动产二重买卖为例，甲作为出卖人向买受人乙出让了自己的一处房屋 A，当此之时，双方意思表示真实且一致，达成了不动产买卖契约，此时乙成为不动产所有权人；但从公示外观来说甲乙之外的一切第三人均会倾向于认为甲才是真正的不动产所有权人，又因为在登记对抗模式之下，不动产所有权的移转并不需要办理登记，则存在甲与乙为了节省办理登记的费用而决定根本不去办理登记。此时登记簿上的不动产所有人仍然是甲，此时第三人丙介入其间，其首先查阅了不动产登记簿，发现登记簿上载明不动产所有人是甲，但丙深知在登记对抗模式之下，登记并无公

① ［法］弗朗索瓦·泰雷、菲利普·森勒尔：《法国财产法》（上），罗结珍译，中国法制出版社 2008 年版，第 480 页。

信力而只有公信力之一部分，即对抗力，① 因此丙并不会对不动产登记簿上的信息持完全信任态度，但当丙发现甲事实上占有不动产 A 时（甲尚未将 A 交付给乙），则丙通常会产生相当的信赖，当丙基于这种信赖与甲完成了不动产交易，并且丙出于交易安全的考虑，与甲一并办理了不动产移转登记，则根据登记对抗原理，原先的真正不动产所有权人乙反而丧失了其对不动产 A 的所有权。此时将引发乙与丙之间的物权纠纷和乙与甲的债权债务纠纷，但乙终究会失去 A 的所有权，于交易目的角度下考量，乙的利益受到了损失。而倘若丙并无进行不动产登记的自觉，则在丙与甲成立合法有效的不动产买卖契约之后，乙要么以自己的真实不动产所有人身份对抗丙对 A 的求索，要么先丙一步获得不动产登记，则可进一步对抗丙对 A 的权利主张，那么，即使丙最终可以从甲那里获得违约损害赔偿，但是丙的交易目的最终仍旧落空，其对一系列权利外观的信赖也被破坏殆尽。在上述乙与丙利益受损的情形中，不管最终谁丧失不动产 A 的所有权，必定有一方的交易积极性受到极大打压，这将使其在之后的交易中如履薄冰，更为重视查明标的物的真实权利状况。这将一方面极大地增加整个社会的交易成本，另一方面也使物权的归属处于极不稳定的状态，最终产生抑制市场交易活跃性的不良后果。

可以说，登记对抗模式所欲达致的目标与其实际可能产生的效果最终呈现南辕北辙的趋势，其缘由在于交易迅捷性要求与交易安全性要求并不是简单的非此即彼、此消彼长的关系。交易安全在某种程度上是交易迅捷的前置性条件，因为唯有在交易安全得到保障的前提下，交易当事人才可放心大胆地进行交易，并且略去大量为交易安全而实施的各种保障性措施（如真实权利状况调查），从而十分迅捷地完成交易。登记对抗模式可以看作通过交易的便利化而意欲获得交易迅捷性，但因忽视了交易安全而最终产生抑制交易之负面效果的一种法律上的尝试。这种尝试在法制史上并不成功：法国在确立物权变动的意思主义原则之后，历经了一系列阵痛，其在历史沿革中不断强化不动产登记的效力，完善其物权公示制度，以至今天的登记对抗模式

① 七戸克彦「公示の原則と登記の効力 ドイツにおける不動産物権変動と登記」THINK 会報第 95 号（1999 年）42 頁。

"在实务上和德国已经没有区别"①，即在效果上，登记对抗模式已经与登记生效模式没有太大差异。而日本虽然在民法典中继受了法国的意思主义，并在不动产登记法中确立了登记对抗模式，但事实上日本自明治时代起，其不动产登记法即同时受到普鲁士法与法国法的双重影响，②在历经地券制度、公证制度、不动产旧登记法颁布、新登记法出台的沿革之后，日本最终所确立的乃是德国式的不动产登记制度，从而一方面在实体法上（《日本民法典》第176、177条）继受了法国法上的意思主义，另一方面又在作为程序法的不动产登记法上继受了德国式的登记方法。③因此，诚如日本民法学者大场浩之所言，对于日本的不动产物权变动而言，不能仅以法国法为参照完成一系列问题的解释。④这样一来，日本民法上的登记对抗模式呈现出较法国更为复杂的局面，更加难以将继受来的各种理论圆满地整合为自洽的体系。

二　借地权的对抗要件

借地权的对抗要件为借地上建筑物的登记。尽管借地权在实务上多为债权性质的（尽管在很多方面均有所物权化）的土地租赁权，但是土地租赁权也得凭借建筑物登记之对抗力而对抗第三人。虽然理论上登记对抗力与物权债权之二元划分及物权绝对性存在不可调和的矛盾，但也许正是因为如此，作为债权的土地租赁权在日本才得以如此顺利地在借地领域实现物权化与多样化，盖因日本本身便没有坚持彻底的物权债权二元论，这与日本在比较法上深受法国影响有直接关联。

（一）不动产租赁权登记对抗力与借地权登记对抗力

需要注意的是，借地权的对抗力与民法典上租赁权的对抗力乃是完全不同的事物。《日本民法典》第605条规定了不动产租赁权的对抗力制度，即不动产租赁倘若获得登记，则得以该登记对抗之后取得

---

①　王茵：《不动产物权变动和交易安全——日德法三国物权变动模式的比较研究》，商务印书馆2004年版，第160页。

②　大場浩之「ドイツにおける仮登記（Vormerkung）についての考察（1）・不動産物権変動論との関係を中心に」早法81巻4号（2006年）268—269頁。

③　同上书，第271页。

④　同上。

物权的人，① 其缘由在于日本实务界及学界采纳了"买卖击破租赁"（Kauf bricht Miete）之原则，同时考虑到不动产租赁权人之安定性的确具有保护必要，故特设该条款给予租赁权有限的、得对抗后来的不动产物权获得者的效力。不过该条款在实务中却并未发挥多大作用，盖因日本实务界认为租赁权之登记应适用"共同申请"原则，② 租赁权人在无特约的情形下，需出租人自发协助其为租赁权登记，③ 换言之，租赁权人对出租人没有登记协力请求权，出租人并无协助租赁权人完成租赁权登记的义务。职是之故，土地租赁权人通常不太可能获得租赁权登记，盖因土地所有权人通常不会自愿如好撒玛利亚人般为他人而负担多余的无对价义务；因此民法典第 605 条之实效极为有限。为了使借地权获得普遍而稳定的对抗力，日本立法者结合日本不动产法上建筑物与土地二元分立的特点，自《建筑物保护法》第 1 条伊始，到《借地借家法》第 10 条，均体认借地权人倘若将借地上的、属于自己的建筑物作了不动产登记，则其借地权得以此登记对抗第三人。④ 当然，须特别指出的是，借地权对抗力之产生乃是借地权自身登记缺位时而借地上建筑物作了登记时的特别对抗力，借地权本身的登记除了前述的土地租赁权登记以外，也包括权利人享有登记协力请求权的地上权登记，⑤ 即借地人享有借地权名义下的地上权的，纵然该地上权没有登记，但只要借地人将其所有的建筑物作了登记，该地上权仍可获得借地权对抗力。

（二）借地权对抗力之构成要件

根据《建筑物保护法》第 1 条与《借地借家法》第 10 条之规定，借地权对抗力须具备两大要件：第一，借地上存在建筑物；第二，借地上的建筑物为借地人所有，并且借地人以自己名义作了登记。⑥

① 我妻栄=有泉亨=清水誠=田山輝明『我妻・有泉コンメタール民法—総則・物権・債権—』（日本評論社，2010 年）1117 頁。

② 松岡久和=中田邦博『新コンメンタール民法（財産法）』（日本評論社，2012年）880 頁。

③ 大判大 10・7・11 民録 27 輯 1378 頁。

④ 参见第二章有关《建筑物保护法》及《借地借家法》条文简介。

⑤ 稲本洋之助=澤野順彦『コンメタール借地借家法』（日本評論社，2010 年）71 頁。

⑥ 渡辺晋『最新借地借家法の解説』（住宅新報社，平成 22 年）95 頁。

1. 借地上存在建筑物

与民法典上的租赁权登记对抗力不同，借地权的对抗力具有从属性，或者说借地权的对抗力本质上乃是借地上建筑物登记对抗力之法定扩张的产物，因此，借地权的对抗力与建筑物的对抗力同命运，随建筑物对抗力之产生而产生，并随建筑物对抗力之消灭而消灭。不过也存在一定例外情况：与《建筑物保护法》不同，《借地借家法》第 10 条第 2 款规定即使建筑物已然灭失，在"借地权人将特定建筑物的必要事项、灭失之日与建筑物新建的意思在土地上明显可见之处予以揭示"① 的情形下，借地权仍旧保有对抗力，不过这种对抗力具有暂时性，倘若借地权没有在建筑物灭失之日起两年内新建建筑物并且该建筑物灭失前没有予以登记的，则借地权将不享受这种暂时对抗力。

2. 借地上的建筑物为借地人所有并且借地人以自己名义作了登记

借地权获得对抗力以该建筑物为借地人所有为必要，盖因倘若借地上的建筑物并非借地人所有，则并无必要赋予借地权以对抗力以保护借地权人。在此问题上，日本实务采取较为严厉的态度，在借地上建筑物所有权属于非借地人之情形下，即使非借地人与借地人之间具有相当程度的密切关系，如借地人的父母、配偶等，实务上亦不承认该借地权的对抗力。②

同时，倘若意欲取得借地权对抗第三人之法律效果，还必须令借地权获得可得推定其存在的外观。诚如学者镰田熏所言，登记之于物权变动犹如人出行之前所需穿上之洋装，③ 借地权作为效力上属于物权（地上权）或者接近物权（借地权名义下之土地租赁权）的权利，在涉及变动，尤其是在因借地上建筑物所有权之变动而连带导致借地权变动的情形下，借地权亦需要登记作为自身之洋装，以便获得公示对抗力。不过借地权的对抗力不是通过对借地权本身登记予以实现，乃是由借地人以自己名义将借地上属于自己的建筑物予以登记的方式产生的，恰如一个大人与小孩在雨天一同外行，只有一件雨衣，大人穿上雨衣，而小孩钻进雨衣，躲于大人身后，亦得获得躲雨之效果一般。不过由此也可以看出借地权从属于建筑物租赁权的事实。

---

① 稲本洋之助＝澤野順彦『コンメタール借地借家法』（日本評論社，2010 年）70 頁。

② 渡辺晋『最新借地借家法の解説』（住宅新報社，平成 22 年）96 頁。

③ 鎌田薫『民法ノート・物権法①』（日本評論社，2007 年）70 頁。

三　借地权对抗力之登记问题

（一）登记的种类

借地法中的借地权登记从属于建筑物登记，而建筑物登记在日本不动产法中属于权利登记的范畴，借地人须在不动产登记簿表题部上以自己名义将建筑物登记在自己名下，方可使自己的借地权获得对抗力。通常借地人须自己作为申请人向不动产登记机关申请建筑物所有权登记，不过特殊情况下由不动产登记机关依职权登记建筑物所有权时，借地权亦可获得对抗力（大判昭 13. 10. 1 甲）。①

（二）建筑物的所在地籍、构造和占地面积

实务中也存在建筑物所在地籍之表示，登记记载的建筑物的种类、构造、占地面积与实际情况不相吻合之事。登记不符合现实究竟在多大程度上会影响到借地权的对抗力呢？实务中采取了"同一性"标准，即纵然登记与现实存在抵触，但是倘若该登记并不影响对登记与建筑物同一性的认识，仍应当肯定建筑物登记的对抗力（最判昭 40. 3. 17；最判昭 39. 10. 13）。②

不过在实务上，登记与现实不符将在一定程度上影响借地权对抗力的范围及强度，例如甲所有的房屋乃是建造在 A 地与 B 地的交叉地带，甲在 A 地与 B 地上均享有借地权，但甲在不动产登记簿上将自己的建筑物之基地仅仅登记为 A 地，则在 B 地被让渡给第三人之时，甲之借地权无法对抗该受让人（最判昭 44. 12. 23；大判昭 13. 10. 1 乙）。③ 同时，倘若既有建筑物存在增、改建的情形，则以该建筑物变化仍与旧有建筑物登记具有同一性为限，承认该建筑物之借地权具有对抗力。④

（三）建筑物的登记名义

前述已经提及，欲使借地权获得对抗力，以借地人将自己的借地上建筑物登记在自己名下为必要，即借地人必须取得建筑物登记名义。不过在实务中，也有借地人将自己的建筑物先行登记在自己名下，复又登记在自己长子名下的事例，对此，司法界认为"享有地上建筑物所有权的租赁权

---

① 渡辺晋『最新借地借家法の解説』（住宅新報社，平成 22 年）97 頁。

② 同上。

③ 同上书，第 98 页。

④ 同上。

人，在当初以自己名义取得建筑物登记期间，可得解释为得以其租赁权对抗第三人，而后当作为地上建筑物所有人的租赁权人以自己意思将该建筑物登记于他人名下时，该租赁权人不能对抗第三人"①，以自己妻子名义登记的，亦同。② 此外，在借地人将自己建筑物进行让与担保而将建筑物登记在债权人名下之时，其借地权亦会丧失对抗力。③

由上述判例可知日本实务对借地权对抗力采相对严格的解释，除在设定转借地权之际，转借地权人修建建筑物视为借地人建造建筑物，④ 故而转借地权人可得依自己建筑物之登记获得转借地权之对抗力，进而间接令借地权也获得对抗力之外，其他非借地人获得借地上建筑物登记名义的，均会令借地人丧失对抗力，此诚对借地人过于严苛。尽管实务上也体认在土地所有权人滥用土地所有权而为出卖土地之行为时，借地人得以"权利滥用之禁止"为由主张土地所有权人出卖行为无效，⑤ 但终究属于运用民法一般条款对借地人的特别保护。私见以为，借地权设计为从属于建筑物所有权的权利本身便存在问题，借地权的价格在现实中已经逼近土地所有权本身的价格，其事实上已经是价值极为巨大的财产权，在价值方面甚至远远超过建筑物本身。故而借地权的性质应该向独立权利方向发展，最为简单的修正方法便是赋予借地人请求贷地人协助登记的权利，一旦借地人获得登记协力请求权，则借地权名义下的土地租赁权也得如地上权般获得普遍登记，从而借地权便不需要建筑物登记对抗力的保护，借地权获得独立外观，方能使其价值得到更为完整的维护。当然，即使规定借地人登记协力请求权，也并非意味着必须废除日本现行借地权对抗力的规定，将建筑物登记对抗力之扩张作为借地权对抗力获得之补充，也不失为一项富有实益的设计。

---

① "地上建物を所有する賃借権者は、自己の名義で登記した建物を有することにより、初めて賃借権を第三者に対抗し得るものと解すべく、地上建物を所有する賃借権者が自らに意思に基づき他人名義で建物の保存登記をしたような場合には、当該賃借権者はその賃借権を第三者に対抗することはできない。"最判昭 41・4・27 判夕 190 号 106 頁を参照。

② 最判昭 47・6・22 判時 667 号 51 頁。

③ 最判平 1・2・72 判夕 704 号 241 頁。

④ 参见《借地借家法》第 7 条第 3 款。

⑤ 最判昭 52・3・31 民集 120 号 355 頁。

（四） 建筑物灭失场合下的暂时对抗力

前述已经提及，在建筑物灭失的情况下，借地人也能获得暂时的对抗力，此举一方面是修正《借地法》第 2 条借地权因建筑物朽坏而消灭而生的产物，另一方面也是增强借地权效力的举措。根据《借地借家法》第 10 条第 2 款的规定，在 "借地权人将特定建筑物的必要事项、灭失之日与建筑物新建的意思在土地上明显可见之处予以揭示"[①] 的情形下，借地权仍旧保有对抗力，下面就其意旨为具体阐述。

1. 揭示事项与揭示场所

根据《借地借家法》第 10 条的规定，需要揭示的事项包括建筑物特定的必要事项、建筑物灭失日与建筑物新建的意思表示，其中建筑物特定的必要事项主要是指建筑物登记之表示事项，如建筑物之所在、房屋的编号，建筑物的种类、构造、占地面积，建筑物的所有人等;[②] 而灭失日则是暂时对抗力期间的起算时间点，即一旦符合要件，借地人自建筑物灭失之日起两年内仍然享有对抗力；而建筑物新建的意思表示则是指借地人意欲在借地上再行修建新建筑物的意志表达行为，该行为是暂时对抗力获得的核心要件，倘若借地人并无新建建筑物的意图，可以认为以建筑物所有为目的之借地权并无继续存在的必要性，自然也无赋予借地人对抗力的必要；故借地人如若意欲继续利用标的土地，则须将自己将新建建筑物的意思向外界公示。

以上事项的揭示场所通常为标的土地，不过公示物主要是告示牌、纪要置于第三人能够认识到其存在的地点，[③] 而不能置于他人不容易注意到的隐蔽之处。

2. 揭示的效力

一旦揭示，则在借地人于建筑物灭失前已为登记的情形下，借地人即可获得暂时对抗力，不过该对抗力仅有两年期间，倘若借地人意欲继续获得对抗力，则一方面需要在两年完成建筑物的新建，另一方面还要将新建的建筑物予以登记，方可继续令其借地权享有对抗力。[④] 同时，揭示物在

---

① 稲本洋之助＝澤野順彦『コンメタール借地借家法』（日本評論社，2010 年）70 頁。

② 渡辺晋『最新借地借家法の解説』（住宅新報社，平成 22 年）103 頁。

③ 同上。

④ 同上。

法律上具有十分重要的地位，甚至可以称其为"虚拟建筑物"①，一旦借地人在设置揭示物（通常为告示牌）之后，复又撤去该揭示物的，则借地人嗣后无法对抗之后取得土地所有权的取得人。② 不过也存在揭示物被第三人取走而新的揭示物又尚未及时设置的情形，此时，借地权即丧失对后来土地所有权取得者的对抗力；③ 当然，在买受人为恶意，即其知道该揭示物被他人取走的，或者是买受人自己拿走揭示物的，则应当认为借地权仍对该买受人具有对抗力。④

四　不具备对抗要件的借地权人的救济

倘若借地人之借地权具备对抗要件，则借地人自可向新土地所有权人主张借地关系之存续，⑤ 新土地所有权人自得承担借地权这一物上负担，倘若借地人并不具备对抗要件，则原则上新土地所有权人有权主张其与借地人之间借地关系终止，即借地人借地权消灭。在借地上已然不存在建筑物时，通常只有在第三人为故意侵害借地人权益而购买土地的情况下，本着对借地人利益维护之考量，而例外地予以保护，⑥ 而利益冲突更为严重之处在于，当借地上仍存在建筑物的情形下，倘若借地人的借地权因不具备对抗力而消灭时，则会发生土地与建筑物所有权归属错位之抵牾，由此所造成的纠纷与不便更是不可不察。为保护建筑物经济的效用以及借地人居住与营业的基础，实务上通常课以土地买受人现场勘查的义务，以便让土地买受人知晓标的土地的利用状况。⑦ 考虑到日本国民并无凡事皆为登记的意识，⑧ 则对不具备对抗要件的借地人之利益予以特别关照更具有现实意义。

实务上通常通过诚实信用原则与权力滥用之禁止原则实行对借地人的

---

① 沈宏峰：《日本借地权制度研究》，上海社会科学院出版社 2011 年版，第 27 页。

② 東京地判平 12・4・14 金融・商事判例 1107 号 51 頁。

③ 沈宏峰：《日本借地权制度研究》，上海社会科学院出版社 2011 年版，第 35 页。

④ ［日］生熊长幸：《借地权的对抗力》，《法学家》第 1006 号，第 68 页，转引自沈宏峰《日本借地权制度研究》，上海社会科学院出版社 2011 年版，第 35 页。

⑤ 鈴木禄弥『借地法』（青林書院，1984 年）1005 頁。

⑥ 同上书，第 1040 页。

⑦ 同上书，第 1041 页。

⑧ 同上。

特别保护，如判例上认为，纵使借地权无对抗力，倘若新土地所有权人收回土地将造成借地人生活困顿①、以恶意竞争之故意而购买土地打击作为竞争对手的借地人②以及土地受让人与借地人交涉中存在欺诈等情形③时，裁判所得以诚实信用原则之违反或者存在滥用权利事实为由而径行认为借地人仍享有对抗第三人之权利，④ 意即此时可发生借地权有对抗力之相同法律效果，即借地人与新土地所有权人之借地关系仍得存续。

第二节　借地法上的特别权利

一　地租等增减请求权

（一）意义及性质

地上权的地租、土地租赁权的租金原则上均为借地当事人自行约定，不过由于借地契约乃属长期的继续性法律关系，随着时间的经过，物价与税负以及社会经济情事也会发生相应的变动，而曾经约定的地租等，随经济情势的牵动自然容易产生与现实不对等的状态，而基于公平原则，当事人自然有权基于情事变化而请求增加或者减少地租或者其他对价。⑤

从《借地法》第 12 条与《借地借家法》第 11 条的规定来看，地租等增减请求权分为借地人之地租等减少请求权与贷地人之地租等增加请求权，性质上该两项权利均属形成权，如贷地人一旦行使地租等增额请求权，即产生以客观相当额为基准以改定地租的法律效果，而该效果的发生并不需要借地人的承诺。⑥ 不过根据《借地借家法》第 11 条第 1 款但书的规定，如果当事人之间存在一定期间内不增加地租等对价的特别约定

---

① 東京高判昭 32・1・26 判夕 68 号 90 頁。
② 大阪地判昭 35・4・26 判時 231 号 47 頁。
③ 東京地判昭 36・5・20 法曹新聞 162 号 15 頁。
④ 鈴木禄弥『借地法』（青林書院，1984 年）1049 頁。
⑤ 渡辺晋『最新借地借家法の解説』（住宅新報社，平成 22 年）111 頁。
⑥ 沈宏峰：《日本借地权制度研究》，上海社会科学院出版社 2011 年版，第 36 页。

的，从其约定。①

（二）构成要件

地租等增减请求权所需具备的要件，或者说其应当纳入考虑范畴的要素包括：第一，租税等其他公法上负担的增加；第二，土地价格上升或者低迷等其他经济情事之变动；第三，与邻近类似土地地租等之比较。以此3种要素以及其他情况综合考量，以判断地租等对价是否存在不相当之状态。

所谓不相当，乃指根据前述要素，借地权之保有与借地人所付出的对价不符合等价有偿原则，而致借地一方处于不公平之境的状态。实务上裁判所多借用"不动产鉴定评价基准"为基础，综合判定地租等对价是否与借地权之保有呈相当状态。②倘若存在不相当之状态，则依差额分配法（即以评估出的差额为准）、利益获得法（即以借地人或者贷地人所获得的利益为准）与利租比较法（即以邻近同种同类的租赁事例之对价为参考标准）计算地租等应当增减的额度。③

（三）法律效果

前述提及，地租等增减请求权系属形成权，当事人一旦行使该权利，即可令裁判所根据客观的标准，判断是否存在不相当的情形，并计算增额或者减额。同时，该增减的效果原则上仅向将来发生效力。④此外，须注意的是，地租等增加请求权属于纯粹形成权而非形成诉权，裁判所介入所需要做的仅仅是判断相当状态之有无以及客观而公允的增额与减额，自当事人提出增额或者减额请求且该请求到达对方时起，便发生相应的法律效力，⑤此时根据《借地借家法》第11条第2款及第3款的规定，在贷地人请求增加地租等对价的，于裁判所确定额度之前，借地人得以自认为合适的价额增加支付地租等对价，不过倘若裁判所所裁定的额度高于借地人自行判断额度的，则该差额部分应当以10%的年利率计算利息，借地人应

---

① 水本浩＝遠藤浩＝田山輝明『基本法コンメンタール借地借家法』（日本評論社，2009年）38頁を参照。

② 渡辺晋『最新借地借家法の解説』（住宅新報社，平成22年）118頁。

③ 稲本洋之助＝澤野順彦『コンメタール借地借家法』（日本評論社，2010年）88頁；渡辺晋『最新借地借家法の解説』（住宅新報社，平成22年）118頁。

④ 渡辺晋『最新借地借家法の解説』（住宅新報社，平成22年）111頁。

⑤ 同上。

当将该差额与利息支付给贷地人；同理，在借地人请求减额的，在裁判所确定相当减额之前，借地人可自行减少支付地租等对价，倘若较确定的相当减额为多，则贷地人应当以10%的年利率计算利息，并将多支付的价额及利息返还给借地人。①

客观来说，上述利率的设置较日本5%的民事利率与6%的商事利率而言是较高的，故而该措施具有一定的督促性，这意味着一味地拒绝支付增额或者拒绝减少对价对于当事人而言并非有利，因为其可能面临利率高达10%的利息支出，从而客观上上述规定具有一定的惩罚性。②

二　建筑物买取请求权

根据《日本民法典》第269条之规定，地上权人在地上权消灭时，可以为恢复土地原状而除去工作物及竹木，同时土地所有权人享有以时价购买工作物及竹木的权利，③从民法典的条文来看，似乎地上权人收回工作物与竹木乃是地上权人的一种权利，不过倘若地上权之标的土地上所修建的建筑物并不为土地所有权人所需要，而对于地上权人而言，其本身也没有意愿将不易收回的建筑物除去时，则一旦土地所有权人不行使买取请求权，则地上权人反而将负担含有恢复土地原状的土地返还义务，④这对于地上权人而言显然是不利的，其投入在土地上的资本显然无法收回。而就土地租赁权而言，因其准用《日本民法典》第598条关于使用借贷中借用人得除去借用物上之物以恢复借用物原状的规定，⑤故而在解释上仍认为于租赁期间届满之际，租赁权人仍负有恢复租赁物原状并将租赁物返还给所有权人的义务，⑥尽管民法典也规定了租赁权人享有有益费用偿还请求权，然而土地租赁权人遗留于标的土地之上的建筑物有时候对于土地所

---

① 稲本洋之助＝澤野順彦『コンメタール借地借家法』（日本評論社，2010年）91—92頁。

② 沈宏峰：《日本借地权制度研究》，上海社会科学院出版社2011年版，第37页。

③ 我妻栄＝有泉亨＝清水誠＝田山輝明『我妻·有泉コンメタール民法—総則·物権·債権—』（日本評論社，2010年）1117頁。

④ 我妻栄『新訂物権法』（岩波書店，1983年）383頁。

⑤ 我妻栄＝有泉亨＝清水誠＝田山輝明『我妻·有泉コンメタール民法—総則·物権·債権—』（日本評論社，2010年）1102頁。

⑥ 内田貴『民法Ⅲ債権各論』（東京大学出版会，2008年）213頁。

有权人而言不仅无益，反而是一种负担，如土地所有权人本来意欲收回土地而修建一栋摩天大楼，而标的土地上土地租赁权人仅修建了一栋小型的个人住宅，那么对于土地所有权人而言，这栋个人住宅对其毫无价值，反而要使其花费精力除去它以便自己能够开展摩天大楼的修建工作。故在前述情况下，土地租赁权人也并无费用偿还请求权，反而要承担建筑物除去义务以便恢复土地原状。由此，民法典体系下的地上权与土地租赁权均不具有令权利人得收回投入土地资本的权能，这对于地上权人与土地租赁权人而言是十分不利的。为保障借地人的资本回收权益，《借地法》与《借地借家法》均规定借地人享有建筑物买取请求权，以便借地人得以收回资本；同时，考虑到借地权并无完备的处分权能，《借地法》与《借地借家法》还规定了买受借地权的第三人的建筑物买取请求权与转借地权人的建筑物买取请求权，以便以经济压迫的方式，促使贷地人同意借地人处分借地权，从而实现借地权的流通。为实现前述两大目的，《借地法》与《借地借家法》共规定了三种建筑物买取请求权，即借地人的建筑物买取请求权、转借地权人的建筑物买取请求权与第三人的建筑物买取请求权。[1]

（一）借地人的建筑物买取请求权

1921 年制定《借地法》时，在政府提出的草案中本来并没有借地人的建筑物买取请求权规定，但是在借地人阶层的强烈呼吁下，日本贵族院做出了借地人建筑物买取请求权乃是为了防止借地人因借地权更新失败而丧失住所，从而无法应对日常生活的事实，而增设该条款之解释，[2] 最终《借地法》第 4 条第 2 款明文规定了借地人建筑物买取请求权，从另一方面来说该权利的设置也能保障前述提及的借地人资本回收利益，同时避免了重复建设，不致出现大量粗制滥造的建筑物，从而减少了资源浪费，有利于社会公共利益。[3]

1. 构成要件

就构成要件而言，《借地法》第 4 条第 2 款仅规定借地人不再更新借地契约时，有权请求贷地人以时价购买建筑物以及其他因借地人之权原而

---

① 沈宏峰：《日本借地权制度研究》，上海社会科学院出版社 2011 年版，第 30—31 页。

② 同上书，第 29 页。

③ 同上。

从属于土地的工作物,① 表面上看, 似乎行使建筑物买取请求权只有 "不再更新借地契约" 一个要件, 亦即在借地权因不再更新而消灭时, 借地人即享有对贷地人的建筑物买取请求权。不过其中仍隐含了一个要件, 即借地上仍然存有可供贷地人购买的建筑物, 同时, 该建筑物还必须与借地契约中约定的种类与构造一致, 否则将招致建筑物买取请求权被否定的不利后果。② 不过倘若严格执行前述规定显然对借地人而言难谓公平, 因为在日本, 新建、改建建筑物乃属稀松平常之事。有鉴于此,《借地借家法》第 13 条第 2 款对《借地法》做了修正, 即规定在借地权期间届满之前, 尽管没有得到借地权设定人的同意便新建了超过借地权剩余存续期间的建筑物, 借地人仍然享有建筑物买取请求权, 不过此时建筑物买取请求权受到一项抗辩权的削弱, 此时, 贷地人, 即借地权设定人有权向裁判所请求延期支付对价的一部分乃至全部。③

2. 法律效果

借地人建筑物买取请求权在性质上系属形成权, 借地人一旦具备上述两大要件并且行使了该权利, 即发生请求权购买建筑物的效力,④ 具体来说便是在借地人与借地权设定人之间成立以借地人为出卖人, 借地权设定人为买受人的, 以建筑物为标的, 以时价为基准的价金为对价的买卖契约。⑤ 根据实务上的见解, 一旦借地人行使了建筑物买取请求权, 借地权设定人即享有请求借地人向自己交付建筑物的权利, 同时负担向借地人支付建筑物购买价金的义务; 而借地人同时也享有请求借地权设定人支付价金的权利, 同时负有向借地权设定人交付建筑物和协力借地权设定人为建筑物所有权移转登记的义务。⑥ 此外, 实务上还承认, 在借地权设定人不履行价金支付义务之际, 借地人享有不履行对待义务的同时履行抗辩权与

---

① 水本浩＝遠藤浩＝田山輝明『基本法コンメンタール借地借家法』（日本評論社, 2009 年）172 頁を参照。

② 水本浩＝遠藤浩＝田山輝明『基本法コンメンタール借地借家法』（日本評論社, 2009 年）180 頁。

③ 稲本洋之助＝澤野順彦『コンメタール借地借家法』（日本評論社, 2010 年）101 頁。

④ 沈宏峰:《日本借地权制度研究》, 上海社会科学院出版社 2011 年版, 第 29 页。

⑤ 渡辺晋『最新借地借家法の解説』（住宅新報社, 平成 22 年）130 頁。

⑥ 同上。

对建筑物的留置权，① 而之所以承认借地人的建筑物留置权，缘于日本奉行物权变动的意思主义原则，在借地人因行使建筑物买取请求权而拟制性地在借地人与借地权设定人之间形成了买卖契约之际，建筑物所有权便因《日本民法典》第 176 条之规定，依当事人之意思表示而实现了物权变动，② 尽管大多数时候，此时借地人与借地权设定人之间的合意是经建筑物买取请求权之形成效力而拟制的，但并不妨碍留置权的产生。

（二）　转借地权人的建筑物买取请求权

《借地法》并未规定转借地权人的建筑物买取请求权，由此形成了法律漏洞。有鉴于此，《借地借家法》第 13 条第 3 款规定，转借地权人对借地权设定人同样享有建筑物买取请求权，③ 增设该条款的理由在于，由于此时借地权人反而不再是借地上建筑物的所有权人，故而借地权人（即借地人）对借地权设定人便不再具有建筑物买取请求权，④ 但是转借地权人又不能以自己与借地权人之间的借地契约为由向借地权设定人主张建筑物买取请求权，由此而令建筑物买取请求权设置之目的有落空的危险。而设定转借地权人的建筑物买取请求权将彻底解决这一问题。转借地权人的建筑物买取请求权的构成要件和法律效果与借地人的建筑物买取请求权一致。

（三）　裁判所替代承诺与第三人的建筑物买取请求权

与借地人建筑物买取请求权和转借地权人建筑物买取请求权不同，第三人建筑物买取请求权乃是对借地权名义下的土地租赁权欠缺完全处分力在制度上所作出的弥补举措设计。借地权名义下的土地租赁权在《借地法》《借地借家法》的特殊规定支撑下，效力得到了极大的增强，最为突出的表现在于借地权之土地租赁权期间长，且通常具有更新效力，故而具有极高的稳定性。就稳定性与长期性而言，可以说借地权之土地租赁权在一定程度上已经和物权没有太大区别。不过虽然《借地法》等特别法在许多方面均将借地权之土地租赁权予以了物权化，但在处分力层面，特别法仍然坚持了《日本民法典》第 612 条所确立的原则，即租赁权人倘若

---

① 渡辺晋『最新借地借家法の解説』（住宅新報社，平成 22 年）130 頁。

② 我妻栄＝有泉亨＝清水誠＝田山輝明『我妻・有泉コンメタール民法—総則・物権・債権一』（日本評論社，2010 年）352 頁。

③ 稲本洋之助＝澤野順彦『コンメタール借地借家法』（日本評論社，2010 年）101 頁。

④ 沈宏峰：《日本借地权制度研究》，上海社会科学院出版社 2011 年版，第 29 页。

要出让租赁权或者将租赁物转租的，必须获得出租人的承诺，否则出租人将有权解除与租赁人之间的租赁契约。① 尽管学界在 1960 年《借地借家法改正要纲案》中就提出原则上应当实现借地权，尤其是借地权之租赁权的处分自由化，② 不过由于在借地权之土地租赁权的处分方面，立法者一直持保守态度，直至《借地借家法》出台之际，借地权之土地租赁权的自由处分权仍然没有得到承认，由此产生了一个显而易见的问题，即当借地人未经贷地人承诺即将借地权及借地上的建筑物出卖给第三人或者借地人只是将借地上的建筑物出卖给第三人，并且为第三人设定了一个转借地权，且贷地人最终选择拒绝承诺之时，三者之间的关系应当如何处理呢？《借地法》与《借地借家法》提供了两种解决方法，即裁判所的替代承诺与第三人的建筑物买取请求权。

1. 裁判所的替代承诺

《借地法》第 9 条之 3 首创裁判所替代承诺制度，即借地权人将以租赁权为目的之土地上的建筑物出卖给第三人，而该第三人取得借地权之租赁权对出租人并无不利之虞，而出租人不为同意让与租赁权之承诺时，裁判所得依第三人的申请而代出租人为承诺，③ 从而以裁判所之裁判代替出租人的承诺，该制度被称为替代承诺，又称让与或者转租的裁判所许可。④ 该制度是借地法上较为有特色的制度，其本旨在于缓和民法典第612 条所造成的不便。由于在日本，现实中的借地权绝大多数都是以土地租赁权的形式出现的，甚至可以说在以建筑物所有为目的之借地领域，地上权已经趋于消亡，⑤ 故而现实中的借地权多为土地租赁权，因此在土地使用权的交易中，多以土地租赁权为标的，借地权之土地租赁权也在客观上具有了交易的必要与交易的价值。立法者出于土地所有权人利益的考

---

① 我妻栄＝有泉亨＝清水誠＝田山輝明『我妻・有泉コンメタール民法—総則・物権・債権—』（日本評論社，2010 年）1124 頁。

② 鈴木禄弥『借地法』（青林書院，1984 年）51 頁。

③ 水本浩＝遠藤浩＝田山輝明『基本法コンメンタール借地借家法』（日本評論社，2009年）211 頁。

④ 渡辺晋『最新借地借家法の解説』（住宅新報社，平成 22 年）162 頁。

⑤ ［日］小柳春一郎：《昭和 41 年借地法与借家法修正的再研究——对战后社会变迁的适应》，《独协法学》第 64 号，第 50 页，转引自沈宏峰《日本借地权制度研究》，上海社会科学院出版社 2011 年版，第 8 页。

虑，没有承认租赁权处分自由，但基于平衡当事人之间利益之考量，① 立法者设置了裁判所替代承诺制度，以便令第三人有机会自借地人处获得建筑物所有权及借地权或者转借地权。

裁判所替代承诺须具备实体要件与程序要件。就实体要件而言，《借地法》与《借地借家法》的规定一致，即一方面须贷地人没有做出同意借地人转让借地权或者将土地转租的承诺，另一方面，还须借地人出让借地权或者设定转借地权的行为对出租人并无不利之虞。就何为借地人的出让或者设定行为对贷地人并无不利而言，《借地法》并未作出进一步规定，只是泛泛地规定裁判所有必要平衡当事人之间的利益的，可以裁决方式变更借地条件或者令一方为财产上的给付。② 与《借地法》不同，《借地借家法》第 19 条进一步规定了一系列裁判所是否作出替代承诺所应当纳入考虑的因素，包括：（1）租赁权的剩余期间；（2）有关借地的经过过程；（3）租赁权让与或者转租的必要事项；（4）其他一切事项。③ 同时，实务上也将租赁权受让人或者转借地权人的资力、租赁权受让人或者转借地权人的"人的信赖性"（所谓人的信赖性，主要是指客观上租赁权受让人的可信赖性，而非仅指借地权设定人的主观感情④）也被纳入考量的范畴，⑤ 以便裁判所能更加全面地就是否作出替代承诺作出裁判。

2. 第三人的建筑物买取请求权

较之于裁判所替代承诺而言，第三人建筑物买取请求权则采取了另一种弥补借地权不完全处分力的方式，即以对贷地人施加经济压力的方式，⑥ 迫使贷地人于两难境地中作出抉择：要么同意第三人获得借地权或者转借地权；要么令自己承受第三人建筑物买取请求权行使之后果，即购买借地上的建筑物。由此，在贷地人并无意愿收回土地用作他用的情形下，贷地人通常只好被迫同意借地人将土地租赁权让与第三人或者为第三人设定转借地权。尽管在学理上，学者多认为第三人建筑物买取请求权的

① 水本浩＝遠藤浩＝田山輝明『基本法コンメンタール借地借家法』（日本評論社，2009年）213頁。

② 同上书，第 223 頁。

③ 稲本洋之助＝澤野順彦『コンメタール借地借家法』（日本評論社，2010年）137頁。

④ 同上书，第 140 頁。

⑤ 同上书，第 137 頁。

⑥ 沈宏峰：《日本借地权制度研究》，上海社会科学院出版社 2011 年版，第 17 页。

立法目的在于保全在借地权存续期间建筑物所有权移转时的建筑物的经济价值,① 但客观上该权利也具有补足借地权处分力的作用。

第三人建筑物买取请求权的构成要件有三:第一,借地人享有土地租赁权;第二,第三人自借地人处取得其所有的建筑物所有权;第三,借地权设定人不为租赁权让与或者转租的承诺。② 在法律效果方面,因第三人建筑物买取请求权与前述两种建筑物买取请求权同属形成权,故一旦第三人行使建筑物买取请求权,则发生与借地人行使借地人建筑物买取请求权一致的效果,即在第三人与贷地人之间形成借地上建筑物买卖契约关系。不过须注意的是,第三人建筑物买取请求权与裁判所替代承诺制度属于非此即彼之关系,一旦第三人根据《借地借家法》第 19 条与第 20 条之规定而获得裁判所的替代承诺,则第三人建筑物买取请求权即告消灭。③ 此外,根据"信赖关系破坏"之法理,在土地租赁权人未获同意而擅自对建筑物进行增建、改造乃至新建建筑物,以致新建建筑物与原建筑物丧失同一性的,则裁判所会否定第三人建筑物买取请求权之主张,④ 不过在增建、改造与修缮的场合,修缮系属维持保存建筑物之必需的,且第三人放弃增加价额的,可以承认其建筑物买取请求权,⑤ 不过即使第三人放弃增加价额,但同时违反诚实信用的,其建筑物买取请求权亦不产生效力。⑥

(四) 因借地人等债务不履行行为导致借地契约解除时的建筑物买取请求权

此种建筑物买取请求权并未为实证法所承认,在判例上,因借地人不履行义务而被借地权设定人解除借地契约的,裁判所采取了不承认借地人建筑买取请求权的司法态度,⑦ 但在学理上,却存在极大争议,一种看法认为,借地人债务不履行并不意味着借地权设定人一定得享解除权,仅仅在借地人严重违背诚实信用原则之情形下,借地权设定人才可获得解除权,同时才有理由否认借地人的建筑物买取请求权,此时否认借地人的建

---

① 沈宏峰:《日本借地权制度研究》,上海社会科学院出版社 2011 年版,第 17 页。

② 渡辺晋『最新借地借家法の解説』(住宅新報社,平成 22 年) 140 頁。

③ 同上书,第 143 頁。

④ 同上。

⑤ 東京地判平 18・7・18 判時 1961 号 68 頁。

⑥ 最判昭 58・3・24 判夕 512 号 110 頁。

⑦ 沈宏峰:《日本借地权制度研究》,上海社会科学院出版社 2011 年版,第 31 页。

筑物买取请求权得认为乃是对借地人的一种民事上之惩罚，并无不当；[①]而另一种看法则认为建筑物买取请求权之目的在于保护建筑物的社会经济价值，避免建筑物遭到无谓的拆除，此种目的即使在借地人不履行债务的情况下也不应当被排除，仍应承认其建筑物买取请求权；[②] 还有一种说法认为可以承认建筑物买取请求权，但是鉴于这种建筑物买取请求权并非发生于借地权消灭之际，故不应以借地契约解除时的市价，而应当以期间届满时该建筑物应当具有的价值来计算，此意味着应当提高折旧率，使建筑物的价格下降，并且应当赋予借地权设定人于借地权期间届满之时起方支付对价并且可以分期支付对价的权利。[③]

就《借地法》与《借地借家法》的条文表述来看，借地人建筑物买取请求权确实以借地权期间届满且没有更新为必要，因此从制度设计意图来看，立法者并没有赋予借地人于借地期间存续期间，因自己的债务不履行行为而致借地契约被解除，进而导致借地权提前消灭情形下的建筑物买取请求权，故倘若仅依《借地法》第 4 条之 2 与《借地借家法》第 14 条这两个条文来看，的确不应承认借地人的建筑物买取请求权。不过，倘若如此解释将令双方利益失衡，纵然借地人存有过错，但其债务不履行而致借地契约解除，已经导致其丧失了借地权，如果再因此而损及借地人的建筑物所有权，则难谓公平。故私见以为，此时应当对《借地法》与《借地借家法》为体系解释与目的解释，就体系解释而言，由第三人建筑物买取请求权的规定可知，在借地权存续期间，亦可产生建筑物买取请求权，而就目的解释而言，建筑物买取请求权的确意欲实现保护建筑物社会经济价值之功效，故结合上述解释，应当认为即使在借地权未届满预定期间，借地权因借地人不履行债务而致借地权设定人行使解除权而导致借地权意外消灭之时，借地人仍享有建筑物买取请求权，在建筑物价格的确定上，也宜以借地契约解除时为准。

---

① ［日］铃木禄弥、生熊长幸：《新版注释民法》（增补版），有斐阁 1996 年版，第 423 页，转引自沈宏峰《日本借地权制度研究》，上海社会科学院出版社 2011 年版，第 31 页。

② ［日］广桥次郎：《借地人的建筑物买取请求权》，有斐阁 1962 年版，第 13 页，转引自沈宏峰《日本借地权制度研究》，上海社会科学院出版社 2011 年版，第 31 页。

③ ［日］星野英一：《借地·借家法》，有斐阁 1969 年版，第 211 页，转引自沈宏峰《日本借地权制度研究》，上海社会科学院出版社 2011 年版，第 31 页。

第六章

定期借地权

第一节　定期借地权的概念与形成

　　当进入定期借地权的分析研究时，也就意味着传统借地权制度与历史之分析与评论已经随着前述文本的阐述而告一段落。从先前的分析中可以看出，共有两条主线潜藏在借地权的制度与历史之表层下，第一条主线是借地人与贷地人的利益斗争过程。诚如德国法学家鲁道夫·冯·耶林所言，"法的目标是和平，而实现和平的手段是斗争"①，从《建筑物保护法》到《借地法》再到《借地借家法》，虽然这些法律本身乃是着眼于在借地各方实现定纷止争而诞生的，但是"历史告诉我们，法的诞生与人的诞生一样，一般都伴随剧烈的阵痛"②，借地特别法的出台并非如萨维尼所想象的那样，以静默无为，恰似语言的方式自然生长而成，也不是单纯的借地各方理念上雄辩之逐鹿，因为无论是借地人还是贷地人，均会认为自己的利益才是最值得保障的，不管是对土地所有权的非理性崇拜也好，还是曾经在日本盛极一时的"借地权物权化"思潮也好，均只是借地各方社会意识反映在学理上的镜像而已，而单纯的镜像绝没有改造实证之法的力量，"法理念与法理念相冲突时，把作为法理念载体的主体所具有的

---

① ［德］鲁道夫·冯·耶林：《为权利而斗争》，胡宝海译，中国法制出版社 2004 年版，第1 页。

② 同上书，第 18 页。

力量和存在的全部当成他的信念赌注，最终服从历史的审判"①，在民法典时代，借地人在土地所有权人面前是渺小的，土地所有权人凭借强大的绝对所有权获得了对借地人的全面优势，而在《借地法》时代，借由立法与司法的双重力量，借地人一度取得上风，"借地权物权化"一时风行日本，甚至1960年《借地借家法改正要纲案》明确将借地权设计为物权作为第一项修正目标，② 而曾经被置于神圣王座的所有权却有沦为单纯的地租收取权的危险，③ 这种"你方唱罢我登场"的法律游戏乃是由借地各方力量对比关系，尤其是其影响立法界、司法界乃至法学界的力量对比关系所决定的；无疑，借地人与贷地人之间的利益冲突"具有悲剧的性格"④。而到了《借地借家法》，以"租赁权多样化"⑤ 和"定期借地权活用"⑥为中心的改革则试图缓和借地权物权化所带来的一系列弊端，如土地所有权人无法收回土地，土地所有权不易在最佳时间出卖、借地权过于长期化等。"租赁权多样化"致力于在放弃"租赁权物权化"努力之后，对借地权的一系列效力减缓措施，如缩短借地权期间等，而"定期借地权活用"则致力于以新型的定期借地权弥补传统借地权硬性之不足，便于借地人与贷地人自由选择能够同时兼顾双方利益的法律形式。

　　而另一条主线则是法律体系与社会现实之间的对话过程。在某种程度上，法律体系对社会现实的规制，的确类似于故事的创作，立法者犹如故事创作者一般，将他认为"应当"如此的事物作为就"是"如此规定于法律中，但应然上的概念精准与体系周延却并不意味着与社会现实的完全一致，法律并非如故事般的消遣之物，法律本身时刻受到立法者、司法者与学者的审视，这种审视通常是通过"正当/不正当规则"来进行的，但

---

①　[德] 鲁道夫·冯·耶林：《为权利而斗争》，胡宝海译，中国法制出版社2004年版，第1页。

②　铃木禄弥『借地法』（青林書院，1984年）51頁。

③　同上书，第113—114页。

④　[德] 鲁道夫·冯·耶林：《为权利而斗争》，胡宝海译，中国法制出版社2004年版，第14页。

⑤　水本浩＝遠藤浩＝田山輝明『基本法コンメンタール借地借家法』（日本評論社，2009年）6頁。

⑥　黒田憲司「最近の定期借地権の活用状況」ジュリストNO.1060（1995年）8頁。

一旦对法律本身应用该规则，则会产生一种自相矛盾来破坏继续审视，[①]此时剩下的唯一途径便是修改法律。无疑，这一历程在某种程度上也有几分悲剧色彩，我们并非固守在法律概念金字塔下的守夜人——旧故事总是被新的更好的故事所取代，这种文学上的取代过程所蒙上的乃是一层含情脉脉的面纱——而旧有法律被新生法律取代则有几分骨肉相残的凄凉，"'法是食吾子的撒旦'，法只有靠摒除自己的过去，方得再生"，因此"法跋涉的道路曾几度流血，到处可见惨遭蹂躏的权利"。[②] 定期借地权正是因《借地借家法》的颁行而横空出世的法律新生儿，其是以普通借地权效力上的减弱为代价而诞生的。

　　所谓定期借地权，一言以蔽之，乃指借地期间一旦届满则借地契约即确定终止，土地所有权人之所有权即复归完满状态的制度，[③] 从概念上来说，前述定期借地权又称广义的定期借地权，包括一般定期借地权、事业用定期借地权与附有建筑物让与特约的定期借地权三种具体类型，分别规定在《借地借家法》第 22 条、第 23 条和第 24 条中。[④] 在《借地借家法》出台前，原有的普通借地权在期间届满之后，土地所有权人拒绝更新的，需要提出正当理由之抗辩，不过在裁判上，正当理由抗辩得到裁判所支持的情况较为稀少，[⑤] 由此在 1990 年日本法务省民事局参事官室所提出的借地法·借家法改正要纲试案中，才郑重提出了定期借地权的制度设计。[⑥]尽管借地制度的确是无地者得以修筑建筑物并为所有的不可或缺的制度，但考虑到尤其以东京为中心的地带，自 1966 年到 1990 年 20 多年以来借地剧减的事实，以定期借地权的方式促进宅地供给乃是十分重要的土地政策；而恰如学者泽野顺彦所言，定期借地权制度的导入能够促进借地供给的根源在于一旦借地期间届满，借地人必须将土地返还给借地权设定人，从而将借地权设定人原本暧昧不定的期待予以现实化，确保了借地权设定

---

① [德] 尼古拉斯·卢曼：《社会的法律》，郑伊倩译，人民出版社 2009 年版，第 35 页。

② [德] 鲁道夫·冯·耶林：《为权利而斗争》，胡宝海译，中国法制出版社 2004 年版，第 14 页。

③ 澤野順彦『借地借家法の現代展開』（住宅新報社，1990 年）137 頁。

④ 渡辺晋『最新借地借家法の解説』（住宅新報社，平成 22 年）179 頁。

⑤ 澤野順彦『借地借家法の現代展開』（住宅新報社，1990 年）222 頁。

⑥ 同上。

人收回土地的权利。① 从历史背景来看，定期借地权的出台也与日本地价高企存在密切联系，因为在 20 世纪 90 年代，日本地价高昂，最为夸张的是在 1987 年，东京的住宅用地与商业用地价格年上升率竟然超过了76%。② 由此，土地所有权人为使自身利益最大化，均希望能在自己所认为的地价峰值期将自己的土地转让与他人，然而倘若土地所有权人为他人在土地上设定了借地权，则一方面借地人受到了更新制度与建筑物买取请求权制度的双重保护，另一方面，裁判所基于既有的维持借地人用地安定性的司法理念较少认同土地所有权人收回土地的正当理由，故为防止借地权给自身土地所有权增加处分上的难度，土地所有权人大多减少了为他人设定借地权的意愿，尽管随着地价的攀升，借地权的对价也水涨船高，但基于土地投机心理，土地所有权人为了等待地价上涨至合适价位而后出让之，多采取了静默持有土地的态度，而不愿意在土地上为他人设定物上负担。但是由于日本地狭人多，在东京等大城市中的借地需求一直十分旺盛，为了促进借地供给量的提升，日本立法者特设定期借地权，以激励土地所有权人将土地投入借地市场。但是自实务而观之，土地所有权人的地价上升期待对土地·住宅租赁市场仍然具有巨大影响，一旦土地投机盛行，土地所有权人对地价上升抱有极高期待时，则借地供给自然会下降，③ 这已经属于社会经济问题的范畴，而非一项定期借地权制度可得终极解决的事项。

不过需要注意的是，自《建筑物保护法》到《借地法》，借地特别法均以建筑物保护为其一以贯之的目标，而定期借地权制度的导入在一定程度上削弱了该目标，④ 因为毕竟建筑物的寿命在理论上可以轻松超过 50 年（一般定期借地权的法定存续期间）或者 30 年至 50 年（事业用定期借地权的法定存续期间），借地权性格的定期化在一定程度上削弱了对建筑物所有权的保护，同时由于排除了更新效力与建筑物买取请求权，令定期借

---

① 澤野順彦『借地借家法の現代展開』（住宅新報社，1990 年）222—223 頁。

② 从屹：《日本地价"泡沫"与金融扩张的恶性循环机理分析及对我国的借鉴》，《日本问题研究》1998 年第 4 期。

③ 青野勝広「地価上昇期待と土地·住宅土地賃貸借権市場—借地借家法と中古住宅未整備の効果」松山大学論集第 11 巻第 1 号（1995 年）38 頁以下を参照。

④ 水本浩＝遠藤浩＝田山輝明『基本法コンメンタール借地借家法』（日本評論社，2009年）71 頁。

地权几乎丧失了物权性格，基本上重新回归了作为租赁权的本色，较民法典上的土地租赁权而言，仅仅在存续期间方面有所延长而已（民法典上土地租赁权最长期间为 20 年）①。

第二节　定期借地权类型

定期借地权在《借地借家法》上并无一般条款，而是径行在第 22—24 条以类型化的方法规定了一般定期借地权、事业用定期借地权与附有建筑物让与特约之定期借地权三种具体类型，② 现分述如下。

一　一般定期借地权

一般定期借地权的特色在于法律并没有对其用途作出限制，只需要其存续期间被设定在 50 年以上即可，具体而言，一般定期借地权可设定于写字楼、商业设施、宾馆、工厂、仓库等一切以建筑物修建为目的之借地契约中。③

（一）构成要件

根据《借地借家法》第 22 条的规定，一般定期借地权一共有五大要件。④

1. 存续期间必须为 50 年以上

较《借地借家法》的普通借地权的 30 年法定期间而言，一般定期借地权期间超出 20 年，当然，这是对剥夺一般定期借地权更新效力与建筑物买取请求效力而作出的补偿性举措，目的在于实现借地人在较长期间内用地的安定性，因为原则上 50 年对于建筑物在不为修缮的情况下已经足以保证其存续使用。⑤ 不过法律却并没有设定一般定期借地权期间的上限，借地双方也不应当在借地契约中约定借地期间为"60 年以上"或者

---

① 我妻栄=有泉亨=清水誠=田山輝明『我妻・有泉コンメタール民法—総則・物権・債権—』（日本評論社，2010 年）114 頁。

② 丸山鍵「定期借地権活用の問題点」法律のひろば第 5 期（1999 年）4 頁。

③ 渡辺晋『最新借地借家法の解説』（住宅新報社，平成 22 年）180 頁。

④ 同上。

⑤ 住田裕子「定期借地権の現状と今後の展望（2）」NBL, No. 603（1996 年）46 頁。

"永久"等模糊性或者无期性条款，否则该条款将归于无效，[①] 在此情形下，"60 年以上"期间的定期借地权宜解释为 60 年期间的普通借地权，在 60 年期间届满后，也应承认该借地权的更新效力，而"永久"借地权的永久条款因内容上的不确定性而归于无效，该借地权宜解释为存续期间为 30 年（适用普通借地权最短的法定存续期间）的普通借地权。[②]

2. 借地契约不能更新

一般定期借地权没有更新效力，一旦期间届满该借地权即确定消灭，借地人不能以主张更新权的方式延续借地权。

3. 借地期间不因建筑物建造而延长

在《借地法》与《借地借家法》关于普通借地权的规定中，借地期间得因建筑物新建而可能获得法定更新的效果，不过一般定期借地权并无此项效力，即使建筑物因新建而致其使用寿命远超借地权剩余期间，一旦期间届满，一般定期借地权也会终局性地消灭，这无疑在很大程度上削弱了对建筑物所有权的保护。

4. 不得提出建筑物买取请求

建筑物买取请求权本为普通借地权的一项强大权能，其具有保障借地人收回投入土地资本，保护建筑物经济、社会价值的功效，不过在一定程度上也课以了土地所有权人承重的负担，土地所有权人不仅需要在借地人提出建筑物买取请求时以市价购买其建筑物，而且倘若土地所有权人意欲将土地用作他用，还需要承担除去土地上建筑物并对土地进行重整的义务，对于土地所有权人而言负担可谓沉重。基于此，一般定期借地权去掉了建筑物买取请求权负担，以减轻土地所有权人的义务。不过须注意的是，一般定期借地权所排除的，乃是《借地借家法》第 13 条所规定的借地人建筑物买取请求权与转借地权人建筑物买取请求权，而没有排除第三人建筑物买取请求权，[③] 在借地人将建筑物转卖他人，且一并将借地权让与他人或者为他人设定转借地权时，土地所有权人没有为同意承诺，则在欠缺裁判所替代承诺的情况下，作为第三人的借地权受让人或者转借地权人仍享有对土地所有权人的建筑物买取请求权。

---

① 稻本洋之助＝澤野順彦『コンメタール借地借家法』（日本評論社，2010 年）156 頁。

② 同上。

③ 同上书，第 162 页。

5. 特定情况下的公证要求

借地契约不得更新、借地期间不因建筑物建造而延长与不得提出建筑物买取请求三点特约必须做成公证证书。该要件属于要式性要件，即前述三点以书面明确规定为必要，① 否则不生一般定期借地权的效力。学理上通常认为，一般定期借地权的三项特约必须以一体方式出现，在一般定期借地权的设定中，如果仅约定了三项特约中的一项或者两项，则这些特约将全部归于无效，该借地权则会被解释为期间为 50 年以上的确定约定期间的普通借地权。② 此外，所谓书面也并非以公证证书为唯一，但公证证书作为示例出现在法律条文中的确是因为其是最适合的特约证明手段。③

（二） 法律效果

一般定期借地权一旦设定，则借地人在约定期间内享有与普通借地权完全一致的权利，得于借地上修建建筑物并为使用、收益等。尽管一般定期借地权丧失了更新权、法定更新效力与建筑物买取请求权，但在其他事项上，也得适用《借地借家法》关于普通借地权的规定，④ 例如一般定期借地权人也在实务中被承认享有地租、租金等减少请求权。⑤

二 事业用定期借地权

事业用定期借地权是指专门用于非居住事业的以建筑物所有为目的的，且存续期间在 10 年以上 50 年以下的定期借地权，⑥ 与一般定期借地权比较而言，事业用定期借地权在期间设定上更为灵活，在要式方面的规定也更加严格，而最大的区别则体现在用途限制上：一般定期借地权并无用途方面的限制，而事业用定期借地权则限于非居住用途。

（一） 构成要件

根据《借地借家法》第 23 条的规定，事业用定期借地权须具备四大要件。

---

① 渡辺晋『最新借地借家法の解説』（住宅新報社，平成 22 年）181 頁。

② 稲本洋之助=澤野順彦『コンメタール借地借家法』（日本評論社，2010 年）163 頁。

③ 水本浩=遠藤浩=田山輝明『基本法コンメンタール借地借家法』（日本評論社，2009 年）75 頁。

④ 渡辺晋『最新借地借家法の解説』（住宅新報社，平成 22 年）181 頁。

⑤ 東京地判平 19・11・29・ウエストロー・ジャパン。

⑥ 沈宏峰：《日本借地权制度研究》，上海社会科学院出版社 2011 年版，第 62 页。

1. 建筑物专用于事业

所谓事业，既包括以盈利和收益为目的的营业事业，也包括以公益为目的的事业，[1] 具体而言，如一般的事务所和店铺、工厂、仓库、饭馆、杂货店、银行、电影院、发电厂、学校、停车场等均在事业所涵摄的范围之内。[2] 事业用定期借地权不得用于居住目的，在解释上通常较为严格，如事业用定期借地权人即使是因雇用契约与委任契约的缘故而副属性地为企业员工提供宿舍而为建筑物修建的，亦属居住之列，事业用定期借地权人不得为之。[3]

2. 存续期间为 10 年以上 50 年以下

事业用定期借地权设定了较为严格的存续期间。最初事业用定期借地权期间只能在 10 年以上 20 年以下设定，不过考虑到这样一来便和普通借地权与一般定期借地权在期间上存在不吻合的情况，故日本在平成十九年（2007 年）废除了事业用定期借地权的期间上限，改为将一般定期借地权的下限作为事业用定期借地权的上限，且进一步将其划分为短期事业用定期借地权与长期事业用定期借地权两种类型；[4] 前者期间为 10 年以上 30 年以下，在效力上较长期事业用定期借地权为弱，在适用上排除了《借地借家法》第 3—8 条、第 13 条以及第 18 条的规定，这意味着短期事业用定期借地权不仅不能因解释而适用普通借地权法定 30 年存续期间，没有更新效力、没有建筑物买取请求权，甚至连裁判所替代承诺准许借地人新建建筑物的效力也没有，[5] 而长期事业用定期借地权在效力减弱方面与一般定期借地权一致，在特约无效的情况下也得解释为普通借地权并适用 30 年法定期间。

3. 不得提出建筑物买取请求

借地契约不得更新、借地期间不因建筑物建造而延长且不得提出建筑物买取请求。此要件与一般定期借地权一致。

4. 必须以公证证书的形式确定特约内容

与一般定期借地权的要式规定相比，事业用定期借地权不仅要求以书

---

[1]　稲本洋之助＝澤野順彦『コンメタール借地借家法』（日本評論社，2010 年）170 頁。

[2]　同上。

[3]　同上书，第 171 頁。

[4]　渡辺晋『最新借地借家法の解説』（住宅新報社，平成 22 年）189 頁。

[5]　水本浩＝遠藤浩＝田山輝明『基本法コンメンタール借地借家法』（日本評論社，2009年）78—79 頁。

面形式确定特约内容，并且该书面形式仅能以公证证书的方式做成，[1] 故而在要式要求方面更为严格。倘若没有公证证书，即使当事人之间存在设立事业用定期借地权的意思表示合意，也不能认为设定了事业用定期借地权，不过在此须注意的是由于公证证书的做成一般是在借地契约成立生效之后完成的，所以在借地契约生效而未为公证之时，不应简单地认为事业用定期借地权无效，[2] 此时应认为借地人享有请求贷地人协助公证的义务，在某种程度上，公证环节已经具备了事业用定期借地权生效要件的功能。

（二）法律效果

事业用定期借地权的效力与一般定期借地权相仿，只是短期事业用定期借地权如上所述，效力更弱而已，长期事业用定期借地权除期间短于一般定期借地权以外，效力上二者并无不同。

三 附有建筑物让渡特别约定的定期借地权

附有建筑物让渡特别约定的定期借地权乃指在借地权设定后 30 年以上确定期间经过的，借地权即告消灭，同时借地人有权基于借地契约订立时的特约，请求贷地人以相当对价购买借地上属于借地人的建筑物的定期借地权。[3]

简单来说，附有建筑物让渡特别约定的定期借地权乃是排除了普通借地权更新效力，同时又保留了建筑物买取请求权的一项特殊借地权，其要件有三：一是期间必须为 30 年以上；二是借地权设定之际，即确定借地权在 30 年以上，约定期间届满后即告消灭的约定；三是必须在设定借地权时即约定在期间届满后借地权设定人将以相当对价购买借地人的借地上建筑物。[4] 须注意的是，附有建筑物让渡特别约定的定期借地权并未要求必须有公证证书等书面要式，故以口头协议的方式设定在理论上也是存在的，不过为法律关系的安定性着想，要求书面形式实属必要，[5] 但不必将书面形式限于公证证书。

---

① 渡辺晋『最新借地借家法の解説』（住宅新報社，平成 22 年）188 頁。
② 沈宏峰：《日本借地权制度研究》，上海社会科学院出版社 2011 年版，第 62 页。
③ 渡辺晋『最新借地借家法の解説』（住宅新報社，平成 22 年）192 頁。
④ 沈宏峰：《日本借地权制度研究》，上海社会科学院出版社 2011 年版，第 64 页。
⑤ 渡辺晋『最新借地借家法の解説』（住宅新報社，平成 22 年）193 頁。

　　在法律效果方面，附有建筑物让渡特别约定的定期借地权与一般定期借地权并无差异，借地人在借地存续期间得在借地上修建建筑物并使用收益，同时与一般定期借地权不同的是，在附有建筑物让渡特别约定的定期借地权因期间届满而终局消灭之际，借地人有权依特约而请求土地所有权人以相当的对价买取自己的建筑物，以便自己能回收资本，并免于土地恢复原状的义务。

结　　论

近年来，定期借地权逐渐成为日本借地市场上最活力的借地权，以保证金方式、权利金方式和筑波方式①为代表的定期借地权活用现象十分普遍，在一定程度上实现了《借地借家法》"租赁权多样化"的目标，提高了借地供给量，缓和了借地人与贷地人之间的利益冲突，从而以更为灵活的方式适应了日本纷繁复杂的用地需求。同时应当看到的是，定期借地权在诸多方面弱化了借地权的效力，本身除存续期间较长以外与民法典上的土地租赁权并无本质差异，故而普通借地权中浓厚的物权性格在定期借地权中并不存在。

不过正因为如此，融入了定期借地权的借地权在性质上也就更加难以得出一个内涵清晰、外延准确且内涵得妥帖涵摄外延的概念——普通借地权拥有更新效力，其期间在理论上可以绵延至永久，且拥有强大的建筑物买取请求效力与处分效力，通过更新权与建筑物买取请求权之行使，普通借地权人得压制土地所有权人的权利主张，从而全面限制土地所有权，甚

---

① 保证金方式是指在借地时由借地权人预付给借地权设定人金钱，在借地结束时，扣除借地权人因债务不履行而导致的损害金额后将剩余的金钱返回给借地权人的方式；所谓权利金方式，是指在借地权存续期间应当支付的地租，于借地权设定时一次性支付给借地权设定人的方式，一般来说权利金的额度可达土地所有权价格的一半；而筑波方式是指基于附有建筑物让与特别之约定，建造区分所有权的公寓，约定购买专有部分的买受人在 30 年后将建筑物让与土地所有权人，但是让渡的对价需要逐步抵销（通常是以地租抵销建筑物购买对价），而不是直接支付给借地人，同时，在建筑物让与以后，原居住人可以作为租赁人继续承租，不过要负担原本由出租人承担的修缮义务。参见沈宏峰《日本借地权制度研究》，上海社会科学院出版社 2011 年版，第 64—65 页。

至令其有退化为近似于债权的地租收取请求权之虞，同时，借地人亦得以
建筑物买取请求权之行使为经济压制手段而迫使土地所有权人同意其转让
借地权或者将土地转租，且裁判所在许多情况下也会支持借地人的处分请
求从而为替代承诺，故而普通借地权人隐隐然已经具有类似所有权之法律
地位（eigenteumeranhnliche Stellung）。① 普通借地权名义下的土地租赁权
具有极为浓厚的物权性格，甚至可以说其就是一项物权。但定期借地权与
普通借地权则完全不同，以一般定期借地权为例，其既没有更新效力，更
没有建筑物买取请求效力，几乎不具有日本自借地特别立法以来赋予借地
权的各种特别效力，仅仅是在存续期间上突破了民法典的桎梏，将其存续
期间由民法典的 20 年提升为 50 年，而事业用定期借地权存续期间更短，
且在土地用途方面还设有特殊限制。定期借地权在性质上较民法典上的土
地租赁权为近，而较普通借地权为远，可以说其本质上就是存续期间较长
的债权性质的土地租赁权。正是由于普通借地权与定期借地权在性质上的
巨大差异，故而日本法学界发现无论以租赁权债权化抑或租赁权物权化，
均难以准确描述借地权，故而以一种暧昧的表述方法，即租赁权多样化来
定义当代日本借地权的性状。

　　定期借地权制度的设置在某种程度上亦可视为向民法典精神的回归。
土地租赁权因为在应然状态下具有物权性格，故而在实证法上可得被设定
为物权，但就日本的社会条件而言，借地权之土地租赁权的彻底物权化也
许并非最佳选择，一项法律制度的复杂性在于其并非形而上的思辨，而是
需要与社会现实发生关联的事物，法律制度须具备对社会现实的描述能
力，否则便不能以规范方式实现对社会的控制：法律制度无疑是一项"巨
大的社会工程"②，其"承认某些利益，由司法过程（今天还要加上行政
过程）按照一种权威性技术所发展和适用的各种法令来确定在什么限度内
承认与实现那些利益；以及努力保障在确定限度内被承认的利益"③，这
种理想的社会控制以权威性技术为前提——而由于日本借地权实务的复杂

---

　　① 类所有权之法律地位是笔者在孙宪忠先生所著《中国物权法总论》中看到的一个概念
（参见孙宪忠《中国物权法总论》（第二版），法律出版社 2009 年版，第 63 页），其用于解释债
权的处分权能，在此笔者移用来解释借地权人类似于所有权人的法律地位。

　　② ［美］罗斯科·庞德：《通过法律的社会控制·法律的任务》，沈宗灵、董世忠译，商务
印书馆 1984 年版，第 34 页。

　　③ 同上书，第 35 页。

性，法律的描述能力与控制能力发生了抵牾，于是为了能够尽量获取借地立法对借地实务的描述能力，日本立法者并未在借地权性质上做出终局决断——这当然增加了借地实务的复杂性，并减弱了法律对社会的塑造能力；不过从私法自治的角度来看，日本立法者并不强制借地当事人创设物权性格的普通借地权或者债权性格的定期借地权，而将决定权委诸当事人的意思，从而令当事人得有多种选择，不失为尊重市民社会自治之体现。同时，考虑到民法典上土地租赁权期间过短的弊端，日本立法者将定期借地权期间予以延长，使之成为一项长期租赁权，也在一定上维护了借地人之用地安定性利益，故而私见以为，定期借地权固然带有明显的民法典土地租赁权性格，但因其具有期间长期性的底线性立法干预，故而可称其为具有弱物权性格的、在性质上仍应归属债权体系的土地租赁权。

定期借地权的出现使长期以来徘徊在要不要将借地权转变为完全物权的争议暂时以一种搁置的方式偃旗息鼓，从理论上来看，借地权体系中包含三种性质各异的权利：其一，地上权，是为传统物权体系中用益物权之一种，就应然角度而言本应广泛应用于利用他人土地修筑建筑物的情形，但由于日本土地实务上的习惯与借地人和贷地人之间的利益角力，地上权于实务上不彰，其功能分别被土地租赁权与土地所有权①瓜分，故出现了地上权消亡的趋势。其二，普通借地权名义下的土地租赁权，这种权利是租赁权高度物权化的产物，其效力强大，存续期间长，使借地人享有高度的土地使用安定性，但对土地所有权人来说负担不可谓不重。其三，定期借地权，本质上是对普通借地权效力予以缓和的产物，主要是为满足土地所有权人收回土地之期待与借地人利用土地之灵活目的而设，特点便在于灵活性与期间的相对短期性。三种差异甚大的权利同处一部《借地借家法》中难免造成体系松散、逻辑延展性有限与条款效力局限性的弊端，为当事人了解法律、法官适用法律设置了不小的障碍；但是，灵活多变的土地权利类型供给模式丰富了法律对社会现实的诠释能力，能够较为全面地满足借地当事人的各项具体需求。

同时需要注意的是，在 2017 年通过的《民法（债权关系）改正法》中，借地权的影响力已经开始渗透到民法典之中：第一，租赁权的最长期限由 20 年提升为 50 年，这显然是为了让民法典与既有的借地权制度实现

---

① 即当事人直接购买土地而修建建筑物，而无须花费巨额资金让他人为自己设立地上权。

合流；第二，在新《日本民法典》第 605 条之 2，直接将借地权的特别对抗效予以规定，从而在民法典层面上承认了借地权不经由登记便可获得对抗力；第三，新《日本民法典》第 605 条之 4 明文承认了不动产租赁权的妨害排除效力，从而进一步使得包括借地权在内的不动产租赁权进一步向物权化迈进；第四，在涉及租赁物移转的问题上，新《日本民法典》也强化了租赁权人的法律地位，从而令租赁权人的租赁权益获得了更为周详的保护。[①]

　　而从比较法角度来看，日本借地权的更新权制度值得借鉴。我国《物权法》没有系统性地规定用益物权期间届满之后土地上建筑物的处理问题与土地权利可否续期的问题，仅于《物权法》第 149 条规定"住宅建设用地使用权期间届满的，自动续期"。这样的制度设计显然是十分简陋的。尽管有学者认为，住宅建设用地使用权自动续期制度实际上乃是给予城镇住宅购买人在经济上的一种优待，即一旦购买了房屋，即使建设用地使用权的使用期限届满，也不用再向国家支付出让金或者仅向国家支付少量费用，自动续期本质上是一种福利，[②] 但从实务来看，根据国土资源部、国家工商行政管理总局发布的《国有建设用地使用权出让合同》示范文本来看，该文本第 25 条第 2 款规定"住宅建设用地使用权期间届满的，自动续期"，不过第 25 条第 3 款规定"出让人同意续期的，土地使用者应当依法办理出让、租赁等有偿用地手续，重新签订出让、租赁等土地有偿使用合同，支付土地出让价款、租金等土地有偿使用费"，从体系解释角度来看，住宅建设用地使用权自动续期只是排除了出让人的续期同意权，而事实上续期之后还须另行另立土地有偿使用合同，故有学者认为，自动续期不可以理解为无偿无限期地使用土地，房屋所有权人如果主张土地权利仍须依法重新签订《国有建设用地使用权出让合同》并缴纳相关使用费。[③] 仅从字面上来看，《物权法》的确没有将住宅建设用地自动续期的无偿性与无限期限性纳入其内涵之中；但在房价高企的社会背景下，人民得享安身立命之所的基本权利理应得到尊重与保护，故私见以

---

① 商事法务（编集）『民法（债权关系）改正法新旧对照条文』（商事法务，2017 年）162—164 页。

② 朱广新：《论住宅建设用地使用权自动续期及其体系效应》，《法商研究》2012 年第 2 期。

③ 于永建、崔永林：《自动续期不等于无偿使用》，《中国土地》2009 年第 5 期。

为，可以效仿日本借地权的诸种制度，逐渐完善建设用地使用权，尤其是住宅建设用地使用权的更新制度，令建设用地使用权人得享更新请求权、建筑物买取请求权等权利，从而保障其在土地使用方面的安定性权益，当然，在具体的制度设计与实务操作上仍有待商榷。

附　　录

《借地借家法》（借地法部分）

第一章　总则

第一条　【目的】本法所规定的内容包括以建筑物所有为目的之地上权与土地租赁权的存续期间、效力，建筑物租赁契约的更新、效力和与之相关的特别约定，以及借地条件变更等与法院裁判程序有关的必要事项。

第二条　【定义】本法所涉及的各概念用语的意义，依照下列规定解释：

（一）借地权，是指以建筑物所有为目的之地上权或者土地租赁权；

（二）借地权人，是指享有借地权的人；

（三）借地权设定人，是指为借地权人设定借地权的人；

（四）转借地权，是指借地权人在以建筑物所有为目的之土地租赁权上所设定的次租赁权；

（五）转借地权人，是指享有转借地权的人。

第二章　借地

第一节　借地权的存续期间等

第三条　【借地权的存续期间】借地权的存续期间为 30 年。但是，契约所约定的存续期间长于 30 年的，从其约定。

第四条 【借地权更新后的期间】当事人更新借地契约的，借地权期间为更新之日起 10 年（倘若为借地权设定后的首次更新，则期间为更新之日起 20 年）。但是，当事人约定更长期间的，从其约定。

第五条 【借地契约的更新请求等】借地权期间届满，借地权人请求更新借地权契约的，以建筑物存在为限，除依据前条规定更新的情形外，视为以原借地契约的相同条件为内容更新借地权契约。但是，借地权设定人不迟延地表达异议的除外。

借地权存续期间届满后，借地权人继续使用该土地的，以建筑物存在为限，准用前款规定。

在存在转借地权的情形中，转借地权人继续使用土地的，视为借地权人继续使用土地，借地权人与借地权设定人之间的法律关系适用前款规定。

第六条 【借地契约更新拒绝的条件】前条所规定的异议，应当考虑借地权设定人以及借地权人（包括转借地权人）使用土地的必要性、与借地有关的过往历程以及土地的利用状况和借地权设定人收回土地的条件或者借地权设定人对借地权人所作出的向借地权人支付作为收回土地代价的财产性给付的声明。不被认可存在正当理由的，借地权设定人不得提出前条异议。

第七条 【因建筑物再建而延长借地权期间】借地权存续期间届满前建筑物灭失的（包括借地权人或者转借地权人拆除的情形，以下亦同），借地权人所再建的建筑物寿命长于借地权剩余期间的，以获得借地权设定人就再建建筑物的同意为限，借地权自同意之日起延长 20 年。但是，剩余期间超过 20 年或者当事人约定超过 20 年的，以剩余期间或者当事人约定为准。

借地权人通知借地权设定人其意欲再建建筑物寿命超过借地权剩余期间的建筑物的，借地权设定人在收到通知后 2 个月内没有表示异议的，视为借地权设定人同意借地权人依前款规定再建建筑物。但是，借地权契约更新后（根据同款的规定，借地权存续期间延长的，应当是借地权第一次存续期间届满以后）发出通知的，不在此限。

设定转借地权的，转借地权人再建建筑物的，视为借地权人再建建筑物，适用第 1 款有关借地权人与借地权设定人之间关系的规定。

第八条 【借地契约更新后因建筑物灭失而解除契约等】契约更新后

建筑物灭失的，借地权人可以放弃地上权或者请求解除土地租赁契约。

在前款规定的情形中，借地权设定人未同意借地权人修筑寿命超过借地权剩余期间的建筑物的，借地权人可以请求消灭地上权或者解除土地租赁契约。

在前两款规定的情形中，借地权在提出地上权放弃请求或者土地租赁契约解除请求之日起 3 个月后消灭。

倘若存在限制第 2 款所规定的地上权消灭请求权或者土地租赁契约解除权的情形，则可以对第 1 款所规定的地上权消灭请求权或者土地租赁契约解除权进行限制。

设定转借地权的，转借地权人建造建筑物视为借地权人建造建筑物，借地权人与借地权设定人之间的关系适用第 2 款的规定。

第九条　【强行规定】违反本节规定所作出的对借地权人不利的特别约定无效。

第二节　借地权的效力

第十条　【借地权的对抗力等】没有登记的借地权，以土地上获得登记的建筑物系借地权人所有为限，可以对抗第三人。

在前款规定的情形中，倘若建筑物灭失的，只要借地权人将建筑物特定化所必需的必要事项、建筑物灭失日期以及新建建筑物的意思昭示于土地上容易被注意到的场所，那么借地权依然具有第 1 款所规定的效力。但是，此举的有效性，仅限于建筑物自灭失之日起 2 年内新建建筑物，并且该建筑物已经获得登记的情形。

民法（明治二十九年法律第 89 号）第 566 条第 1 款以及第 3 款的规定，准用于依据前两款规定拥有对抗第三人效力的借地权，作为买卖合同对象的情形。

民法第 533 条的规定，准用于前款规定的情形。

第十一条　【地租等增减请求权】地租或者土地的租赁费用（本条及次条统称为"地租"），基于土地的税负或者其他费用的增减、土地价值上涨或者下跌等其他经济情形的变动的考量，或者与邻近相似土地地租作比较，而有不合理之处时，那么无论契约中有无相应条款，当事人均可请求增加或者减少将来的地租。

当事人就地租的增加额无法达成协议的，被要求增加地租的一方，在裁判所确定正当的增加额之前，可以支付自认为足额的地租。不过，一旦裁判确定了正当的增加额，而已经支付的地租额度少于裁判所确定的数额的，该不足部分以年利率10%计算利息，被要求增加地租的一方须向相对人支付不足部分及其利息。

当事人就地租的减少额无法达成协议的，被要求减少地租的一方，可以在裁判所确定合理的减少额之前，请求自认为合理的地租。但是，一旦裁判确定了合理的减少额，已经支付的地租额超过合理的地租额的，该超过部分以年利率10%计算利息，被要求减少地租的一方须向相对人支付超过部分及其利息。

第十二条 【借地权设定人的先取特权】借地权设定人就清偿期届满之前最后2年的地租，对借地权人在土地上所有的建筑物享有先取特权。

前款先取特权因地上权或者土地租赁权的登记而保持其效力。

第1款所规定的先取特权优先于其他权利。但是，共益费用、不动产保存以及不动产施工的先取特权，以及地上权或者土地租赁权登记之前便已经登记的质权或者抵押权，优先于第1款规定的先取特权。

前3款规定，准用于转借地权人在土地上拥有建筑物的情形。

第十三条 【建筑物买取请求权】借地权存续期间届满，契约没有更新的，借地权人可以请求借地权设定人以市场价格购买土地上的建筑物以及其他以借地权为权原而附属于土地的物。

在前款规定的情形中，在借地权存续期间届满以前，未获得借地权设定人同意而建造寿命超过借地权剩余期间的新建筑物的，裁判所可以依据借地权设定人的请求，允许借地权设定人延期支付全部对价或者一部分对价。

前2款规定，准用于借地权存续期间届满时转借地权人与借地权设定人之间的关系。

第十四条 【第三人建筑物买取请求权】第三人取得以租赁权目的之土地上建筑物以及其他因借地权人的权利而附属于土地的物的所有权时，倘若借地权设定人没有做出租赁权让渡或者转贷承诺的，该第三人可以请求借地权设定人以市场价格购买建筑物以及其他因借地权人的权利而附属于土地的物。

第十五条 【自己借地权】设定借地权时，以与他人共有为限，借地权设定人可以享有借地权。

即使借地权归于借地权设定人，但借地权系与他人共有的，借地权设定人的借地权并不消灭。

第十六条　【强行规定】违反第 10 条、第 13 条以及第 14 条规定，对借地权人或者转借地权人不利的特别预定，无效。

第三节　借地条件的变更

第十七条　【借地条件的变更以及增建、改建的许可】存在限制建筑物种类、构造、规模或者用途方面的借地条件，但基于根据法令的土地利用规制变更、附近土地的利用状况以及其他情势变更的情形的考虑，该借地条件与其他以建筑物所有为目的之借地条件相比并不合理的，并且当事人之间无法就借地条件的变更达成协议的，裁判所可以根据当事人的申请而变更该借地条件。

在存在以增建、改建限制为内容的借地条件的情形中，如果当事人之间无法就通常意义上有关土地利用方面的增建、改建达成协议的，那么裁判所可以根据借地权人的请求，作出代替借地权设定人增建、改建承诺的许可。

裁判所在作出前两项裁判时，如有必要平衡当事人之间的利益，则可以变更其他借地条件、设定财产上的给付或者其他合理的处分。

裁判所在作出前 3 项裁判时，必须考虑借地权的剩余期间、土地状况、与借地有关的过往以及其他一切事项。

在设定了转借地权的情形下，如有必要，裁判所可以根据转借地权人的申请，将转借地权与借地权放在一起，作出第 1 款与第 3 款之裁判。

除非认为没有特别的必要性，裁判所在作出第 1 款至第 3 款裁判前，必须听取鉴定委员会的意见。

第十八条　【借地契约更新后的建筑物再建许可】契约更新之后，借地权人不得已地建造了建筑物寿命超过借地权剩余期间的建筑物，而借地权设定人对于建筑物建造不给予承诺时，除借地权设定人本身根据约定不得请求消灭地上权或者解除土地租赁契约的，裁判所可以根据借地权人的申请作出代替借地权设定人的承诺。在存在有必要平衡当事人之间利益的情形下，可以裁决延长借地权期间并以此作为与第 7 条第 1 款所规定的期间所不同的期间、变更其他借地条件、设定财产上的给付或者其他合理处分。

裁判所在作出前款裁判时，必须考虑建筑物的状况、造成建筑物灭失的原因、同借地有关的过往、借地权设定人以及借地权人（包括转借地权人）使用土地的必要性以及其他一切情事。

前条第 5 款与第 6 款规定准用于第 1 款之裁判。

第十九条 【土地租赁权让渡或者转贷许可】在借地权人将以租赁权为目的之土地上的建筑物让渡给第三人的情形中，该第三人取得租赁权或者转租，对借地权设定人并无不利，而借地权设定人不作出同意租赁权让渡或者转租的承诺的，裁判所可以根据借地权人的申请，作出代替借地权设定人承诺的许可。在此情形下，有必要平衡当事人之间的利益的，可以命令变更作为租赁权让渡或者转租条件的借地条件，或者作出许可财产上给付的裁判。

裁判所作出前款裁判时，必须考虑租赁权的剩余期间、与借地有关的过往事实、租赁权让渡或者转租的必要性以及其他一切情事。

在存在第 1 款所规定的申请时，于裁判所确定的期间内，倘若借地权设定人请求由自己承受建筑物的让渡或者转租的，裁判所可以依据同款规定，裁定借地权设定人依据合理的对价与转租条件获得建筑物让渡或者转租。这项裁判可以命令当事人双方同时履行其义务。

前项申请在第 1 款申请被撤销或者因存在不合法因素而被驳回的，无效。

在作出第 3 款裁判后，倘若不存在当事人之间的合意，则第 1 款或者第 3 款之申请不得撤销。

除裁判所认为并无特别必要的情形外，裁判所在作出第 1 款或者第 3 款所规定之裁判前，必须听取鉴定委员会的意见。

前述各款规定，在设定转借地权的情形中，准用于转借地权人与借地权设定人之间。但是，借地权设定人依照第 3 款规定提出申请的，转借地权人必须获得借地权人的承诺。

第二十条 【建筑物拍卖等情形中的土地租赁权让渡许可】第三人通过拍卖或者公卖等方式取得以租赁权目的之土地上的建筑物所有权的，该第三人取得租赁权对借地权设定人并无不利，但借地权设定人没有作出同意租赁权让渡承诺的，裁判所可以根据该第三人的申请，作出代替借地权设定人承诺的许可。在这种情形中，有必要平衡当事人之间的利益时，裁判所可以变更借地条件或者命令给予财产上的给付。

第二十一条 【强行规定】违反第 17 条至第 19 条，不利于借地权人或者转借地权人的特别约定，无效。

第四节　定期借地权等

第二十二条　【定期借地权】设定存续期间为 50 年以上的借地权的，可以约定排除第 9 条以及第 16 条的适用，即不再考虑契约更新（包括更新请求以及土地的继续使用。下一条第 1 款也与之相同）以及因建筑物的建造而延长期间的情形，并且借地权人也不再根据第 13 条的规定而享有建筑物买取请求权。在这种情形中，该特别约定必须以公证文书的书面形式作出。

第二十三条　【事业用定期借地权等】设定以专门用于事业的建筑物（供居住使用的建筑物不在此列。下一款亦同）所有为目的，并且存续期间为 30 年以上、未满 50 年的借地权的，可以约定排除第 9 条以及第 16 条之规定，借地权不再享有契约更新以及因建造建筑物而延长存续期间的效力，并且借地权人也不再享有根据第 13 条之规定所享有的建筑物买取请求权。

设定以专门用于事业的建筑物所有为目的，并且存续期间为 10 年以上未满 30 年的借地权的，不再适用第 3 条至第 8 条、第 13 条以及第 18 条之规定。

以设定前 2 款所规定的借地权为目的之契约，必须以公证文书的形式作成。

第二十四条　【附有建筑物让渡特别约定的借地权】在设定借地权的情形中（前条第 2 款所规定的借地权设定场合除外），可以排除第 9 条的规定，约定对于存续期间已经经过 30 年以上的借地权而言，借地权人得以合理的对价将以借地权为目的之土地上的建筑物让渡给借地权设定人，从而消灭借地权。

根据前款特别约定消灭借地权的，该借地权人或者建筑物的承租人在借地权消灭后请求继续使用建筑物的，视为该借地权人或者建筑物的承租人与借地权设定人之间结成了不定期租赁关系（在借地权人提出请求的情形中，如果借地权还有剩余期间的，则以该剩余期间为租赁权的存续期间）。在此情形中，根据当事人的请求，裁判所可以对建筑物的租赁作出裁决。

在第 1 款所规定的特别约定的情形中，借地权人或者建筑物承租人与借地权设定人之间就建筑物根据第 38 条第 1 款的规定缔结租赁契约的，可以排除前款规定，并以当事人之间的约定为准。

第二十五条 【以临时使用为目的之借地权】为添置临时设备或者其他临时使用目的而设定借地权的，不适用第 3 条至第 8 条、第 13 条、第 17 条、第 18 条以及第 22 条的规定。

《借地法》（实体法部分）

第一条 本法所称借地权，是指以建筑物的所有为目的之地上权以及租赁权。

第二条 以石头、土、砖瓦等之类建筑材料所建造的坚固建筑物之所有为目的之借地权，存续期间为 60 年，以其他建筑物的所有为目的之建筑物之借地权，存续期间为 30 年。但建筑物在存续期间内朽坏的，借地权因此而消灭。

以契约形式约定以坚固建筑物所有为目的之借地权存续期间为 30 年以上，以其他建筑物的所有为目的之借地权的存续期间为 20 年以上的，借地权可以不受前款规定的拘束，而因期间届满消灭。

第三条 以契约方式设定借地权时，没有约定建筑物的种类以及构造的，该借地权视为以坚固建筑物以外的其他建筑物之所有为目的而设定。

第四条 借地权消灭时，借地权人提出更新请求的，以土地上存在建筑物为前提，视为以与原借地契约所约定的条件相同之条件为基础再次设定借地权。但是，土地所有人有必要使用自己土地或者有其他正当事由，并且毫不迟滞地表示异议的，不在此限。

借地权人在借地契约没有获得更新的情形中，可以请求借地权设定人以市场价格购买建筑物以及其他以借地权为权原而附属于土地的物件。

第五条第 1 款之规定准用第 1 款的情形。

第五条 当事人更新契约的，借地权的存续期间自更新之日起计算，在土地上建筑物为坚固建筑物的情形中，为 30 年，在土地上建筑物为其他建筑物的情形中，为 20 年。在此情形中，准用第 2 条第 1 款但书的规定。

当事人约定比前款规定的期间更长的期间的，以约定为准。

第六条 借地权人在借地权消灭后继续使用土地，土地所有人没有毫不迟滞地表示异议的，视为以原借地契约的条件为条件，再次设定借地权。

在此情形中，可以准用前条第 1 款的规定。

在前款情形中，以土地上存在建筑物为前提，土地所有人倘若没有第 4 条第 1 款但书所规定的事由的，不得提出异议。

第七条　借地权消灭之前建筑物已经灭失的，土地所有人如果对借地权人建造使用寿命超过借地权剩余期间的建筑物没有毫不迟滞地表示异议的，借地权的存续期间以建筑物灭失之日起重新计算，土地上建筑物为坚固建筑物的，存续期间为 30 年，土地上建筑物为其他建筑物的，存续期间为 20 年。

但是，剩余期间超过前款所规定的期间的，以剩余期间为准。

第八条　前两条规定准用于借地权人再次设定借地权的情形。

第八条之二　由于防火区域的划定、附近土地利用状况的变化以及其他情事变更，现时之借地权以坚固建筑物所有为目的更为合理，但是在当事人之间无法就借地条件的变更达成协议的，裁判所可以根据当事人的申请而变更借地条件。

存在增建、改建限制等借地条件，但是在该土地上进行增建与改建符合通常的利用标准，而在当事人之间无法达成协议的，裁判所可以根据借地权人的申请，对于增建、改建事项作出代替借地权设定人承诺的许可。

在作出前 2 款裁判时，裁判所有必要平衡当事人之间的利益的，可以作出变更其他借地条件、设定财产上的给付或者其他适当的处分。

裁判所在作出前 3 款裁判时，要考虑借地权的剩余期间、土地的状况、与借地有关的过往事实以及其他一切情事。

借地权人再次设定借地权的，如有必要，裁判所可以根据后借地权人的申请，对其借地权以及前借地权人的借地权作出第 1 款至第 3 款的裁判。

除裁判所认为并无特别必要的情形外，裁判所作出第 1 款至第 3 款或者前款裁判前，应当听取鉴定委员会的意见。

第九条　第 2 条至前条的规定不适用于明显以临时设备或者其他设备的临时使用为目的所设定的借地权。

第九条之二　借地权人将以租赁权为目的之土地上的建筑物让渡给第三人，尽管该第三人取得该租赁权或者获得转租权对出租人并无不利，但出租人不愿意作出同意租赁权转让或者转租的承诺的，裁判所可以根据借地权人的申请作出代替出租人承诺的许可。在此情形中，如有必要平衡当事人之间的利益，裁判所可以变更作为借地条件的租赁权让渡或者转租的条件，或者设定与许可有关的财产上的给付。

裁判所在作出前款裁判时，应当考虑借地权的剩余期间、与借地有关的过往事实，租赁权让渡或者转租的必要性以及其他一切情事。

在存在第 1 款申请的情形中，于裁判所规定的期限内，出租人提出接受该建筑物的让渡或者转租的申请的，裁判所可以排除该款规定，并裁定合理的对价以及转租的条件。在此裁判中可以命令双方作出同时履行。

前款的申请，在第 1 款申请被撤销或者该款的申请因不合法而被驳回时失去效力。

在作出第 3 款的裁判之后，未经当事人达成协议，不得撤销第 1 款或者第 3 款的申请。

除裁判所认为并无特别必要的情形外，裁判所在作出第 1 款或者第 3 款裁判前，应当听取鉴定委员会的意见。

第九条之三　以租赁权为目的之土地上的建筑物因拍卖、公卖而为第三人取得的，尽管该第三人取得租赁权对出租人并无不利，但出租人并未就该租赁权的让渡作出同意让渡之承诺的，裁判所可以根据第三人的申请作出代替出租人承诺的许可。在此种情形中，有必要平衡当事人之间的利益的，裁判所可以变更借地条件，或者设定财产上的给付。

存在前款申请的情形，可以准用前条第 2 款至第 6 款的规定。

第 1 款所规定的申请可以在支付建筑物对价之后 2 个月内作出。第 1 款所规定的申请可以准用民事调停法（昭和二十六年法律第 222 号）第 19 条规定的期限。

第九条之四　第九条之二的规定准用于土地转租人与出租人之间的关系，前条的规定准用于因土地转租人拍卖、公卖而取得建筑物的第三人与出租人之间的关系。但是，出租人在作出第 9 条之 2 第 3 款（包括准用前条第 2 款的情形）的申请时，应当获得转租人的承诺。

第十条　第三人取得以租赁权为目的之土地上建筑物以及其他因借地权人之权原而附属于土地之物的，倘若出租人不作出同意租赁权让渡或者转租的承诺的，第三人有权请求出租人以市场价格购买该建筑物以及其他因借地权人的权原而附属于土地之物。

第十一条　约定的契约条件违反第 2 条、第 4 条至第 8 条之 2、第 9

条之 2（包括准用第 9 条之 4 的情形）以及前条的规定，不利于借地权人的，视为没有约定。

第十二条　地租或者租金因租税以及其他收费的增加或者减少，或者土地价格的高涨或者低迷，导致与邻近土地的地租或者租金相比，并不合理的，当事人可以不受契约条件之约束，申请增加或者减少将来的地租或者租金。但是，存在一定期间内不增加地租或者租金的特别约定的，以特别约定为准。

就增加地租或者租金而言，当事人之间并未达成协议的，接受请求的一方当事人，在裁判确定增加额度是否正当之前，可以只支付自认为合理的地租或者租金。但是，在裁判确定之后，除去已经支付的金额，剩余部分应当按照年利率 10% 计算利息，一并支付给另一方当事人。

就地租或者租金的减少额，当事人之间并未达成协议的，接受请求的一方当事人，在裁判所确定减少额度是否正当之前，可以请求支付自认为合理的地租或者租金。但是，在裁判确定之后，已经接受的金钱超过合理的地租或者租金的，超过部分应当按照年利率 10% 计算利息，一并返还给另一方当事人。

第十三条　土地所有人或者出租人就已届清偿期的最后 2 年地租或者租金，对借地权人在土地上所有的建筑物享有先取特权。

前款先取特权因地上权或者租赁权的登记而保有其效力。

第十四条　前条先取特权具有优先于其他权利的效力。但是，该先取特权的效力劣于共益费用、保存不动产以及不动产施工的先取特权，以及地上权、租赁权登记之前已经登记的质权和抵押权。

《关于建筑物保护之法律》

第一条　以建筑物所有为目的之地上权或者土地租赁权，以地上权人或者土地租赁人对该土地上的建筑物作登记为限，该地上权或者土地租赁权可以该建筑物之登记对抗第三人。

第二条　在前条所规定的情形，可以准用民法第 566 条第 1 款和第 3 款以及第 571 条的规定。买主在订立契约时不知道地上权或者租赁权有该效力时亦可准用之。

《关于地上权之法律》

　　第一条　于本法施行前，于他人土地之上，为所有工作物或者竹木而使用该土地的人，推定为地上权人。

　　第二条　第1条所规定的地上权人自本法施行之日起1年内，未经登记，不得对抗第三人。

　　前款规定并不损害本法施行前因善意取得而获得权利的第三人的利益。

参 考 文 献

一 中文参考文献

（一）著作

梁慧星：《民法总论》（第 4 版），法律出版社 2011 年版。

沈宏峰：《日本借地权制度研究》，上海社会科学院出版社 2011 年版。

黄茂荣：《法学方法与现代民法》，法律出版社 2003 年版。

朱虎：《法律关系与私法体系——以萨维尼为中心的研究》，中国法制出版社 2010 年版。

［德］霍尔斯特·海因里希·雅克布斯：《十九世纪德国民法科学与立法》，王娜译，法律出版社 2003 年版。

［俄］陀思妥耶夫斯基：《卡拉马佐夫兄弟》，耿济之译，人民文学出版社 1981 年版。

［德］鲁道夫·冯·耶林：《法学是一门科学吗?》，［德］奥科·贝伦茨编注，李君韬译，法律出版社 2010 年版。

陈卫佐：《德国民法总论》，法律出版社 2007 年版。

［德］迪特尔·梅迪库斯：《德国民法总论》，邵建东译，法律出版社 2001 年版。

郑玉波：《法谚》（一），法律出版社 2007 年版。

渠涛：《最新日本民法》，法律出版社 2006 年版。

吴从周：《概念法学、利益法学与价值法学：探索一部民法方法论的演变史》，中国法制出版社 2011 年版。

［意］桑德罗·斯齐巴尼选编：《物与物权》，范怀俊、费安玲译，中国政

法大学出版社 2009 年版。

杨代雄:《民法总论专题》,清华大学出版社 2012 年版。

[意] 彼得罗·彭梵得:《罗马法教科书》,黄风译,中国政法大学出版社 2005 年版。

周枏:《罗马法原论》(上册),商务印书馆 1994 年版。

[德] J. F. 鲍尔、R. 施迪尔纳:《德国物权法》(上册),张双根译,法律出版社 2004 年版。

王卫国主译:《荷兰民法典》,中国政法大学出版社 2006 年版。

齐云译:《巴西新民法典》,中国法制出版社 2009 年版。

金玉珍译:《韩国民法典·朝鲜民法》,北京大学出版社 2009 年版。

杨立新主编:《中国百年民法典汇编》,中国法制出版社 2011 年版。

王泽鉴:《民法物权》,北京大学出版社 2009 年版。

黄道秀译:《俄罗斯联邦民法典》,北京大学出版社 2007 年版。

谢在全:《民法物权论》(中册),中国政法大学出版社 2011 年版。

姚瑞光:《民法物权论》,中国政法大学出版社 2011 年版。

王书江译:《日本民法典》,中国法制出版社 2000 年版。

李求轶:《消灭时效的历史与展开》,中国法制出版社 2008 年版。

[古罗马] 优士丁尼:《法学阶梯》(第二版),徐国栋译,中国政法大学出版社 2005 年版。

史尚宽:《债法各论》,中国政法大学出版社 2000 年版。

罗结珍译:《法国民法典》,北京大学出版社 2010 年版。

费安玲等译:《意大利民法典》,中国政法大学出版社 2004 年版。

徐涤宇译注:《最新阿根廷民法典》,法律出版社 2007 年版。

唐晓晴等译:《葡萄牙民法典》,北京大学出版社 2009 年版。

丘汉平:《罗马法》,中国方正出版社 2004 年版。

[日] 我妻荣:《我妻荣民法讲义·债权各论》(中卷一),徐进、李又又译,中国法制出版社 2008 年版。

[德] 迪特尔·梅迪库斯:《德国债法分论》,杜景林、卢谌译,法律出版社 2007 年版。

邱聪智:《新订债法各论》(上),中国人民大学出版社 2006 年版。

林诚二:《民法债编各论》(上),中国人民大学出版社 2007 年版。

徐国栋:《人性论与市民法》,法律出版社 2006 年版。

［德］奥托·泽曼：《希腊罗马神话》，周惠译，上海人民出版社 2005 年版。

顾祝轩：《民法系统论思维——从法律体系转向法律系统》，法律出版社 2012 年版。

李锡鹤：《民法原理论稿》，法律出版社 2009 年版。

［德］弗里德里希·卡尔·冯·萨维尼：《论立法与法学的当代使命》，许章润译，中国法制出版社 2001 年版。

［法］弗朗索瓦·泰雷、菲利普·森勒尔：《法国财产法》（上），罗结珍译，中国法制出版社 2008 年版。

吴一鸣：《英美物权法——一个体系的发现》，上海人民出版社 2011 年版。

王泽鉴：《民法总则》，北京大学出版社 2009 年版。

李永军：《民法总论》（第二版），法律出版社 2009 年版。

薛军：《批判民法学的理论建构》，北京大学出版社 2012 年版。

［日］我妻荣：《我妻荣民法讲义·新订债权总论》，王琰译，中国法制出版社 2008 年版。

史尚宽：《物权法论》，中国政法大学出版社 2000 年版。

孙森焱：《民法债编总论》（上册），法律出版社 2006 年版。

［德］卡尔·拉伦茨：《法学方法论》，陈爱娥译，商务印书馆 2003 年版。

［德］黑格尔：《逻辑学》（下卷），杨一之译，商务印书馆 1976 年版。

陈华彬：《物权法原理》，国家行政学院出版社 1998 年版。

尹田：《物权法理论评析与思考》（第二版），中国人民大学出版社 2008 年版。

［德］马克斯·韦伯：《法律社会学·非正当性支配》，康乐、简惠美译，广西师范大学出版社 2011 年版。

［日］星野英一：《现代民法基本问题》，李诚予等译，上海三联书店 2012 年版。

［德］汉斯-格奥尔格·伽达默尔：《诠释学 I·真理与方法》，洪汉鼎译，商务印书馆 2010 年版。

［德］K. 茨威格特、［德］H. 克茨：《比较法总论》，法律出版社 2003 年版。

［德］罗尔夫·克尼佩尔：《法律与历史——论〈德国民法典〉的形成与

变迁》，法律出版社 2003 年版。

史尚宽：《民法总论》，法律出版社 2000 年版。

［德］汉斯·布洛克斯、［德］沃尔夫·迪特里希·瓦尔克：《德国民法总论》（第 33 版），张艳译，中国人民大学出版社 2012 年版。

［德］卡尔·恩吉施：《法律思维导论》，郑永流译，法律出版社 2008 年版。

［日］三渚信三：《物权法提要》，孙芳译，中国政法大学出版社 2005 年版。

［法］孟德斯鸠：《论法的精神》（下册），张雁深译，商务印书馆 1963 年版。

［英］梅因：《古代法》，沈景一译，商务印书馆 1959 年版。

［美］安德鲁·戈登：《日本的起起落落：从德川幕府到现代》，李朝津译，广西师范大学出版社 2008 年版。

［美］伯科威茨：《科学的馈赠》，田夫、徐丽丽译，法律出版社 2011 年版。

苏永钦：《寻找新民法》，北京大学出版社 2012 年版。

熊伟：《问题及阐释：现代法之合法性命题研究》，中国政法大学出版社 2012 年版。

殷根生译：《瑞士民法典》，法律出版社 1987 年版。

［德］莱因哈德·齐默曼：《德国新债法：历史与比较的视角》，韩光明译，法律出版社 2012 年版。

姚辉：《人格权法论》，中国人民大学出版社 2011 年版。

［日］我妻荣：《我妻荣民法讲义·新订担保物权法》，申政武、封涛、郑芙蓉译，中国法制出版社 2008 年版。

李永军：《合同法》（第三版），法律出版社 2010 年版。

［日］新堂幸司：《新民事诉讼法》，林剑锋译，法律出版社 2008 年版。

南洋公学译书院：《新译日本法规大全》（第一卷），商务印书馆 2007 年版。

赵万一：《民法的伦理分析》（第二版），法律出版社 2012 年版。

［日］圆谷峻：《判例形成的日本新侵权行为法》，赵莉译，法律出版社 2008 年版。

申海恩：《私法中的权力：形成权理论之新展开》，北京大学出版社 2011

年版。

王泽鉴：《民法学说与判例研究》（修订版）第三册，中国政法大学出版社2005年版。

［德］卢曼：《社会的法律》，郑伊倩译，人民出版社2009年版。

陈华彬：《债法总论》，中国法制出版社2012年版。

龙卫球：《民法总论》（第二版），中国法制出版社2002年版。

［美］约翰·G.斯普林克林：《美国财产法精解》，钟书峰译，北京大学出版社2009年版。

［美］史蒂文·瓦戈：《法律与社会》，郭星华、梁坤、邢朝国译，中国人民大学出版社2011年版。

［德］古斯塔夫·拉德布鲁赫：《法律智慧警句集》，舒国滢译，中国法制出版社2001年版。

［英］麦考密克、魏因贝格尔：《制度法论》，周叶蒙译，中国政法大学出版社1994年版。

顾祝轩：《制造"拉伦茨神话"：德国法学方法论史》，法律出版社2011年版。

［法］普鲁东：《什么是所有权》，孙署冰译，商务印书馆1963年版。

［德］汉斯-贝恩德·舍费尔、克劳斯·奥特：《民法的经济分析》（第四版），江清云、杜涛译，法律出版社2009年版。

王利明：《物权法论》（修订二版），中国政法大学出版社2008年版。

［日］近江幸治：《民法讲义Ⅱ·物权法》，王茵译，北京大学出版社2006年版。

梅仲协：《民法要义》，中国政法大学出版社2004年版。

于海涌：《论不动产登记》，法律出版社2007年版。

王茵：《不动产物权变动和交易安全——日德法三国物权变动模式的比较研究》，商务印书馆2004年版。

［英］韦恩·莫里森：《法理学：从古希腊到后现代》，李桂林等译，武汉大学出版社2003年版。

强世功：《法律的现代性剧场：哈特与富勒论战》，法律出版社2006年版。

［德］鲁道夫·冯·耶林：《为权利而斗争》，胡宝海译，中国法制出版社2004年版。

孙宪忠：《中国物权法总论》（第二版），法律出版社 2009 年版。

［美］罗斯科·庞德：《通过法律的社会控制·法律的任务》，沈宗灵、董
　　世忠译，商务印书馆 1984 年版。

　　（二）论文

［德］沃尔夫冈·维甘德：《物权类型法定原则——关于一个重要民法原
　　理的产生极其意义》，迟颖译，王洪亮校，载张双根等主编《中德私法
　　研究》（第 2 卷），北京大学出版社 2007 年版。

朱庆育：《权利的非伦理化：客观权利理论及其在中国的命运》，《比较法
　　研究》2001 年第 3 期。

金可可：《债权物权区分说的构成要素》，《法学研究》2005 年第 1 期。

李中原：《罗马法在中世纪的成长》，《环球法律评论》2006 年第 1 期。

［秘鲁］玛利亚·路易莎·穆里约：《大陆法系法典编纂的演变：迈向解
　　法典化与法典的重构》，许中缘、周林刚译，孙雅婷校，《清华法学》
　　2006 年第 2 期。

刘咏华：《战后美国对日经济民主化政策与日本经济的重建》，《现代日本
　　经济》2007 年第 2 期。

尹小平：《日本经济高速增长的得与失》，《现代日本经济》2007 年第
　　1 期。

王雪峰：《日本房地产泡沫与金融不安全》，《日本研究》2007 年第 1 期。

余净植：《利益衡量理论发展源流及其对中国法律适用的启示》，《河北法
　　学》2011 年第 6 期。

杨力：《民事疑案裁判的利益衡量》，《法学》2011 年第 1 期。

孟勤国、张淞纶：《英美法物上负担制度及其借鉴价值》，《环球法律评
　　论》2009 年第 5 期。

从屹：《日本地价"泡沫"与金融扩张的恶性循环机理分析及对我国的借
　　鉴》，《日本问题研究》1998 年第 4 期。

朱广新：《论住宅建设用地使用权自动续期及其体系效应》，《法商研究》
　　2012 年第 2 期。

于永建、崔永林：《自动续期不等于无偿使用》，《中国土地》2009 年第
　　5 期。

二　日文参考文献

（一）著作

商事法務（編集）『民法（債権関係）改正法新旧対照条文』（商事法務，2017 年）。

山野目章夫『新しい債権法を読みとく』（商事法務，2017 年）。

日本弁護士連合会『実務解説改正債権法』（弘文堂，2017 年）。

松井宏與『民法の世界 2・物権法』（信山社，2002 年）。

牧野英一ほか監修，八木胖編集『新判例体系・民法編・民法 4』（新日本法規出版株式会社，昭和 26 年）。

鈴木禄弥『借地法』（青林書院，1984 年）。

野辺博『借地借家法の法律相談』（学陽書房，2011 年）。

稲本洋之助＝澤野順彦『コンメタール借地借家法』（日本評論社，2010 年）。

水本浩＝遠藤浩＝田山輝明『基本法コンメンタール借地借家法』（日本評論社，2009 年）。

川島武宜編集『注釈民法（7）物権（2）』（有斐閣，1968 年）。

我妻栄『新訂物権法』（岩波書店，1983 年）。

稲本洋之助『民法Ⅱ（物権）』（青林書院新社，1983 年）。

石外克喜『契約法』（法律文化社，1991 年）。

広中俊雄『物権法』（第二版）（青林書院，1985 年）。

幾代通『民法総則』（青林書院，1984 年）。

北川善太郎『民法の理論と体系』（一粒社，1987 年）。

広中俊雄＝星野英一編『民法典の百年Ⅲ』（有斐閣，1998 年）。

淡路剛久『債権総論』（有斐閣，2002 年）。

平野義太郎『民法に於けるローマ思想とゲルマン思想』（有斐閣，昭和 27 年）。

我妻栄『近代法における債権の優越的地位』（有斐閣，1953 年）。

内田貴『民法Ⅰ総則・物権』（東京大学出版会，2008 年）。

内田勝一＝山崎敏彦『借地借家の裁判例―生活紛争裁判例シリーズ―』（有斐閣，2010 年）。

山本敬三『民法講義Ⅳ-1　契約』（有斐閣，2005 年）。

渡辺尚志＝五味文彦『新体系日本史3 土地所有権史』（山川出版社，2002年）。

高柳真三『日本法制史（一）―江戸時代まで―』（有斐閣，1965年）。

日本の土地百年研究会＝（財）日本不動産研究所＝（株）都市環境研究会『日本の土地百年』（大成出版社，2003年）。

稲本洋之助＝小柳春一郎＝周藤利一『日本の土地法―歴史と現況―』（成文堂，2009年）。

池田真朗『ボアソナードとその民法』（慶應義塾大学出版社，2011年）。

大村敦志『民法改正を考える』（岩波書店，2011年）。

高柳真三『日本法制史（二）―明治以後―』（有斐閣，1965年）。

我妻栄＝有泉亨＝清水誠＝田山輝明『我妻・有泉コンメタール民法―総則・物権・債権―』（日本評論社，2010年）。

山野目章夫『不動産登記法』（商事法務，2009年）。

澤野順彦『借地借家法の現代展開』（住宅土地を新報社，1990年）。

矢島忠純ほか『全図解わかりやすい借家の法律』（自由国民社，2011年）。

不動産法実務研究会『最新版借地借家の法律常識』（日本実業出版社，2011年）。

中田裕康『債権総論』（岩波書店，2011年）。

遠藤浩＝川井健＝原島俊雄＝水本浩＝山本進一『新版民法（2）物権』（有斐閣，1981年）。

舟橋淳一『物権法』（有斐閣，1960年）。

加藤雅信『新民法大系Ⅱ物権法』（有斐閣，205年）。

内田貴『民法Ⅲ債権各論』（東京大学出版会，2008年）。

瀬下博之＝山崎福寿『権利対立の法と経済学：所有権、賃借権、抵当権の効率性』（東京大学出版会，2007年）。

松岡久和＝中田邦博『新コンメンタール民法（財産法）』（日本評論社，2012年）。

鎌田薫『民法ノート・物権法①』（日本評論社，2007年）。

（二）論文

七戸克彦「不動産物権変動における意思主義の本質」慶應義塾大学大

学院法学研究科論文集二十四号（昭和六十一年）。

七戸克彦「不動産物権変動における対抗要件主義の構造」私法五十三号（1991 年）。

松尾弘「所有権譲渡の意思主義と第三者の善意・悪意」一橋論叢第 110 巻第 1 号（1993 年）。

上河内千香子「法定地上権制度に関する立法論的検討（一）」琉大法学 72 号（2004 年）。

上河内千香子「法定地上権制度に関する立法論的検討（二・完）」琉大法学 73 号（2004 年）。

七戸克彦「公示の原則と登記の効力　ドイツにおける不動産物権変動と登記」THINK 会報第 95 号（1999 年）。

岡川健二「ゲオル・ア・レーニング「物権としての借地権」」法政研究第 2 巻 2 号（1932 年）。

七戸克彦「新「借地借家法」の基本視点：「賃借権の物権化」論との関係で」自由と正義第 43 巻 5 号（1992 年）。

青木孝平「近代的土地所有権と地代法則」早稲田法学会志第 30 巻（1979 年）。

ティルマン・レプゲン「ヨーロッパ私法の過去と現在にわける自由と責任」屋敷二郎訳，『一橋法学』一橋大学大学院法学研究科第 8 巻第 3 号（2009 年）。

高橋真「民法学のあゆみ　内田勝一著『現代借地借家法の課題』」法律時報 71 巻 3 号（1999 年）。

野村豊弘「定期借地権付住宅買売契約の仕組みと購入者保護」ジュリスト 1060 号（1995 年）。

水本浩「近代イギリス法における借地権の性質」法律時報 3 月号（昭和 32 年）。

田中英司「ドイツにおける民法上の所有権の概念・内容と、所有権と不動産利用権との法的関係」The Seinan Law Review, Vol. 37, NO. 4（2005）。

吉岡祥充「新借地借家法における借地権の性格―「改正」過程と「定期借地権化」の論理―」奈良法学会雑誌第 8 巻 3・4 号（1996 年）。

岩田真一郎＝山鹿久木「借地権保護と建物の維持管理」住宅土地経済秋

季号 No. 74 （2009 年）。

黒田憲司「最新定期借地権の活用状況」ジュリスト NO. 1060 （1995 年）。

原田純孝「借地権の存続期間」シュリ1006 号（1992 年）。

磯村哲「利益法学をめぐって」法政研究 4040 号（1974 年）。

吉田勇「司法制度改革と ADR」熊本法学 112 号（2007 年）。

鷹巣信孝「所有権の内在的制限・外在的制限・政策の制限（三）―憲法二九条と民法二〇六条・二〇七条」佐賀大学経済論集 31 巻 7 号（1999 年）。

福田達也「法学方法論としての利益考（衡）量についての若干の考察」東亜大学紀要第 6 巻（2006 年）。

大坪稔「借地・借家法の改正論点」鹿児島大学法学論集 9 月号（1999 年）。

大場浩之「ドイツにおける仮登記（Vormerkung）についての考察（1）・不動産物権変動論との関係を中心に」早稲田法学第 81 巻 4 号（2006 年）。

青野勝広「地価上昇期待と土地・住宅土地賃貸借権市場―借地借家法と中古住宅未整備の効果」松山大学論集第 11 巻第 1 号（1995 年）。

丸山鍵「定期借地権活用の問題点」法律のひろば第 5 期（1999 年）。

住田裕子「定期借地権の現状と今後の展望（2）」NBL, No. 603 （1996 年）。

三　英文参考文献

（一）著作

J. T. Abdy and Bryan Walker, *The Commentaries of Gaius and Rules of Ulpian*, Cambridge: At the University of Press, 1885.

Raymond Wacks, *Philosophy of Law: a Very Short Introduction*, Oxford: Oxford University Press, 2006.

Malloy & Smith, *Real Estate Transactions: Problems, Cases, and Materials*, Aspen Law & Business, 1988.

Ben McFarlane, *The Structure of Property Law*, Oxford and Portland, Oregon: Bloomsbury Publishing, 2008.

Edward H. Rabin, Roberta Rosenthal Kwall, *Fundamentals of Modern Real Property Law*, Third Edition, Westbury, New York: The Foundation Press INC, 1992.

Charles Harpum, Stuart Bridge and Martin Dixon, *The Law of Real Property*, London: Sweet & Maxwell, 2008.

Roger Bernhart, Ann M. Burkhart, *Real Property In a Nutshell*, Fourth Edition, West Group, 2000.

Paul Goldstein, *Real Property*, New York: The Foundation Press, INC., 1984.

H. L. A Hart, *The Concept of Law*, Oxford: Oxford University Press, 1961.

（二）论文

Gunther Teubner, "Legal Irritants: Good Faith in British Law or How Unifying Law Ends up in New Divergences", *Modern Law Review*, Vol. 61, No. 1, January 1998.

Gunther Teubner, "Breaking Frames: The Global Interplay of Legal and Social Systems", *the American Journal of Comparative Law*, Vol. 45, No. 1, Winter 1997.

Craig Latham, "A Tax Perspective on the Infrastructure of Regulatory Language and a Principaled Response", *British Tax Review*, No. 1, 2012.

后　记

　　这本小书是在我的硕士学位论文基础上写作而成。犹记得，在读硕士时，最喜欢在闲暇时光，于西南政法大学图书馆外文图书室里徜徉，其缘由在于：一则该图书室资料极为丰富，可谓有待发掘的宝库；二则学生人数较之于其他图书室为少，故而我常常在这个图书室享受静谧而闲适的下午时光。在某一天，我偶然于日文图书中，发现了一本日本民法学家铃木禄弥所著的《借地法》，从中读到了"借地权"这个概念，讶异于这一概念竟然是对作为物权的地上权以及作为债权的土地租赁权的一种概括，这对于坚持物权与债权二元区分的我而言不啻为当头棒喝，故而下定决心以此为题写就自己的硕士学位论文。该硕士论文最后定名为《概念体系之嬗变与法意识变迁：日本借地权制度研究》，并获得了2013年度重庆市优秀硕士学位论文的表彰。

　　感谢我的硕士导师谭启平教授！先生热爱学术，谦和而勤奋，总是不厌其烦地解答我的各种疑问与困惑，并且最大限度地给予我学术自由。犹记得有一次我问先生，硕士论文字数的上限是多少（一般来说，西南政法大学硕士论文的字数为3万字，上限大约是5万字），先生微微一笑，表示硕士论文字数只有下限，而不设上限，由此大大鼓励了我"率尔操觚"，将硕士论文作为一本书去写，一度使该硕士论文的字数达到了25万字（含脚注），后精练为20万字左右的规模。

　　感谢沈宏峰博士！因在写作过程中缺少日文资料，故而只好求助于沈博士，沈博士不辞辛苦地从上海将资料复印好邮寄给我，对此我感激莫名。沈博士的《日本借地权制度研究》一书也是本书最为重要的中文参考文献。我与沈博士素昧平生，但正是沈博士的帮助与鼓励，让我得以莽莽撞撞地踏上了学术大厦的第一层阶梯，对此深表感谢。

感谢重庆大学法学院！本书的出版获得了法学院的资助，法学院各位领导与老师们也共同营造了轻松、友好的工作环境以及浓厚的学术氛围，使我得以安心地展开教学与研究工作。

事实上，当我温故这本硕士时代的作品时，仍然深感那个时代的稚嫩，故而也曾经计划对这本不成熟的作品予以全面修订。不过转念一想，将这一作品作为硕士时代的一种印记予以保留，或许更具纪念价值（也有偷懒的因素啦）；同时，书中的内容，大致也并不落后于时代。因此，除增加了部分日本 2017 年《民法（债权关系）改正法》中的内容之外，本书仍然大致保留了硕士学位论文的原貌。

是为记。

于融侨半岛双峰山无忧居书

2017 年 10 月 6 日